U0892074

道路交通安全法规教程

(第四版)

主　编　杨松林
副主编　陈拥军　潘　波　陈丽洁

人民交通出版社

内 容 提 要

本书共分七章，详细介绍了道路交通安全法规基础知识、基础理论，道路通行安全管理、机动车管理、驾驶人管理、道路交通事故处理、道路交通违法法律责任以及道路交通安全管理的执法监督等内容。

本书可作为道路交通管理专业教学用书，也可供道路交通管理人员、驾驶人以及希望系统了解道路交通安全法规的人员选读。

图书在版编目(CIP)数据

道路交通安全法规教程 / 杨松林等编. —4 版. —北京：人民交通出版社，2011.8

ISBN 978-7-114-09298-5

Ⅰ. ①道… Ⅱ. ①杨… Ⅲ. ①道路交通安全法—中国—教材 Ⅳ. ①D922.14

中国版本图书馆 CIP 数据核字(2011)第 146808 号

书　　名：道路交通安全法规教程(第四版)
主　　编：杨松林
副 主 编：陈拥军　潘　波　陈丽洁
责任编辑：薛　民
出版发行：人民交通出版社
地　　址：(100011)北京市朝阳区安定门外外馆斜街 3 号
网　　址：http://www.ccpress.com.cn
销售电话：(010)59757973
总 经 销：人民交通出版社发行部
经　　销：各地新华书店
印　　刷：北京市密东印刷有限公司
开　　本：850×1168　1/32
印　　张：9.75
字　　数：229 千
版　　次：2002 年 2 月　第 1 版　2006 年 8 月　第 2 版
　　　　　2009 年 6 月　第 3 版　2011 年 8 月　第 4 版
印　　次：2019 年 1 月　第 4 版　第 8 次印刷　总第 15 次印刷
书　　号：ISBN 978-7-114-09298-5
印　　数：22001～25000 册
定　　价：20.00 元

(如有印刷、装订质量问题的图书由本社负责调换)

前言

QIANYAN

道路交通活动已成为人们日常生活的重要方式之一。市场经济的发展,对道路交通安全管理的法制化、现代化程度提出了越来越高的要求。为与道路交通环境状况相适应,第十届全国人民代表大会常务委员会第五次会议于2003年10月28日通过,并以中华人民共和国主席令第八号的形式公布了《中华人民共和国道路交通安全法》(以下简称《道路交通安全法》)。该法自2004年5月1日起实施,是我国第一部道路交通安全法。与此同时,国家对道路交通安全法规进行了一次全面更新和补充,我国道路交通安全管理从此进入了一个崭新的阶段。近几年,全国人大常委、公安部、交通运输部等又陆续补充制定、修改了部分法律法规及部门规章,使我国道路交通安全法律制度进一步完善。为满足职业技术教育道路交通管理专业及相近专业教学需要,我们编写了本教程。

该书以国家现行法律、法规和公安部的有关文件规定为依据,从人才市场对道路交通管理人员的要求和职业教育的实际出发,在认真总结多年教学经验的基础上编写而成。本书力求具有较强的针对性和实用性,在介绍道路交通法律法规基础理论的同时,紧密联系道路交通安全管理实际,对道路通行安全管理、机动车管理、驾驶人管理、道路交通事故处理和道路交通违法行为的法律责任等作了全面系统的阐述。

全书共七章。柳州市交通学校杨松林同志担任主编，陈拥军、潘波和柳州师范高等专科学校陈丽洁同志担任副主编，杨松林负责统稿。参加本书编写工作的各章执笔为：杨松林（第一、二章），陈拥军（第三、四章），陈丽洁（第五章），柳州市交通学校伍玉坤（第六章），潘波（第七章）。

本书编写过程中，参考了大量相关教材和其他书籍、资料，吸取了许多专家学者的研究成果，特此向有关教材、书籍、资料的作者致谢！

本书作为道路交通管理专业教学用书，也可供道路交通管理工作人员、广大驾驶人和希望较为系统地了解道路交通安全法规知识的人们选读。

由于编者水平有限，加之时间仓促，书中疏漏和不足之处，敬请读者不吝赐教。

编　者

2011年6月

目录 MULU

第一章 道路交通安全法规概述

第一节 我国道路交通安全管理及其组织体系

一、我国道路交通安全管理概况

交通活动是人类的基本活动之一,人类的发展离不开交通活动。在空中交通、陆路交通、水路交通、地下交通等交通方式中,陆路交通是最基本的交通方式。陆路交通又分为道路交通、铁路和管道运输。其中道路交通是最原始、最方便、最普遍的交通形式。道路交通与人们的日常生活密切相关,并且直接反映社会的进步与发展,是国民经济的命脉,是社会文明的重要标志。因此,世界各国都将道路交通作为行政管理的重要内容之一,由专门机关负责统一管理。中华人民共和国成立以来,党和政府非常重视道路交通安全管理工作,建立了道路交通安全管理组织体系,颁布了一系列道路交通安全管理法规(全书统称“道路交通安全法规”),并不断改进、发展和完善,取得了显著成绩。特别是2004年,国家颁布实施了我国第一部道路交通安全法,同时对道路交通安全法规进行了一次全面更新和补充,使我国道路交通安全管理的法制化、现代化程度得到了很大提高。我国道路交通安全管理工作大致经历了三个阶段。

第一阶段是自1950—1985年。解放后,我国根据中国共产党在革命根据地的管理经验,在完成了对国民党政府道路交通管理体制的改造后,颁布了一系列道路交通安全法规,改变了国民党统治时期交通秩序混乱、交通事故严重的局面,建立了全新的道路交通秩序。这一阶段,由交通安全管理部门负责公路交通安全管理,农业(农机)部门负责拖拉机等农用机动车运输管理,公安机关负责城市道路交通安全管理。在此期间,国务院于1950年3月批准并公布了我国建国后第一部交通管理安全法规《汽车管理暂行办法》,随后公安、交通等部门先后分别或联合制定、公布了一些道路交通安全管理法规。并依据包括这些法规在内的相关法规对全国道路交通实施安全管理。这一阶段中,我国道路交通安全管理虽然取得了较大的成绩,但总体来讲发展比较缓慢。其中“10年动乱”期间,我国经济建设停滞不前,各级政府管理几乎处于瘫痪状态,道路交通安全管理方面仅由公安部、交通部公布过一部《城市和公路交通管理规则》(暂行),且未能真正实行。此外,由于我国政府经验不足,公路的规划、建设、管理等各方面都处于探索阶段,当时形成的由公安、交通、农机等部门多头管理的道路交通安全管理体制,一定程度上制约了道路交通安全管理的发展。尽管如此,这一阶段仍然是我国道路交通管理工作的一个重要阶段,它为今后的道路交通安全管理摸索、积累了经验,尤其是党的十一届三中全会以后,道路交通安全管理在探索管理体制等方面做了大量的工作,取得了很大的进展。

第二阶段是自1986—2004年4月。随着改革开放的不断深入,我国公路建设迅速发展,但道路扩建速度仍跟不上各种机动车辆的增长速度,交通流量急剧增加,公路交通越来越繁忙,道路交通安全管理任务更加艰巨。过去那种多头管理的格局已不能适应道路交通安全发展的需要。为此,国务院于1986年10月决定改革道路交通管理体制,全国城乡的道路交通由公安部门统一管理,从而结束了在道路交通安全管理中,机构重叠、政出多门的低效率管理模式;克服了因不同地区、不同行业制定的"规则"不尽一致,给道路交通运输和道路交通安全管理工作带来的多种不便;全国城乡的道路交通安全管理逐步走向规范化、科学化和现代化。为加强道路交通安全管理,国务院于1988年3月9日批准并公布了《中华人民共和国道路交通管理条例》这一当时的道路交通安全管理的基本法规。随后,公安部于1991年公布了《道路交通事故处理办法》,1995年颁布了《高速公路交通管理办法》等行政法规和规章。1999年12月9日公安部又颁布了《驾驶人违章记分办法》;并于1999年12月10日颁布《交通违章处理程序规定》,取代了1988年7月9日制定颁布的《交通管理处罚程序规定》,初步形成了我国道路交通安全管理的法规体系。这些组织和管理措施,进一步规范了全国道路交通管理,更好地维护了道路交通秩序,有力地保障了道路交通安全与畅通,为我国社会主义现代化建设的顺利进行,创造了良好的道路交通管理环境。

第三阶段是自2004年5月以来。我国道路交通安全法规建设,经过前两个阶段配套发展,虽然已经形成了较为完整的法规体系,但仍然存在一些急需解决的问题。主要表现在以下两点:①我国道路交通安全法规的档次偏低,最高档次仅为行政法规,与道路交通在国民经济发展中的地位不相适应,长期的国家道路交通管理活动实践,迫切要求提高道路交通安全法规档次,以满足处理道路交通安全活动中法律运用的需要;②随着我国社会经济的飞速发展,以1988年《中华人民共和国道路交通管理条例》为道路交通安全管理基本法规的道路交通安全法规体系中,一些具体规定已经严重滞后，不能有效地规范道路交通活动，不能很好地与当前的社会经济和道路交通现实情况相适应。在这种情况下，2003 年 10 月 28 日中华人民共和国第十届全国人民代表大会常务委员会第五次会议通过并公布了《中华人民共和国道路交通安全法》（以下简称《道路交通安全法》），该法自 2004 年 5 月 1 日起施行。随后，国务院第 49 次常务会议通过，并于 2004 年 4 月 30 日公布了《中华人民共和国道路交通安全法实施条例》（以下简称《道路交通安全法实施条例》），该条例自 2004 年 5 月 1 日起施行。同时公安部以 69 号令、70 号令、71 号令、72 号令等形式，接连发布了《道路交通安全违法行为处理程序规定》、《交通事故处理程序规定》、《机动车驾驶证申领和使用规定》、《机动车登记规定》等一系列行政规章；一些省、自治区、直辖市也制定了相应的道路交通安全管理规范性文件。通过出台上述一系列新法律法规和规章，对道路交通安全法规进行了一次全面更新。因此，《道路交通安全法》的颁布和实施，标志着我国道路交通安全法规建设进入一个高规格的崭新阶段。

近几年，为进一步加强对道路、机动车辆、驾驶人等交通要素的管理，更加有效、更加妥善地处理道路交通事故，全国人大常委、公安部、交通运输部又陆续制定、修改了部分法律法规及部门规章，使我国道路交通安全法规制度进一步完善。如 2007 年 12 月 29 日，中华人民共和国第十届全国人民代表大会常务委员会第三十一次会议通过了《全国人民代表大会常务委员会关于修改〈中华人民共和国道路交通安全法〉的决定》，修改后的《中华人民共和国道路交通安全法》自 2008 年 5 月 1 日起施行。根据 2011 年 4 月 22 日第十一届全国人民代表大会常务委员会第二十次会议《关于修改〈中华人民共和国道路交通安全法〉的决定》第二次修正了《道路交通安全法》。公安部先后分别以公安部令第 90 号、第 91 号、第 102 号、第 104 号、第 111

号、第123号、第139号的形式,发布了《临时入境机动车和驾驶人管理规定》、《机动车驾驶证申领和使用规定》、修订后的《机动车登记规定》、《道路交通事故处理程序规定》(2008年)等;2015年全国人大常委又对《刑法》等法律中与道路交通安全管理相关的部分内容进行了修改,使我国道路交通安全法律制度更加完善、更加适用。

二、我国现行道路交通安全管理组织体系

确保道路交通的安全与畅通,是关系国计民生的大事。为适应道路交通安全管理的需要,按国际上的一般做法,我国从1986年开始,由公安机关依法对全国城乡的道路交通安全进行统一管理。从中央到地方在各级公安机关中逐级设置公安交通管理职能部门,各级公安交通管理部门在所属公安机关和各级人民政府的领导下,依法管理全国城乡道路交通安全工作。2004年5月实施的《道路交通安全法》,再一次确立沿用这一组织管理体系。

公安部设置交通管理局,负责指导全国城乡道路交通安全管理工作,是我国道路交通安全管理的领导机关。其主要职责是:研究和制定道路交通安全管理的各项方针、政策和原则,并组织贯彻执行;起草全国性道路交通安全法规;统计并分析道路交通及其管理信息,提出和制订全国性道路交通安全管理规划,检查、监督、指导、总结全国道路交通管理工作;参与道路建设和交通安全设施的规划,组织协调交通安全科学技术研究;指导全国道路交通管理业务和组织建设。

各省、自治区、直辖市、特别行政区的公安厅(局)设置交警总队或公安交通管理局,负责本辖区道路交通安全管理工作,是省级地方道路交通安全管理的领导机关。其主要职责是:根据本辖区

的实际情况，制订贯彻落实道路交通安全管理方针、政策和原则的具体措施；执行全国统一的道路交通安全法规，草拟和修订地方性道路交通安全法规和规章制度；制订本辖区道路交通管理规划，检查、监督、指导、总结本辖区道路交通安全管理工作；按照上级统一规定的式样组织生产交通安全设施；指导全国道路交通安全管理业务和组织建设。完成上级指定的其他工作。

各地区、地级市、自治州的公安处(局)设置交警支队，负责本辖区道路交通安全管理工作，是道路交通安全管理的具体执行机关。其主要职责是：贯彻执行道路交通管理方针、政策和原则及上级指示、决定；根据本地实际情况发布通告、规定和具体管理办法，依法维护管辖范围内的道路交通秩序；设立车管所，依法对车辆及驾驶人进行管理；处理本地发生的复杂交通事故；完成上级指定的其他工作。

各县(旗)、县级市公安局，城市区公安分局设置交警大队，负责本辖区道路交通管理工作，是道路交通管理的基层组织。其主要职责是：贯彻执行上级指示、决定；依法维护管辖范围内的道路交通秩序，指挥疏导交通，处理交通违章和交通事故以及其他日常道路交通管理业务工作；完成上级指定的其他工作。交警大队之下设中队，中队作为交警大队的一部分，负责维护本辖区内分管路段的道路交通秩序，指挥疏导交通，经授权后也可依法处理本辖区内发生的轻微交通事故和一般交通事故。宣传道路交通安全法规，组织、协调社会各界积极参与道路交通综合治理；完成上级指定的其他工作。

公安交通管理部门是公安机关的职能部门，由相应的公安机关主管，各级公安交通管理部门之间是道路交通管理业务上的从属关系。

第二节 道路交通安全法规的概念和调整对象

一、道路交通安全法规的概念

道路交通安全法规,是国家为实现道路交通安全而依法制定的用以规范人们的道路交通安全行为、调整人们在道路交通活动及与道路交通有关的活动中所产生的各种社会关系的法律规范的总和。

道路交通安全法规,主要是指国家权力机关和行政机关颁布的有关道路交通安全管理的专门法律、法规、规章、技术规范和标准,也包括其他法律法规中涉及道路交通安全活动的相关规定。它是由国家法律、行政法规、部门规章、地方性法规和政府规章等组成的法律体系,是实施道路交通安全管理的依据;其效力依制定主体不同而不同,在其制定机关的权限范围内有效。

我国现行道路交通安全法规由以下几部分组成:

1. 道路交通安全管理法律规范

法律规范有广义和狭义之分。广义的法律,是指全国人大及其常委会通过或制定的宪法和法律,国务院制定的行政法规,有立法权的地方人大及其常委会制定的地方法规和民族自治地方人大制定的自治条例和单行条例;狭义的法律规范,即指由国家最高权力机关全国人民代表大会及其常务委员会制定的规范性文件,其效力仅次于宪法,在全国范围内或在某特定范围内有效。

《道路交通安全法》对城乡道路的交通管理作了较为全面、系统的规定,明确了道路交通安全法规的调整范围和原则,是我国道路交通安全管理活动的基本法。

我国其他法律中有关道路交通管理规定和涉及道路交通管理

方面的内容,也是道路交通安全法规的很重要组成部分,如《中华人民共和国行政处罚法》中有关处罚程序规定;《中华人民共和国治安管理处罚法》第37条中对道路交通管理的具体规定;《中华人民共和国刑法》关于危害公共安全罪、扰乱公共秩序罪、交通肇事罪、危险驾驶罪等条款中有关道路交通管理的规定;《中华人民共和国民法通则》关于民事责任的相关规定;《中华人民共和国国家赔偿法》关于行政赔偿的相关规定等。

2. 道路交通管理行政法规

行政法规是指国务院依法制定和发布的有关国家行政管理活动的规范性文件,其法律地位和效力仅次于宪法和法律,在全国范围内或在某特定范围内有效。我国行政法规的名称依法规定为"条例"、"规定"、"办法"。

我国现行道路交通安全管理行政法规有《道路交通安全法实施条例》、《中华人民共和国报废汽车回收管理办法》、《收费公路管理条例》等。

3. 道路交通安全管理地方性法规

地方性法规是指有立法权的地方人大,根据本地区的具体情况依法制定的在其管辖范围内或在其管辖范围内特定某区域内有效的规范性文件。其法律效力次于行政法规。

这些规范中也包含有关道路交通安全管理的规定,如《北京市实施〈中华人民共和国道路交通安全法〉办法》、《广东省道路交通安全条例》等。

4. 道路交通管理规章

规章是指由国务院组成部门及下属机构或省、自治区、直辖市人民政府以及省、自治区人民政府所在地的市和国务院批准的较大的市的人民政府依法制定和发布的规范性文件,规章分为部门规章和地方规章。

在地方规章中,有相当一部分是各级地方政府根据当地道路交通的具体情况,为加强地方道路交通安全管理而依法制定的有关道路交通安全管理的规范性文件,如《北京市道路交通安全防范责任制管理办法》等。

国务院组成部门及直属机构在它们的职权范围内制定的部门规章中,也有大量关于道路交通管理的规范性文件,如公安部颁布的《道路交通安全违法行为处理程序规定》、《机动车驾驶证申领和使用规定》等。规章的效力仅及于制定主体管辖范围之内,并不得与宪法、法律和法规相冲突。

5. 道路交通安全管理技术规范和标准

道路交通安全管理涉及道路和机动车及其相关设备、设施,需要有统一的技术规范和标准。诸如国家标准局制定和发布的《机动车运行安全技术条件》,交通部制定发布的《营运客车类型划分及等级评定》、《道路交通标志和标线》等都属于道路交通安全法规范畴。

二、道路交通安全法规的调整对象

同其他法律规范一样,道路交通安全法规也是调整一定范围内的社会关系的。尽管道路交通活动具有广泛的社会性,道路交通安全法规的调整对象涉及社会的方方面面,但是道路交通安全法规所调整的仍然是一类特定的社会关系。从道路交通安全法规的概念可以清楚看出:道路交通安全法规调整的是人们在进行道路交通活动和在道路上从事与道路交通活动有关的活动中所产生的社会关系。

具体地说,道路交通安全法规的调整对象主要包括:

1. 调整公安机关与其他国家机关在道路交通安全管理中的相互关系

公安交通管理部门在公安部和各级政府的领导下,对道路交通安全实施具体管理。公安机关在领导道路交通安全管理部门实施道路交通安全管理的过程中，必然形成公安机关与各级政府、公安机关与其他国家机关之间、公安机关与公安机关之间的相互关系。这些关系中，有上下级关系，有领导与被领导关系，还有监督和协调配合关系。道路交通安全法规有必要以法律规范的形式加以调整，理顺各种关系，以便于实施管理，提高效率。

2. 调整公安交通安全管理部门之间的关系

各级公安交通管理部门，上至公安部交通管理局，下至县公安交警大队，形成对全国城乡道路交通实施直接管理的专门的业务组织体系。该体系内部在公安交通管理业务等方面的关系，应该纳入道路交通安全法规的调整范围。

我国各级公安交通管理部门既是公安机关的业务部门，又是代表公安机关直接对外独立行使交通管理职权的职能部门，它们之间是道路交通管理业务上的检查、监督、指导关系，不是领导和被领导关系。

3. 调整道路交通管理者与道路交通活动参与者之间的相互关系

一切道路交通活动及与道路交通有关的活动都是通过人来实现的，公安道路交通管理机关在实施道路交通安全管理中，必然与道路交通参与者产生一定的社会关系，这种关系具有广泛的社会性，有赖于通过道路交通安全法规加以调整。

公安道路交通管理机关是道路交通安全的管理者，道路交通安全参与者是被管理对象。管理者应当在一定职责和一定权限内，按一定程序依法行政，在职务活动中实现对参与者的管理和服务；参与者在道路交通活动中，必须依法行使自己的权利，履行自己的义务，服从国家管理。道路交通安全法规对此需要作出明确规定。

4. 调整道路交通活动参与者之间在道路交通活动中的相互关系

道路交通活动具有广泛性和复杂性，表现为参与道路交通活动的人不仅为数众多，而且不特定；他们以各自不同的形式参与到道路交通活动中来，占用一定的道路空间；而且他们占用道路空间是随机的、不确定的。为保障道路交通活动正常进行，变无序为有序，道路交通安全法规必须根据不同情况对道路交通参与者的道路交通行为加以规范，明确参与者之间的具体权利和义务。

5. 调整人们在道路上进行与交通有关的活动中所产生的社会关系

道路上除进行交通活动外，还存在其他活动。人们在道路上进行的道路交通活动以外的其他活动称为非道路交通活动。其中一类是必须在道路上进行的，如道路设施维修，在道路上埋设管线、修建立交桥等；而另一类并非必须在道路上进行，如在道路上摆设摊点、打场晒粮、聚众活动等。

由于非道路交通活动需要临时占有或使用道路，在非道路交通活动中，其活动主体、公安机关、公安道路交通管理机关、其他国家机关及道路交通参与者等相互之间必然产生一定的社会关系，这与道路交通安全管理直接相关，因此要求道路交通安全法规加以调整。

道路是交通专用设施，为保障其运输功能的正常发挥，道路交通安全法规在对非道路交通活动进行调整时，总的原则是进行控制和干预。必须在道路上进行的非道路交通活动应当经公安机关同意或批准；并非必须在道路上进行的非道路交通活动则应当取缔。依法进行非道路交通活动的主体，应当最大限度地保证道路交通活动的正常进行。

6. 调整因道路交通而产生的人、车辆及道路之间的关系

道路交通活动所产生的关系，除了人与人之间的社会关系外，还有人、车辆和道路三者之间的自然关系。这些关系形成的道路交通秩序，直接关系道路交通的安全与畅通，道路交通安全法规必须对人的道路交通行为、车辆的技术状态及道路的标志、标线等进行统一规范，对人、车、路三者之间关系进行调整。为此，我国道路交通安全法规对此作了大量的具体规定。

第三节　道路交通安全法规的性质、特点和作用

一、道路交通安全法规的性质

行政管理的法律法规都具有社会属性和自然属性。社会属性是指事物的存在和发展体现一定社会形态下统治阶级的意志和要求，而这种意志和要求又受一定社会形态的生产关系和经济基础制约，不能与当时的社会政治、经济、文化环境相脱离。自然属性指事物的存在和发展，反映自然社会协作过程对该事物的客观要求，是社会发展进步的一系列客观规律作用的结果，不以人的意志为转移。

道路交通安全法规是行政管理法律法规的重要组成部分，既是统治阶级的意志的体现，又是道路交通本身的客观要求和人类在长期的道路交通活动中不断积累的经验共同作用的结果。因而它既具有社会属性，又具有自然属性。同时，道路交通安全法规作为道路交通管理活动的规范性文件，当然具有法律属性。因此，道路交通安全法规和任何法律一样，具有社会属性、自然属性和法律属性。

道路交通安全法规调整对象的特殊性，决定了道路交通安全法规的社会属性、自然属性和法律属性又不同于其他的法律法规，而具有自身的特性。

1. 道路交通安全法规的社会属性

道路交通安全法规属于上层建筑的范畴，其社会属性表现为它体现的是统治阶级的意志。我国道路交通安全法规的社会属性，是由我国现实社会的经济基础和国家政权的性质决定的。

我国的经济基础是建立在生产资料公有制为主体的各种所有制并存基础之上的，建立在这种经济基础之上的道路交通安全法规，当然会反映现实社会的经济基础和生产关系，并促进社会的发展进步。随着我国市场经济的不断发展，改革开放的进一步深入，道路交通安全法规也将不断地发展和完善，以便更好地保护和促进我国现代化建设事业的顺利进行，为改革开放和经济建设服务。

我国是工人阶级领导的，以工农联盟为基础的人民民主专政的社会主义国家。国家政权的性质决定了我国的道路交通安全法规是新型的社会主义法规。从立法到实施，它所体现的必然是工人阶级和广大人民的意志，维护的是工人阶级和广大人民的利益。

资本主义国家是建立在生产资料私有制的经济基础之上的，国家政权的性质是资产阶级专政。这就决定了我国和资本主义国家的道路交通安全法规存在着本质的区别。当然，资本主义国家的道路交通安全法规，为满足道路交通的需要，在客观上必须遵循道路交通的客观规律，方便广大民众。但制定和实施道路交通安全法规的最终目的则是为资产阶级统治服务，这就是资本主义国家的道路交通安全法规的社会属性。

无论是社会主义国家、还是资本主义国家，它们的道路交通安全法规都必须为社会生产服务，必须方便民众，必须与本国社会经济环境相适应。这是各国道路交通安全法规的共同社会属性。

2. 道路交通安全法规的自然属性

道路交通安全法规的自然属性在于它必须符合道路交通的客观规律，必须与当时的社会生产力相适应。在道路交通活动中，人、车、路各自具有特有的状态和性质，相互之间又会产生复杂的内在联系。道路交通安全法规只有符合道路交通的客观规律，适合社会生产力的发展，才能有效地调整和规范道路交通活动中人与人的关系、人与车辆及道路的关系。

道路交通安全法规是人类在长期的道路交通活动中积累的交通安全的经验总结，它必须正确反映道路交通本身的客观要求。它的自然属性集中反映在道路交通安全法规中的技术规范和技术标准上。道路交通安全法规的自然属性不会因阶级而异，不同社会形态国家的道路交通安全法规虽然会受生产力水平和地理气候条件的影响而有所不同，但任何国家制定道路交通安全法规都必须尊重道路交通安全法规的自然属性。世界各国的道路交通安全法规之所以能相互学习和借鉴，就在于它们都具有共同的自然属性。

3. 道路交通安全法规的法律属性

道路交通安全管理是社会治安管理的一项重要内容，而社会治安管理是国家行政管理活动的一个方面，所以道路交通安全管理是国家行政管理的一个组成部分。依法规范道路交通安全管理活动，是依法行政的一个方面。可见道路交通安全法规属于行政法规范畴，是行政法中社会治安管理法规的一个重要组成部分。

法律属性，主要指法律的阶级性、自然性和伦理性等。我国宪法修正案第十三条规定："中华人民共和国实行依法治国，建设社会主义法治国家。"我国法律体系由宪法、行政法、民法、刑法等众多部门法组成。道路交通安全法规作为我国法律规范的组成部分，当然具有一切法律规范的共同属性。

二、道路交通安全法规的特征

道路交通安全法规不仅具有任何法律规范都共有的基本特

征,例如国家意志性、规范性、强制性、权利义务一致性等之外,还具有自身特有的区别于其他法律规范的特征。

1. 广泛的社会性

道路交通活动是人类社会赖以生存和发展的最主要最基本的活动之一。衣、食、住、行当中,行是重要组成部分,是社会物质生产、文化交流以及人们工作、学习、生活的重要基础之一。尤其是现代社会,各行各业都离不开道路交通。道路交通安全法规,通过调整人们在道路交通活动和与交通有关的活动中产生的各种社会关系,保证每个道路交通参与者的交通安全和畅通,对每个公民、每个法人和其他组织都是必要的。从这个意义上讲,虽然各种法律规范在适用对象上都具有普遍性,但在法律实践中,没有哪一个专业性的法规能像道路交通安全法一样,与每个部门、每个行业、每个家庭和公民都有如此经常、如此密切的联系。因此,道路交通安全法规是面向整个社会的,运用最为经常的法规之一,具有广泛的社会性。

2. 层次的多样性

道路交通安全法规不是单一的法典,而是由道路交通安全基本法和其他法律及众多的行政法规、部门规章、技术规范、技术标准以及地方性法规共同构成的法规系统,其法规的构成是多层次的。道路交通安全法规的制定机关有国家权力机关、国家行政机关、地方权力机关和地方行政机关,因此道路交通安全法规在效力上呈现出层次上的多样性。

3. 行为规范与技术规范的统一性

人类的规范大致可以分为两类,一类是调整人们社会关系的行为规范;另一类是调整人与自然之间的协调关系的技术规范。行为规范是允许或禁止人们为或不为某种行为的规定,依其强制力不同,可分为一般规范和法律规范。道路交通安全法规中的行为规范当然都是法律规范，如关于路权和关于机动车第三者责任保险的强制性规定等。技术规范是规定人们如何运用自然界的力量的规则，如规定人们怎样使用生产工具、交通工具等。技术规范是根据人们对自然规律的认识制定的，旨在遵循事物本身的客观规律办事。违反了正确的技术规范，也就违背了自然规律，就很有可能给人们和社会带来危害。所以，国家往往把遵守技术规范确定为法律义务，有时甚至将某些重要的技术规范直接规定在法律规范中，使其具有法律规范的性质。道路交通安全法规中有相当一部分就是技术规范，如一些使用车辆、道路的规定和机动车技术检测标准等。因此，道路交通安全法规不仅调整人与人的关系，而且还调整人与自然的关系，是行为规范和技术规范相统一的法规。

4. 很强的适应性

道路交通管理和其他行政管理一样，具有很强的时代性。道路交通安全法规的适应性，主要体现在道路交通管理必须与社会经济环境相适应。当代科学技术迅猛发展，道路交通发展速度很快，道路交通安全法规必须随着道路交通的发展不断补充、更新，尽可能趋于完善，使之更好地方便生产、生活，更好地与社会经济环境相协调，为经济建设服务。只有这样，道路交通安全法规才能适应道路交通的需要。国内外道路交通管理，无一例外地不强调道路交通安全法规的适应性。国家经济发展速度赶快，道路交通安全法规的修订、补充速度也就越快，目前道路交通安全法规的更新周期呈越来越短的趋势。

当然，作为一项法律规范需要保持相对稳定。对道路交通安全法规进行补充、修改甚至是更新的，只是那些已经不能适应新的经济环境的规定。对整个法规的基本精神、基本原则，除了作必要的调整外，仍需保持相对的稳定。

5. 可操作性

道路交通安全法规的可操作性是由道路交通安全法规运用上

广泛性和实用性所决定的，它是道路交通安全法规的又一明显特征。由于道路交通安全法规既是道路交通管理者的执法依据，又是道路交通参与者进行交通活动的行为准则。道路交通是全社会成员都要进行的活动，只有在道路交通安全法规具有可操作性的前提下，执法者和参与者才能准确无误地理解道路交通安全法规的规定，才能依照法规的要求进行道路交通管理和道路交通活动。因此，道路交通安全法规与其他法规相比，其条文内容更清楚、明确、具体，易于理解和操作，其程序设计更合理，具有很强的操作性。

三、道路交通安全法规的作用

任何一项法规都因其性质不同而发挥不同的作用。道路交通安全法规作为一种道路交通行为规范和道路交通管理的法规依据，其作用是多方面的。具体地说，主要表现在以下几个方面：

1. 保证道路交通管理的任务和目的的实现

道路交通管理的基本任务是维护道路交通秩序，预防和减少交通事故，保护人身安全，保护公民、法人和其他组织的财产安全及其他合法权益，提高通行效率；根本目的是方便人民群众生活和为经济建设服务。

国家为实现道路交通管理的任务和目的，需要制定明确的管理方针、政策和规划；需要采取各种手段，如先进的科学技术、强大的宣传教育和经济、行政等手段；同时不断总结经验，针对新的情况采取新的管理方法和措施。并且通过立法形式，将这一系列符合道路交通客观规律的方针、政策、措施、手段，包括一些技术规范上升为法律，上升为国家意志，赋予强制力的保证，用这一整套完整的法规规范道路交通管理和道路交通行为。

这样，道路交通安全法规不仅为道路交通管理提供了执法依据,同时也为道路交通参与者规定了明确的行为准则。从而为充分发挥公安交通管理机关和其他国家机关的职能作用,依法进行道路交通管理和广大人民群众有序地进行道路交通活动,保证道路交通管理的任务和目的的实现提供了法规保障。

2. 保护道路交通参与者的合法权益

道路交通安全法规在保证道路交通管理机关及其工作人员充分发挥职能作用的同时,必须最大限度地保护交通参与者的合法权利。我们的政府应该是服务性政府,政府对道路交通实施管理的根本目的是为社会及其民众提供良好的道路交通管理服务。保护道路交通参与者的合法权益是道路交通立法的重要任务和目的之一,不从法律上保障道路交通参与者的合法权利,良好的交通秩序就会失去群众基础。

道路交通安全法规对道路交通活动中交通参与人的权利义务关系进行了全面规范,充分体现了权利义务的高度统一。法规确认了人们享有的广泛的交通权利,并保护这些权利得以实现;同时,又规定了人们参与道路交通活动必须承担的义务。要求人们履行义务,是为了更好地保证道路交通参与人权利。人们要充分享有交通权利,就要自觉承担交通义务,任何不遵守交通法规的行为,都会使有序的交通秩序受到破坏,人们的交通权利也就难以实现。为此,道路交通安全法规具体规定了对不履行交通义务的违章行为的处罚措施。通过制裁违章行为,教育人们树立交通法制和交通道德观念,维护交通秩序,减少交通事故,从而保护人们安全顺畅的通行权利。

道路交通安全法规以保护交通参与人的合法权益为核心,突出保障交通安全,追求提高通行效率,处处体现了坚持以人为本,预防和减少交通事故,保护交通参与人的合法权益,这一立法目的。

3. 维护良好的交通秩序和交通环境，防止交通公害

良好的交通秩序，是指道路交通设施符合法律规范，人们遵守道路交通安全法规，道路交通有序、畅通的状态。具体表现在道路标志、标线规范齐全，行人、车辆各行其道，依照道路交通安全法规的要求行进，道路为交通所用等方面。良好的交通秩序不仅要靠人们自觉维护，还必须依赖法律规范的强制作用。道路交通安全法规具体规定了道路交通设施规范、人们交通行为的准则，违反这些规定就要承担相应的法律责任，这就为维护良好的交通秩序提供了法律保障。

所谓交通环境是指除交通设施以外，人们进行交通活动时所处的状况和条件，主要包括人们进行道路交通活动中所处的大气、音响和振动等方面的情况。随着道路交通的迅速发展，尤其是汽车进入家庭后，车辆剧增，车辆排放的尾气、产生的噪声和振动，不仅直接影响道路交通参与者的身心健康，而且也影响着人类的生存环境。因此，必须采取各种措施对交通环境加以保护，以尽可能减少道路交通环境污染，防止交通公害。为此，我国的环境保护法和道路交通安全法规具体规定了减少环境污染，防止交通公害的条文，如有关机动车废气排放标准的规定等，为保护交通环境，防止交通公害提供了法律保障。

4. 增强全民交通安全意识和交通法制观念

维护交通秩序，保障交通的安全和畅通，不仅需要公安交通管理机关科学有效的管理，而且还需要增强全民交通安全意识和交通法制观念。人们的道路交通行为是否合理、有序，直接关系到道路交通和道路交通管理活动能否正常进行。道路交通安全法规明确规定了人们的交通行为模式和规则，人们可以据此实施自己的交通行为，并预见到自己的行为会产生何种结果。从而使人们认识到遵守交通法规，自己和他人的交通安全就可以得到保障，进行交通活动的目的就可以顺利达到；违反交通法规，自己和他人的交通安全不但得不到保障，而且还将受到交通法规的制裁。

不仅如此，道路交通安全法规还将交通安全宣传教育作为法律规定，明确规定了政府以及公安机关交通管理部门，机关、部队、企事业单位、社会团体等单位，教育行政部门、学校，新闻、出版、广播、电视等媒体的交通安全教育义务。这一法律措施对增强全民交通安全意识和交通法制观念具有重要意义和作用。

第四节　道路交通安全法规的基本原则

道路交通安全法规的基本原则是指人们在制定和实施道路交通安全法规过程中必须遵循的最基本的准则，是贯彻于道路交通的立法、执法、守法中的基本精神。道路交通安全法规既包括各种道路交通安全法律法规的具体条文，也包括道路交通安全法规的基本原则。

道路交通安全法规作为行政法规的一个组成部分，秉承"维护道路交通秩序，预防和减少交通事故，保护人身安全，保护公民、法人和其他组织的财产安全及其他合法权益，提高通行效率"的立法宗旨，在我国政治、经济、文化及国际环境的共同作用下，确立了"依法管理、方便群众"等七项基本原则。认真、全面地归纳和分析道路交通安全法规的基本原则，对理解和运用道路交通安全法规具有十分重要的意义。

一、政府机关依法统一协调管理与全社会齐抓共管相结合的原则

《道路交通安全法》明确指出，各级人民政府及其相关部门，依

法统一协调管理全国城乡道路安全工作。明确了政府及其相关部门在道路交通中的管理职责。规定政府应当保障道路交通安全管理工作与经济建设和社会发展相适应,应当制定道路交通安全管理规划,并组织实施。国务院公安交通管理部门负责统一管理道路交通安全工作。县以上地方各级人民政府公安机关交通管理部门负责本行政区域内道路交通安全管理工作;县以上各级人民政府交通、建设管理部门依据各自职责,负责有关的道路交通工作。

同时,由于道路交通安全管理具有广泛的社会性,涉及社会各机关、团体、企业、学校,甚至每个家庭和个人,道路交通安全管理,不能仅靠公安机关,还要靠其他机关、企业、学校和其他组织的共同努力,靠广大人民群众的积极参与。《道路交通安全法》第六条明确规定,政府以及公安机关交通管理部门,机关、部队、企事业单位、社会团体等单位,教育行政部门、学校,新闻、出版、广播、电视等媒体的交通安全教育义务。教育人们遵守道路交通安全法规成为各单位的法定职责,维护道路交通安全法规的尊严是全社会的权利和义务。

可见,我国道路交通安全法规确立了道路交通由政府机关依法统一管理与全社会齐抓共管相结合的原则。该原则的确立,有利于道路交通安全法规的普及和实施;有利于促进人们遵纪守法,维护道路交通秩序;有利于公安机关更好地对道路交通安全实行统一管理。

二、依法管理、方便群众的原则

《道路交通安全法》以保障道路交通安全为根本出发点,从现实需要和交通管理的实际出发,确立了依法管理、方便群众的基本原则,突出了以人为本的思想,确立了管住重点、方便一般、简化手续、提高效率的总体思路,这些精神也贯穿于整个道路交通安全法规之中。

(1)依法管理道路交通安全的原则,是指国家机关在立法、执法实践中,必须依照法律法规规定,在其职责范围内对道路交通安全进行严格有序的管理。依法管理原则主要表现在:

①依法行政,依法办事。本法对公安机关交通管理部门及其交通警察的行为作了具体规定,提出了严格的要求;

②控制执法的随意性,防止行政权力的滥用。随着社会经济的发展,道路交通活动日益繁杂,这就要求交通管理部门要在依法管理原则的指导和约束下执法,严格按照法律规定的范围、幅度、方式执法,防止执法的随意性和滥用自由裁量;

③对违法执法行为承担法律责任。作为执法机关的道路交通管理部门要带头守法,切实保障交通参与人的合法权益不受侵犯。因违法越权行政行为,侵犯道路交通参与人合法权益的,应当依法承担法律责任。

(2)方便群众的原则,即便民的原则。道路交通安全工作中的便民原则,就是要求公安机关及公安机关交通管理部门在立法和依法开展道路交通安全管理工作中,尽可能为交通参与人提供便利和方便,从而保障交通参与人进行交通活动的顺利实现。公安机关的工作宗旨就是为人民服务。主要体现在以下几方面:

①立法人性化。公安机关在相关道路交通管理规章的制定中,应充分考虑道路交通参与人的合法利益,赋予法规人性化因素;

②公安机关交通管理部门在执法实践中,既要严格执法,又要方便群众。如在车辆、驾驶人管理,包括车辆登记、检验,驾驶证申领、换证、补证、审验和注销等工作中,应合理安排办公时间、工作流程,简化手续、方便群众;又如在道路交通秩序管理工作,包括道路交通指挥、违章处罚、道路交通事故处理等工作中,也应体现方

便群众的立法精神。在保证不影响道路交通安全的前提下，在法规允许的范围内应尽量为道路交通参与人提供方便和服务。

三、确保安全的原则

道路交通环境由各种因素共同决定，既有自然因素也有人为因素；既有必然的可预见的因素，也有偶然的不可预见的因素。道路交通安全法规不可能对各种不确定的路面交通情况一一作出具体规定。因此《道路交通安全法》第三十八条、四十二条、四十三条、四十六条、四十七条、五十三条和七十条等条款中规定，车辆、行人必须在“确保安全”的原则下通行。把“确保安全”作为该法律规范的一项重要原则明确提出来，体现了道路交通安全法规的立法宗旨和目的之一在于确保道路交通安全。

确保安全的原则，包括两个方面的含义：

①车辆、行人在道路交通活动中，遇到法规没有明确规定的情况时，应当以“确保安全”为最高行为准则，调整各自的交通行为，尽可能地避免交通事故发生。一切忽视安全的行为都是违法的，行为人都应对因其行为造成的一切后果承担法律责任；

②道路交通管理机关的一切管理活动，包括道路交通管理措施的制定和实施，也包括执法人员的具体执法行为，都应服从“确保安全”的原则；公安交通管理机关在处理道路交通事故时，遇到法规没有明确规定的情况时，应当以“确保安全”作为判定行为人交通行为合法性的法律依据。

四、右侧通行的原则

《道路交通安全法》第三十五条明确规定：“机动车、非机动车实行右侧通行。”第五十七条还特别对非机动车作出了相应规定。右侧通行的原则，是指除法规特别规定的车辆外，机动车、非机动车一律靠道路右侧通行。至于在道路上行走的人,法律规定应当在人行道内行走,没有人行道的靠路边行走。

左侧通行还是右侧通行,是道路交通必须明确统一规定的交通技术问题。否则车辆超车和会车将无所适从,道路交通会处于一片混乱状态。但一个国家采用哪种通行原则,不是立法者随意确定的,一般而言,由该国的交通习惯而定。这种交通习惯通过汽车的构造表现出来:习惯左侧行驶的,转向盘位于汽车右侧;习惯右侧行驶的,转向盘位于汽车左侧。世界上除英国等采用左侧通行外,大约90%的国家采用右侧通行。我国曾经也有过左侧通行的历史,1946年1月1日,国民党政府将原来的左侧通行改为右侧通行,解放后我国政府考虑到人们的通行习惯,保留了右侧通行的原则。

五、车辆、行人各行其道的原则

道路上一般用标志、标线或其他隔离设施等,按"低速右置"的规则,划分出机动车道、非机动车道、人行道,并划有人行横道。在机动车道中,又划出大型机动车道和小型机动车道;在高速公路上还划出专供超车时使用的超车道等。

各行其道,是指车辆、行人在划有车道线的道路上行驶时,应当按道路上划出的行驶道,在属于各自的行驶道上通行;没有划分车道线的道路上,机动车在中间行驶,非机动车靠右侧行驶。

道路交通安全法规有多项条款对该原则作出了明确、具体的规定,如《道路交通安全法》第三十六条和第三十七条和《道路交通安全法实施条例》等,对车辆、行人的路权进行了明确规定,规定机动车、非机动车、行人实行分道通行。慢速车道内的机动车可以借用快速车道超车;非机动车可以在受阻路段借用相邻机动车道行驶;行人横过没有人行横道的机动车道时,应当确认安全后直行通行。

道路交通活动的参与者必须严格遵守这些行为规范，任何违反道路交通安全法规的行为都有可能造成严重的损害后果，甚至触犯刑律，行为人依法必须对其行为承担法律责任。

六、对机动车、非机动车、行人和乘车人管理并重的原则

目前我国道路交通主要采用平面混合交通，车多、人多，路少、路窄，尤以城市更为突出，这是中国道路交通的现状和特点。在这种情况下，机动车作为道路交通的强者，固然要加强管理，但非机动车、行人和乘车人为数众多，而且直接与机动车争占路面，因此，道路交通安全法规不但要加强对机动车的管理，同时也要加强对非机动车、行人和乘车人的管理。

据统计，70%的交通死亡事故是机动车造成的，而70%的交通事故与非机动车、行人和乘车人的交通行为有关。为维护交通秩序，保障交通安全和畅通，道路交通安全法规确立了对机动车、非机动车、行人和乘车人管理并重的原则。《道路交通安全法》设专章对车辆的行驶、行人和乘车人的交通行为作出了大量、具体的规定，为公安交通管理部门对道路交通安全实施全面管理，提供了法律依据。

随着科技的进步，一些先进的科学技术被应用到道路交通管理中来，信号灯的普及，电子眼的使用及电脑监控系统的运用，为治理道路交通，更好地实施道路交通安全法规，提供了先进的管理手段。

七、道路为交通所用的原则

道路是交通的基础，没有道路就没有道路交通。道路为交通所用是道路本身的属性，也是社会发展的客观要求。人们修建道

路，就是为交通，尤其是在现代，道路交通对一个国家、一个地区的经济发展起着至关重要的作用，我们没有理由不充分利用已经修建好的道路，为社会主义现代化建设承担交通运输任务。

为此，我国道路交通安全法规确定了道路为交通所用的原则。除在《道路交通安全法》中对道路的管理作出具体规定外，还在《高速公路交通管理办法》中对高速公路的使用作了更为明确、具体的规定。

目前我国的道路建设，还不能满足日益增长的交通流量的需要，不少道路处于饱和或超饱和状态，尤其是在春运期间及节假日。在这种情况下，以法律的形式确定道路为交通所用是非常必要的。只有这样，才能最大限度地发挥道路的交通作用，才能确保道路交通安全畅通。

第五节　道路交通安全法规的效力范围

道路交通安全法规的效力范围，也称适用范围，是指道路交通安全法规对什么人，在什么空间和什么时间有约束力，即对人的效力，对空间效力和时间效力。由于道路交通安全法规的制定主体不尽相同，它们的效力范围也不完全一样。

一、对人的效力

对人的效力，是指道路交通安全法规对哪些人有法律约束力。按《道路交通安全法》第二条和附则规定，凡在中国境内的车辆驾驶人、行人、乘车人以及与道路交通活动有关的单位和个人，都必须遵守道路交通安全法规的各项规定。这里所指的中国境内的车辆驾驶人、行人、乘车人以及与道路交通有关活动有关的单位和个人，包括中国人和外国人。中国人指具有中国国籍的中国公民；外国人指不具有中国国籍的人，包括不具有中国国籍而具有外国国籍的人和无国籍人。这些人不论他们的民族、种族、年龄、性别、职业、宗教信仰、受教育程度、财产状况如何，只要在我国境内进行交通活动或与交通有关的活动，都必须遵守我国道路交通安全法规，我国道路交通安全法规对他们都有法律约束力。不仅如此，道路交通安全法规对法人、其他组织同样适用。

与道路交通活动有关的人，是指那些不以交通为目的，而挖掘、修理、占用道路，或埋设管线，或修补路段、路面，或在路上摆摊设点、堆放物品、聚众活动等人。这些人的活动必然对交通产生影响，道路交通安全法规必须将其纳入调整之列，以最大限度地发挥道路的交通运输作用。

我国是一个主权国家，按国际惯例，外国人应当遵守所在国的法律。我国法律也明确规定，外国人在中国境内，除法律另有规定者外，适用中国法律。我国政府保护我国境内的外国人的合法权利，同时也要求他们遵守我国的法律法规及有关规定，并依法处理其违法问题。因此，道路交通安全法规对在我国境内的外国人同样适用。但是，依照国际公约、双边或多边协议和国际惯例的对等原则，对具有外交特权和豁免权的外国人，出于国际间的友好关系，并考虑相互方便工作，在其违反我国道路交通安全法规时，不按我国道路交通安全法规规定处理，而通过外交途径解决。

二、空间效力

道路交通安全法规的空间效力，是指道路交通安全法规在哪些地方适用，即在地域上的适用范围。法律法规一般在其制定机关的管辖范围内适用，这是空间效力的普遍原则。由于道路交通安全法规的制定机关不同，所以它们的空间效力也不完全相同。

全国人大常务委员会制定的道路交通安全法律规范，在全国或某一特定的范围内有效。如《道路交通安全法》、《中华人民共和国治安管理处罚法》(以下简称治安管理处罚法)、《中华人民共和国国家赔偿法》(以下简称《国家赔偿法》)等法律规范中关于道路交通安全管理的相关规定,在全国范围内有效。

国务院及其组成机构制定的道路交通安全法规中,仅适用某一个或几个特殊地域的,其效力仅限于该特殊地域。如《京、津、塘高速公路交通管理通告》只在京、津、塘地域内适用等;此外,除法规特别规定外,适用于中华人民共和国全部领域,如《中华人民共和国道路交通安全法实施条例》、《道路交通安全违法行为处理程序规定》、《机动车驾驶证申领和使用规定》等。

地方道路交通安全法规,包括地方性法规、地方行政规章中有关道路交通方面的规范性文件和规定,其中仅适用该地方所辖范围内的某一个或几个特殊地域,其效力仅限于该特殊地域;此外,除法规特别规定外,适用于该地方政府所辖行政区的全部地域。

《道路交通安全法》第一百一十九条第一款规定:“道路,是指公路、城市道路和虽在单位管辖范围但允许社会机动车通行的地方,包括广场、公共停车场等用于公众通行的场所。”其中,公路是指城市之间、城乡之间、乡村之间,按国家技术标准修建并经公路主管部门验收认可的,能供汽车通行的公共道路,包括普通地面公路和桥梁、涵洞、隧道;城市道路是指城市规划区内等级较高的公共通道,一般划、设有人行道、车行道,是该城市的主、次交通干线;在城市规划区内等级较低的公共通道,一般不划、设人行道、车行道,两侧或一侧有连续建筑群的路面较窄的,为城市胡同(巷里)交通支线;广场是指城市规划在道路用地范围内另辟的供公众活动、交通集散的场地,包括交通广场、站前停车场等;公共停车场是指在规划道路用地范围内专门划、设出的供车辆停放的车辆集散场所,也包括大型公共场所在其建筑用地范围内设置的对外开放的停车场。此外,经公安部门与交通部、民航局商定,社会车辆的港区道路和机场道路(不含机场控制区)也被纳入道路交通安全管理范围。

三、时间效力

道路交通安全法规的时间效力,是指道路交通安全法规何时生效、何时终止效力,以及该法律对其生效以前的事件和行为有无溯及力。

1. 道路交通安全法规的生效时间

生效时间一般有公布后某日生效和公布或送达之日起生效两种。

(1)法规公布后的某日生效,如《道路交通安全法》、《北京市实施〈中华人民共和国道路交通安全法〉办法》、《广东省道路交通安全条例》等。这种情况,往往出现于重要法规或对法规的修改、补充文件中,目的是为法规的宣传、执行预留必要的准备时间。

(2)自法规公布或送达之日起生效,如《贵阳市道路交通安全管理办法》等。至于送达之日起生效的,也多见于地方性法规。

2. 道路交通安全法规的终止生效时间

终止生效时间有明示废止和默示废止两种。

(1)明示废止。即包括法规本身明文规定的终止效力时间,或者规定的适用法规的特殊条件,前者到期法规自行终止,后者在条件消失时自然终止效力;也包括在其他法规中明确宣告终止效力,如《道路交通安全法实施条例》第一百一十五条中规定:“本条例自2004年5月1日起施行。1960年2月1日国务院批准、交通部发布的《机动车管理办法》……同时废止。”

(2)默示废止。即旧法随新法的施行而部分或全部终止效力。在法规的适用中,遇到旧法没有被明文规定废止的情况下,当新旧法规发生冲突时，对于同一效力层次的法规，根据“新法优于旧法”、“后法优于前法”的原则，旧法中与新法相抵触部分被默示废止。

3. 法规的溯及力

法规的溯及力，即法规对其生效以前的事件和行为是否适用。如果适用，就有溯及力；如果不适用，就没有溯及力。

同其他法规一样，道路交通安全法规由于道路交通受环境、条件的影响较大，所以按“法不溯及既往”的原则，除非明文规定，一般没有溯及力，即对法规实施前的事件和行为不能适用。

第六节　道路交通安全法律关系

一、道路交通安全法律关系的概念

法律关系是在法律规范调整社会关系的过程中所形成的人们之间的权利和义务关系。不同法律部门在调整社会关系中，形成不同的法律关系。行政法律关系是由行政法律规范所调整的社会关系；民事法律关系是由民事法律规范所调整的社会关系；刑事法律关系是由刑事法律规范所调整的社会关系。行政法律关系又可分为治安行政法律关系、司法行政法律关系、工商行政法律关系等。道路交通管理属于社会治安管理范畴，因此，道路交通安全法律关系是治安行政法律关系的一种。

所谓道路交通安全法律关系，是指道路交通安全法规在调整道路交通管理活动以及与道路交通有关的活动中所产生的行为主体之间的权利和义务关系。道路交通安全法规属于行政法规范畴，由它调整所形成的法律关系是一种纵向的法律关系，即在不平等的法律主体之间建立的权力服从关系。它是由法律确认的，不能任意改变或抛弃。这种关系有它明显的特点：

①由于公安交通管理机关与参与者之间是管理与被管理关系,他们之间的法律地位不平等,决定了他们之间的权利义务不具有对等性。公安交通管理机关可以依法单方面做出意思表示,不必征得参与人同意,即产生法律效力,而参与者却不能。当管理者行政不作为时,参与者只能通过其他救济途径寻求解决;

②公安交通管理机关的职责是由法规规定的,这种职责,既是权利也是义务,基于职责的权利是不能随意放弃的,放弃权利就构成失职,就意味着行政不作为。而参与者除必须依法履行义务外,对属于自己的权利是可以放弃的。

二、道路交通安全法律关系的构成

道路交通安全法律关系由主体、内容和客体 3 部分构成。每一部分都是道路交通安全法律关系的必要构成要件,缺一不能构成道路交通安全法律关系。与其他法律关系比较,道路交通安全法律关系有其不同的特征。

1. 道路交通安全法律关系的主体

(1)主体的概念。道路交通安全法律关系的主体(或称当事人),是指在道路交通安全法律关系中依法享有交通权利和承担交通义务的自然人、法人或其他组织。即道路交通安全管理机关和参与者,其中管理机关是必要主体。《道路交通安全法》第四条和第五条规定,县以上各级人民政府、公安机关、公安交通管理部门和县以上各级人民政府交通、建设管理部门是道路交通管理主体。可见,没有政府道路交通安全管理机关的依法参与,就构不成道路交通安全法律关系。

道路交通安全法律关系中的自然人包括中国人和外国人,外国人指不具有中国国籍的自然人;法人包括企业法人和非企业法人(含国家机关、企事业单位和社会团体);其他组织指依法成立的各种社会组织。

(2)主体资格的必备条件。和其他法律关系一样,自然人、法人或其他组织要成为道路交通法律关系的主体,享有交通权利和承担交通义务,就必须具有交通权利能力和交通行为能力。即具有法律关系主体构成的资格。

①道路交通权利能力。道路交通权利能力是指自然人、法人或其他组织依法享有交通权利,承担交通义务的资格。它是道路交通安全法律关系主体实际取得道路交通权利、承担道路交通义务的前提条件。具有道路交通权利能力者,才享有法律上的人格,才能成为独立的交通法律关系的主体,才能享有具体的交通权利或承担具体的道路交通义务。

道路交通权利能力是一项基本的权利能力,是由国家法律认可并保证的。公民的道路交通权利能力自公民出生时产生,至死亡时消灭;法人或其他组织的道路交通权利能力从依法成立时产生,至依法解体时消灭。除法律特别规定外,任何组织和个人不得对公民、法人和其他组织的道路交通权利加以限制或剥夺。

公民的道路交通权利能力具有平等性。即公民不分男女老少,无论职位高低,不管民族、信仰、贫富不同,均享有平等的道路交通权利能力,在法律上处于平等的地位。法人、其他组织的道路交通权利能力除法律特别规定外,与公民平等享有。

②道路交通行为能力。道路交通行为能力是指公民、法人、其他组织通过自己的行为依法行使道路交通权利和履行交通义务的资格。交通行为能力不仅包括主体对交通合法行为所具有的行为能力,而且还包括主体对其违法行为承担责任的能力。

确定公民有无交通行为能力,其标准有二:一是能否认识自己行为的性质、意义和后果;二是能否控制自己的行为并对自己的行为负责。因此,公民是否达到一定年龄,神智是否正常,是否能控制自己的交通行为，就成为公民具有交通行为能力的标志。

a. 对交通合法行为具有行为能力的公民。

我国《道路交通安全法》把公民的道路交通行为能力分为两类：一类是学龄前儿童、精神疾病患者、智力障碍者或者盲人。规定前者在道路上通行，应当由其监护人、监护人委托的人或者对其负有管理、保护职责的带领；后者在道路上通行，应当使用盲杖或者采取其他导盲手段，车辆应当避让。他们属于不完全道路交通行为能力人。其余为另一类，他们能认识自己行为的性质、意义和后果，控制自己的行为，是对交通合法行为具有完全行为能力的公民。

b. 对交通违法行为具有责任能力的公民。

由于道路交通管理属于行政管理范畴，根据《治安管理处罚法》和《中华人民共和国行政处罚法》有关规定，公民对其违法行为承担责任，必须同时具备两个条件，既达到法定责任年龄又具备责任能力。

ⅰ. 责任年龄。责任年龄是指行政法规规定的行为人对其所实施的违法行为承担法律责任所必须达到的年龄。《中华人民共和国行政处罚法》规定："不满 14 周岁的人有违法行为的，不予行政处罚，责令监护人加以管教；已满 14 周岁不满 18 周岁的人有违法行为的，从轻或者减轻行政处罚。"

可见，法律将公民按行政责任年龄分为三类：一类是年满 18 周岁，不满 70 周岁的人，他们是完全行政责任能力年龄人；另一类是已满 14 周岁不满 18 周岁和年满 70 周岁的人，他们是不完全行政责任能力年龄人；余下一类是不满 14 周岁的人，他们是无行政责任能力年龄人。

ⅱ. 责任能力。责任能力是指行为人能够正确认识自己行为的社会性质、意义、作用和后果并根据自己的意志加以控制的能力。根据《中华人民共和国行政处罚法》及《治安管理处罚法》规定：一是"精神病人在不能辨认或者不能控制自己行为时有违法行为的,不予行政处罚,但应当责令其监护人严加看管和治疗;间歇性精神病人在精神正常时有违法行为的,应当给予行政处罚。”二是“盲人或者又聋又哑的人违反治安管理的,可以从轻、减轻或者不予处罚。三是“怀孕或者哺乳自己不满一周岁婴儿的人员违反治安管理,不适用行政拘留处罚。”及“醉酒的人违反治安管理的,应当给予处罚。”

法人、其他组织的交通行为能力与交通权利能力同时产生,同时消灭。从其依法成立之日起产生,至依法撤销之日止消灭。法律依法赋予它们享有并取得相应交通权利、承担并履行相应交通义务的资格。这种权利能力和行为能力依附于法人、其他组织本身,往往通过其法定代表人来体现。

交通行为能力与交通权利能力相同之处,在于二者都是道路交通法律关系的主体实际享有交通权利、履行交通义务的一种资格。但具有交通权利能力,并不一定具有交通行为能力;而具有交通行为能力,必须首先具有交通权利能力。

2. 道路交通法律关系的内容

法律关系的内容是指法律关系主体间的权利和义务。道路交通法律关系的内容,就是道路交通法律关系的主体之间在进行道路交通活动及与道路交通有关的活动中,依照法规规定享有的交通权利和承担的交通义务。它是道路交通法律关系的基础,是联系主体和客体的纽带。离开主体间特定的交通权利和交通义务,道路交通法律关系就不可能存在。

交通权利是指道路交通的管理者和参与者,依法享有对道路交通进行管理和进行交通活动及与交通有关的活动的权利。

交通义务是指道路交通的参与者和管理者在进行道路交通活动及与道路交通有关的活动和对道路交通进行管理中依法应承担的义务和责任。

(1)道路交通参与者的交通权利和交通义务。

①交通权利具有以下含义:

a. 按各自的意愿,在道路交通安全法规规定的范围内为或不为一定行为;

b. 要求交通义务的承担者为或不为一定行为;

c. 在自己的交通权利受到不法侵害,自己的合法权益不能实现时,有权依法请求国家强制力保护。

②交通义务具有以下含义:

a. 按法律法规的规定或交通权利主体的要求必须为或不为一定行为;

b. 依法承担因不履行交通义务而应承担的法律责任。

道路交通参与者可放弃自己的交通权利,但必须依法履行交通义务。

(2)公安交通管理机关的权利和义务。

公安交通管理机关在实施道路交通管理中,为或不为一定行为是法规赋予的职责,其权利和义务具有一致性。公安交通管理机关依法对道路交通实施管理,对国家而言是一种职责和义务,对被管理者而言既是权利,也是义务。公安交通管理机关依法行政,充分行使道路交通的管理权时,也就确实履行了它所承担的职责和义务。道路交通安全法规对公安交通管理机关的职责作了明确、具体的规定。如制定具体的道路交通管理措施,维护道路交通秩序,处理道路交通事故等,都是公安交通管理机关的法定职责。

3. 道路交通安全法律关系的客体

道路交通法律关系的客体,是指道路交通法律关系主体之间的权利和义务所指向的对象。客体以其所载的利益作交通权利和交通义务中介,成为道路交通法律关系的一个构成要素。

(1)道路交通法律关系的客体可分为财物和行为两类。

①财物。指与道路交通有关的、受道路交通法律关系主体支配的物品或其他财富，主要有道路、道路交通管理设施、路交通工具、运载的货物、处罚或赔偿的物品及货币等。当然，除行政处罚和损害赔偿外，道路交通安全法规所调整的是与路交通有关的财物的管理关系，而不是直接的财产关系。

②行为。指道路交通法律关系主体所为的道路交通及与道路交通有关的一切活动，包括作为和不作为。作为又称积极的行为，指积极地从事某种道路交通活动，如车辆、行人各其道路，交通民警依法对违章人员进行处罚等。不作为又称消极的行为，是指对一定道路交通行为的抑制。道路交通安全法规中有不少禁止性条款，如《道路交通安全法》第四十九条规定“机动车载人不得超过核定的人数，客运机动车不得违反规定载货”，第五十条第一款规定“禁止货运机动车载客”等，这些条款要求人们对被禁止对象不作为。在道路交通中，无论作为或不作为，都必须依法进行。唯有如此，才能保障道路交通有序、安全、畅通。否则，违法作为或不作为，行为人都要对自己的行为承担法律责任。

(2)道路交通安全法规并不直接调整与道路交通有关的财物的财产关系，更多的调整的是与道路交通有关的财物的管理关系。因此，公安交通管理机关对道路交通安全的管理行为是道路交通法律关系的最普遍和最常见的客体。其中，公安交通管理机关在道路交通安全管理中的具体行政行为，是道路交通法律关系的重要客体。主要有以下具体行政行为：

①命令。即公安交通管理机关及其执法人员依法要求相对人为特定行为或不为特定行为，如交通民警指挥交通、制止违规行为等。依法行使命令权利是交通管理者的职责和权利；遵从管理者依法做出的命令，是相对人的法定义务。

②禁止。即公安交通管理机关依法不允许相对人为一定行为

的权利，如市区内不许鸣喇叭，禁止左转弯等。

③许可。指公安交通管理机关根据公民、法人或者其他组织的申请，经依法审查，准予其从事特定道路交通活动行政行为，如对确需行驶公路的超限运输车辆审批，道路旅客运输线路审批等。

④赋予。即公安交通管理机关依法给予特定对象一定的权利，如准许某车辆在某路段通行、经考试合格发给某人驾驶证等。

⑤免除。即公安交通管理机关依法免去特定人本应承担的某种义务和责任，如依法免除对轻微违章行为人的处罚等。

⑥受理。即公安交通管理机关对要求许可或免除的申请，及要求其履行一定职责的申请表示接受。它是一种被动的行政行为，如受理临时占道申请、行政复议申请等。

⑦批准。即公安交通管理机关依法同意特定人取得某种法律资格或者实施某种行为的权利，如批准学习机动车驾驶，批准设置临时停车场等。

⑧拒绝。即公安交通管理机关对要求许可或免除及要求为一定行为的申请不予同意，如不同意在某处临时占用道路等。

⑨撤销。它是公安交通管理机关对某种法律资格依法予以取缔或使其归于消灭，对过去的决议、裁定予以撤回的权利，如依法吊销肇事驾驶人驾驶证，依法撤销某处罚决定等。

⑩认定。它是公安交通管理机关对某项特定的法律事实或法律关系，依法审核后予以肯定或否定，如核实当事人提供的证明、证据是否真实有效等。

⑪确认。它是公安交通管理机关对某项尚有争议而有待最后确定的特定的法律事实或法律关系，依法审核后予以肯定或否定，如对已经认定但尚有争议的当事人提供的证明、证据进行复议，并依法作出决定。

⑫监督。它是公安交通管理机关依法对道路交通活动进行监察

或监督的权利。凡涉及道路交通安全管理的各种活动,公安交通管理机关都有权依法进行监督,被监督的单位和个人有义务改正和执行。

此外公安交通安全管理的具体行政行为还有没收财物、责令停产停业等。

公安交通管理机关必须依法行政,切实履行安全管理职责;道路交通参与者应该服从管理,共同维护道路正常交通秩序。同时,对公安交通管理机关的安全管理行为,不仅道路交通参与者,而且任何单位和个人都有权监督、投诉或举报。

三、道路交通法律关系的产生、变更和消灭

同其他社会关系一样,道路交通法律关系不是一成不变的。它在一定的条件下产生,当条件改变后,也会随之变更或消灭。

1. 道路交通法律关系的产生、变更和消灭的概念

道路交通法律关系是交通权利和交通义务的关系,由主体、内容、客体 3 部分构成。道路交通法律关系的产生,是指道路交通法律关系主体之间的权利义务关系的形成。所谓变更,是指道路交通法律关系的主体、内容和客体发生部分变化,而形成了新的道路交通法律关系。所谓消灭,是指道路交通法律关系主体之间的权利和义务关系的终止。

通俗地说,符合道路交通法律关系的 3 个构成,就形成道路交通法律关系;构成改变了,就引起道路交通法律关系的变更;交通权利和交通义务终止了,道路交通法律关系也就随之消灭。

2. 道路交通法律关系产生、变更和消灭的必备条件

道路交通法律关系产生、变更和消灭的必备以下两个条件:

(1)道路交通安全法规有明文规定。法律关系是一种权利义务关系,只能法律法规才能赋予权利、规定义务。因此,道路交通安全法规的有关规定是道路交通法律关系产生、变更和消灭的法

律依据，没有道路交通安全法规明文规定，就不可能产生道路交通法律关系，变更和消灭也无从说起。

(2)道路交通法律事实存在。道路交通法律事实，是指道路交通安全法规所规定的、能够引起道路交通法律关系产生、变更和消灭的客观情况和现象。它是联系法律规范与法律关系的中介。道路交通安全法规的规定，只是主体之间权利和义务关系的一般模式，还不是现实的、具体的道路交通法律关系。如果没有道路交通安全法规所规定的法律事实的存在，就不会引起道路交通法律关系的产生、变更和消灭。

道路交通法律关系的产生、变更和消灭，必须同时具备上述两个条件，即既有道路交通安全法规明文规定，又有道路交通法律事实存在。

3. 道路交通法律事实的种类

按是否以人们的意志为转移，可将道路交通法律事实分为两类：一类是事件；一类是行为。

(1)事件。是指在道路交通活动中发生的、不以人们主观意志为转移的、能够引起道路交通法律关系的产生、变更和消灭的客观事实，如地震、洪灾等。这类客观事实的出现，依道路交通安全法规的规定，必然引起道路交通法律关系的产生、变更和消灭。

(2)行为。是指能够引起道路交通法律关系的产生、变更和消灭的行为，包括作为和不作为。这种行为可以是合法的，也可以是违法的。凡是能引起道路交通法律关系的产生、变更和消灭的行为，都是法律事实。

第七节　路　　权

一、路权的概念

路权有广义和狭义之分。

广义的路权，是指人们依法对属于自己的道路享有的所有权。即对道路的占有、使用、收益和处分权。根据我国《宪法》“城市的土地属于国家所有。农村和城市郊区的土地，由法律规定属于国家所有的以外，属于集体所有”及“土地的使用权可以依照法律的规定转让”之规定，我国道路的所有权为国家和集体享有。改革开放以后，在市场经济的大背景下，为加快经济发展，国家或集体依法将部分道路在一定时间内的经营权进行有偿转让。道路的经营主体格局变了，但道路的所有权性质没有改变，仍然是国家或集体所有。其他经营者取得的只是对道路的经营权及通过经营取得合法收益的权利。不论由谁经营，全国城乡道路建设、道路交通安全仍由国家相关职能部门依法管理。经营者必须依法经营，服从国家管理，同时，国家保护其合法权益。

狭义的路权，是指人们依法在一定空间、一定时间使用道路的权利。这也是道路交通安全法规中所指的路权。本书以后提到的路权，如无特别说明，都是指狭义的路权。

所谓使用道路，是指在道路上进行交通活动或与交通有关的其他活动，包括动态交通活动和静态交通活动。所谓动态交通活动，是指以交通为直接目的的一切道路交通活动；静态交通活动，是指依法进行的不以交通为直接目的的维修、占用道路等活动。为道路的维修、占用而进行的道路运输活动，属于动态交通活动。

道路交通安全法规用大量篇幅对路权作出了明确、具体的规定。如《道路交通安全法》第三十七条中，“道路划设专用车道的，在专用车道内，只准许规定的车辆通行，其他车辆不得进入专用车道行驶。”和第六十一条中“行人应当在人行道内行走，没有人行道的靠路边行走”及《道路交通安全法》关于会车、超车及道路管理中有关占用道路的规定等，都是对路权的确认。人们无论在动态还是在静态交通活动中，都应该按道路交通安全法规确认的路权，依法使用道路，规范自己的交通行为，以确保道路交通安全和高效畅通。

二、路权的特点和意义

1. 路权是道路交通安全法规赋予的权利

路权是道路交通安全法规赋予人们使用道路的权利。同其权利一样，它以相应的法律规范作为依据，受国家强制力保护。自然人、法人和其他社会组织，除法律法规特别规定外，依法平等地享有道路交通安全法规赋予的使用道路的权利。

2. 路权是权利和义务的统一体

权利和义务从来就是一对孪生姐妹，不存在没有义务的权利，也不应该存在没有权利的义务。在道路交通活动中，一方面，路权和交通义务是相对的，一方当事人享有某种路权，意味着另一方当事人负有相应的交通义务。另一方面，路权和交通义务又是统一的。享有某种路权的当事人，也同时负有相应的交通义务，当事人行使某种路权的过程，也就是履行相关义务的过程。当事人改变交通行为，主动放弃某种路权转而行使另一种路权的同时，他的交通义务也随之改变。

道路交通活动中，路权的享有者只有在当事人完全履行各自的交通义务时，才能顺利实现自己的路权；当事人不履行或不完全履行自己的交通义务，不但会妨碍他人行使路权，而且会使自己失去已经享有的路权，甚至可能因侵犯他人的路权，造成他人人身伤害或财产损失而受到法律制裁。

3. 路权原则是道路交通安全法规的一项重要原则

在道路交通安全法规中，路权原则主要表现为车辆、行人各行其道的原则及有关静态交通活动的规定。确立和运用路权则，有利于增强人们自觉遵守法律规定的法制观念；有利于建立和增强人们的道路交通安全意识;有利于建立和维护正常的道路交通秩序;有利于公安交通管理机关在处理路交通违章和道路交通事故中,对当事人进行违章处罚和责任裁定;有利于更好地保护道路使用者的合法权益。因此路权原则是道路交通安全法规的一项重要原则,了解路权原则,对学习和运用道路交通安全法规有着十分重要的意义。

三、路权的具体内容

路权包括通行权、先行权和占用权。

1. 通行权

通行权是指人们在一定时间、一定空间使用道路进行动态交通活动的权利。通行权又称"空间路权",是一种最基本的路权。

通行权可分为两类。一类是由道路交通安全法规具体明确规定的通行权。既包括由道路交通标志、标线和道路分隔线、隔栏及交通指挥灯信号、手势信号等所指示的通行权,也包括由其他具体条款规定的通行权。如《道路交通安全法》第三十六条"根据道路条件和通行需要,道路划分为机动车道、非机动车道和人行道的,机动车非机动车、行人实行分道能行。没有划分机动车道、非机动车道和人行道的,机动车在道路中间通行,非机动车和行人在道路两侧通行"等规定,就已明确指示出人们各自所享有的路权。另一类是仅由道路交通安全法规的原则所确认的路权。道路交通安全法规不可能穷尽所有可能出现的交通情况,《道路交通安全法》第三十八条规定:"车辆、行人应当按照交通信号通行;遇有交通警察现场指挥时,应当按照交通警察的指挥通行;在没有交通信号的道路上,应当在确保安全、畅通的原则下通行。""确保安全"是在法规无具体规定的情况下,确认通行权的原则。这种情况下,只要交通行为能确保安全,道路交通参与者就依法享有通行权。

2. 先行权

先行权,是指人们在具有通行权的前提下,依法享有在一定时间、一定空间内优先通行的权利。先行权又称“时间路权”,它基于通行权而优于通行权,大致可分为两类。

(1)由道路交通安全法规条款具体规定的先行权。如法规对设定的交通状态下,谁享有先行权作出了明确规定:机动车在有通行权的车道上享有优先通行权,变更车道的机动车不得影响相关车道内行驶的机动车正常行驶;机动车通过没有信号灯、交通标志交通标线或者交通警察指挥的交叉路口时,应当减速慢行,并让行人和优先通行的车辆先行。又如《道路交通安全法》第四十七条规定“机动车行经人行横道时,应当减速行驶;遇行人正在通过人行横道,应当停车让行”,又如《道路交通安全法实施条例》第四十八条第二款中“在有障碍的路段,无障碍的一方先行;但有障碍的一方已驶入障碍路段而无障碍的一方未驶入时,有障碍的一方先行”等。

特别地,《道路交通安全法》第五十三条规定了特种车辆在执行任务时,在确保全的原则下,享有通行权和先行权。

(2)仅由法规的原则所确认的先行权。遇到法规没有规定的情况,交通主体在有通行权的前提条件下,其优先通行权由法规的原则和当时的交通环境所确认。

3. 占用权

占用权,是指人们在一定时间、一定空间内,依法使用道路进行静态交通活动的权利。道路为交通所用,“未经许可,任何单位和个人不准占用道路从事非交通的活动”。但市政、公路管理部门对道路的维修及其他必须占用道路的情况是客观存在的,不可避免的。同时,路权理应包括道路使用者依法对道路享有的占用权。依法占用道路者,虽享有在一定时间、一定空间内对道路的占用权,但应确保交通安全。如《道路交通安全法》规定“在道路上临时停车的,不得妨碍其他车辆和行人通行”,“施工作业单位应当在经批准的路段和时间内施工作业,并在距离施工作业地点来车方向安全距离处设置明显的安全警示标志采取防护措施”等。

享有占用权的主体,要同时履行确保交通安全和道路交通其他各种义务。违章占用道路,不履行交通义务,都是违法行为。行为人都要对其造成的危害后果负法律责任。

综上所述,路权由通行权、先行权和占用权 3 部分组成,分别体现了动态交通活动和静态交通活动参与者的交通权利。人们在行使路权的同时,也应依法履行相应的交通义务;道路交通安全管理部门要充分、正确运用路权原则和其他原则,使道路交通安全管理更加合理、更加科学、更加规范。

思考题

一、简答题

1. 简述我国道路交通安全管理组织体系。
2. 道路交通安全法规确立了哪些基本原则?
3. 道路交通安全法规的效力范围如何?
4. 简述道路交通法律关系的构成。
5. 道路交通法律关系产生、变更和消灭必须具备哪些条件?
6. 法律确定路权原则的意义是什么?为什么要规定先行权?
7. 谈谈公民学习道路交通安全法规的现实意义。

二、选择题(单项选择)

1. 不属于道路交通安全法规基本原则的是(　　)。

A. 右侧通行的原则　　B. 教育与处罚相结合的原则

C. 充分利用道路的原则 D. 确保安全的原则

2. 道路交通管理法规的效力范围不包括(　　)。

A. 对人的效力　　B. 对物的效力

C. 空间效力　　D. 时间效力

3. 道路交通法律关系的客体包括(　　)。

A. 环境　B. 人　C. 行为　D. 时间和空间

4. 下列说法中不正确的是(　　)。

A. 有道路交通权利能力的主体,不一定有道路交通行为能力

B. 道路交通违章处罚是一种行政处罚

C. 在道路上发生交通事故,必须由交警处理

D. 公民有权对道路交通管理执法实施监督

5. 道路交通安全法规属于(　　)。

A. 民法　B. 行政法　C. 国际法　D. 诉讼法

三、判断题(正确的在括号内打"√"、错误的在括号内打"×")

1. 县级以上人民政府公安机关交通管理部门负责本行政区域内的道路交通安全管理工作。(　　)

2. 我国道路交通安全法规规定,行人必须靠道路右侧通行。(　　)

3. 道路交通安全法规对施行前的事项和行为有溯及力。(　　)

4. 我国划分车道时,遵循"低速右置"原则。(　　)

第二章 道路通行管理

道路通行管理是道路交通管理的一个重要组成部分,它既有静态管理也有动态管理。为更好地维护道路交通秩序,方便群众,保障道路交通行为人的合法权益,提高通行效率,国家对道路以及道路通行条件、道路通行规则都作出了明确界定和详细规定。

第一节 道 路

一、道路的概念

道路是一个历史概念,各个历史阶段有不同的定义。现代意义上的道路一般是指通过机动车(汽车、拖拉机等)、非机动车(兽力车、人力车、自行车等)和行人的各种带状工程构筑物的统称。包括公路、城市道路、工矿企业专用道路、农村道路以及各种大车道等。

公路是指连接城、乡、厂、矿之间、主要供汽车行驶并具有一定技术标准的陆上道路。公路包括桥梁、隧道、渡口,是道路运输的基础设施。

城市道路是指城市内供车辆、行人交通往来的通道。主要有车行道(包括机动车道和非机动车道)、人行道、分车带或方向岛几个部分组成。

道路概念的界定,直接涉及道路交通安全管理法规调整的范围。因此,道路不仅是一个历史和地域概念,而且是一个法律的概念,由于它与行政管理活动直接相关,所以具有明确的法律特征。根据《道路交通安全法》第一百一十九条第一款规定,我国道路交通管理活动中所称的“道路”,是指公路、城市道路和虽在单位管辖范围但允许社会机动车通行的地方,包括广场、公共停车场等用于公众通行的场所。

二、公　　路

所谓公路,根据国务院2008年12月27日修订的《中华人民共和国公路管理条例》第三十六条规定:“公路是指经公路主管部门验收认定的城间、城乡间、乡间能行驶汽车的公共道路。公路包括公路的路基、路面、桥梁、涵洞、隧道”。《中华人民共和国公路法》第二条第二款规定,“本法所称公路,包括公路桥梁、公路隧道和公路渡口。”

1. 公路的分类

《中华人民共和国公路法》总则中第六条规定:“公路按其在公路路网中的地位分为国道、省道、县道和乡道,并按技术等级分为高速公路、一级公路、二级公路、三级公路和四级公路。具体划分标准由国务院交通主管部门规定。”可见《公路法》分别以技术等级与公路路网中的地位两种不同的标准对公路进行了基本分类。

(1)按技术等级分类。

国家的公路技术标准一般由该国负责管辖公路与建设的部门来制定其标准。我国由交通部来制定公路分级与标准。按照我国交通部《公路工程技术标准》(JTG B01—2003)及《公路路线设计规范》(JTG D20—2006)规定,公路根据功能和适应的交通量分为高速公路、一级公路、二级公路、三级公路、四级公路五个等级。

①高速公路为专供汽车分向、分车道行驶,全部控制出入的干线公路。一般按照需要设计高速公路的车道数,设计年限平均昼夜交通量为25 000～100 000 辆。其中,

四车道高速公路一般能适应按各种汽车折合成小客车的远景设计年限年平均昼夜交通量为2 500～55 000 辆;

六车道高速公路一般能适应按各种汽车折合小客车的远景设计年限年平均昼夜交通量为45 000～80 000 辆;

八车道高速公路一般能适应按各种汽车折合成小客车的远景设计年限为60 000～100 000 辆。

其他为除高速公路以外的干线公路、集散公路、地方公路,分四个等级。

②一级公路为供汽车分向、分车道行驶,可根据需要控制出入的多车道公路,设计年限平均昼夜交通量为15 000～55 000 辆。通常是连接重要政治、经济中心通往工矿区、港口、机场,专供汽车岔道行驶并部分控制出入、部分立体交叉的公路。

③二级公路为供汽车行驶的双车道公路。一般能适应年限平均昼夜交通量为5 000～15 000 辆。为连接政治、经济中心或大工矿区、港口、机场等地的专供汽车行驶的公路。

④三级公路为供汽车行驶的双车道公路。一般能适应年限平均昼夜交通量为2 000～6 000 辆。通常为沟通县及县以上城市的一般干线公路。

⑤四级公路为供汽车行驶的双车道或单车道公路。一般能适应年限平均昼夜交通量为:双车道2 000 辆以下,单车道400 辆以下。通常为沟通县、乡(镇)、村等的支线公路。

(2)按公路路网中的地位分类。

即按照公路的位置以及在国民经济中的地位和运输特点的行政管理体制来分类,可分为:国道、省道、县道、乡(镇)道及专用公路等五种。

国道是指具有全国性政治、经济意义的主要干线公路,包括重要的国际公路,国防公路、连接首都与各省、自治区、直辖市首府的公路,连接各大经济中心、港站枢纽、商品生产基地和战略要地的公路。国道由国家统一规划,由各所在省市自治区负责建设、管理、养护;国道中跨省的高速公路由交通部批准的专门机构负责修建、养护和管理。

省道是指具有全省(自治区、直辖市)政治、经济意义,连接省内中心城市和主要经济区的公路,以及不属于国道的省际间的重要公路,省道是在国道网的基础上,由省对具有全省意义的干线干路加以规划,并且建设、管理、养护。

县道是指具有全县(县级市)政治、经济意义,连接县城和县内主要乡(镇)、主要商品生产和集散地的公路,以及不属于国道、省道的县际间公路。县道中的主要路段由省统一规划、建设和管理,一般路段由县自定并建设、管理和养护。

乡道是指主要为乡(镇)村经济、文化、行政服务的公路,以及不属于县道以上公路的乡与乡之间及乡与外部联络的公路。乡镇路由县统一规划组织建设、管理和养护。

专用公路是指专供或主要供厂矿、林区、农场、油田、旅游区、军事要地等与外部联系的公路。由专用部门自行规划、建设、管理和养护。

2. 公路的命名和编号

为便于公路的使用和管理,我国《公路法》规定:“国道的命名和编号,由国务院交通主管部门确定,省道、县道、乡道的命名和编号,由省、自治区、直辖市人民政府交通主管部门按照国务院交通主管部门的有关规定确定”。据此,国家质量技术监督局于2000年10月批准了《公路路线标识规则命名、编号和编码》(国标GB 917.1—2000),交通部发布了《国家高速公路网命名和编号规则》(JTG A03—2007),分别规定了普通公路(包括普通国家干线公路(简称国道),省干线公路(简称省道)和县、乡、专、用公路)和国家高速公路的命名原则、编号规则和编码方法,具体规定如下:

(1)普通公路的命名、编号和编码

①普通公路的命名。公路路线命名由路线起讫点地名中间加连接符“—”组成。路线简称采用起讫点地名的首位汉字或简称。干线公路名称及简称不可重复,个别出现重复时,采用第二或第三位汉字等方式加以区别。如:北京—塘沽公路,简称“京塘线”。

②普通公路的编号。普通公路(国道、省道、县道、乡道、专用公路)公路路线编号由一位表示公路管理等级的字母标识符和三位数字构成。

我国公路按其行政等级分为国道(含国道主干线)、省道、县道、乡道四级,G、S、X、Y作分别为它们相应的字母标识符,专用公路的字母标识符为Z,标识符加数字组成编号。

a. 国道。国道是按首都放射、北南纵线、东西横线分别顺序编号。以首都为中心的放射线由一位标识码1和二位路线顺序号构成,如由北京通往沈阳、哈尔滨、广州等地的公路编号为G101、G102、G106等共12条;由北向南的纵线由一位标识码2和二位路线顺序号构成,如国家干线公路烟台—上海、包头—南宁、兰州—重庆的编号分别为G204、G210、G212等;由东向西的横线由一位标识码3和两位路线序号构成,如国家干线公路广州—成都、青岛—石家庄、福州—昆明的编号分别为G321、G308、G324等。

b. 省道及县、乡、专用公路和其他公路。省道在各省、自治区、直辖市界内按省会(首府)放射线、北南纵线、东西横线分别顺序编号。县、乡、专用公路及其他公路以各省、自治区、直辖市公路管理区域为基础分别顺序编制,均由三位路线顺序构成,顺序号不足三位数字时,在前位充0。

公路路线编号区间国道为 G101 ~ G199、G201 ~ G299、G301 ~ G399;省道为 S101 ~ S199、S201 ~ S299、S301 ~ S399;县、乡、专用公路及其他公路为 X/Y/Z/Q999。其中,G × × × 为国道:G1 × × 指首都放射线;G2 × × 指北南纵线;G3 × × 指东西横线。S × × × 为省道:S1 × × 指省会(省府)放射线;S2 × × 指北南纵线;S3 × × 指东西横线。X × × × 为县公路编号。Y × × × 为乡公路编号。Z × × × 指专用公路编号。Q × × × 指其他公路编号。

县、乡、专用公路及其他公路以各省、自治区、直辖市公路管理区域为基础分别顺序编制。均由三位路线顺序号构成;顺序号不足三位数字时,在前补充“0”。

c. 我国公路路线编号和公路主骨架“五纵七横”主干线。

ⅰ. 首都放射线:

G101 京沈线:北京—承德—沈阳 858 千米

G102 京哈线:北京—沈阳—长春—哈尔滨 1 231 千米

G103 京塘线:北京—天津—塘沽 142 千米

G104 京福线:北京—南京—杭州—福州 2 284 千米

G105 京珠线:北京—南昌—广州—珠海 2 361 千米

G106 京广线:北京—兰考—黄冈—广州 2 497 千米

G107 京深线:北京—武汉—广州—深圳 2 449 千米

G108 京昆线:北京—西安—成都—昆明 3 356 千米

G109 京拉线:北京—银川—西宁—拉萨 3 763 千米

G110 京银线:北京—呼和浩特—银川 1 063 千米

G111 京加线:北京—乌兰浩特—加格达奇 2 034 千米

G112 京环线:北京环线 942 千米

ⅱ. 南北纵线:

G201 鹤大线:鹤岗—牡丹江—大连 1 822 千米

G202 爱大线:爱辉—大连 1 696 千米

G203 明沈线:明水—扶余—沈阳 656 千米

G204 烟沪线:烟台—连云港—上海 918 千米

G205 山深线:山海关—淄博—南京—深圳 2 755 千米

G206 烟汕线:烟台—徐州—景德镇—汕头 2 324 千米

G207 锡海线:锡林浩特—常德—海安 3 566 千米

G208 二长线:二连浩特—集宁—太原—长治 737 千米

G209 呼北线:呼和浩特—柳州—北海 3 315 千米

G210 包南线:包头—重庆—贵阳—南宁 3 005 千米

G211 银陕线:银川—西安 604 千米

G212 兰渝线:兰州—广元—重庆 1 084 千米

G213 兰磨线:兰州—昆明—景洪—磨憨 2 852 千米

G214 西景线:西宁—昌都—景洪 3 008 千米

G215 红格线:红柳园—敦煌—格尔木 645 千米

G216 阿巴线:阿勒泰—乌鲁木齐—巴仑台 826 千米

G217 阿库线:阿勒泰—独山子—库车 1 082 千米

G218 伊若线:伊宁—若羌 1 129 千米

G219 叶孜线:叶城—狮泉河—拉孜 2 139 千米

G220 北郑线:北镇—郑州 526 千米

G221 哈同线:哈尔滨—同江 639 千米

G222 哈伊线:哈尔滨—伊春 332 千米

G223 海榆—东—线:海口—榆林—东—322 千米

G224 海榆—中—线:海口—榆林—中—296 千米

G225 海榆—西—线:海口—榆林—西—431 千米

G226 楚墨线:楚雄—墨江 调整后撤消

G227 西张线:西宁—张掖 345 千米

G228 台湾环线 资料暂缺

ⅲ.东西横线:

G301 绥满线:绥芬河—哈尔滨—满洲里 1 448 千米

G302 珲乌线:珲春—图们—乌兰浩特 1 024 千米

G303 集锡线:集安—四平—锡林浩特 1 265 千米

G304 丹霍线:丹东—通辽—霍林河 818 千米

G305 庄林线:庄河—营口—敖汉旗—林东 561 千米

G306 绥克线:绥中—克什克腾 689 千米

G307 歧银线:歧口—银川 1 193 千米

G308 青石线:青岛—济南—石家庄 659 千米

G309 荣兰线:荣城—济南—宜川—兰州 1 961 千米

G310 连天线:连云港—徐州—天水 1 153 千米

G311 徐峡线:徐州—许昌—西峡 694 千米

G312 沪霍线:上海—乌鲁木齐—霍尔果斯 4 708 千米

G313 安若线:安西—敦煌—若羌 调整后撤消

G314 乌红线:乌鲁木齐—喀什—红其拉甫 2 073 千米

G315 西莎线:西宁—莎车 2 746 千米

G316 福兰线:福州—南昌—武汉—兰州 1 985 千米

G317 成那线:成都—昌都—那曲 1 917 千米

G318 沪聂线:上海—成都—拉萨—聂拉木 4 907 千米

G319 厦成线:厦门—长沙—重庆—成都 2 631 千米

G320 沪瑞线:上海—南昌—瑞丽 3 315 千米

G321 广成线:广州—桂林—贵阳—成都 1 749 千米

G322 衡友线:衡阳—南宁—凭祥—友谊关 1 045 千米

G323 瑞临线:瑞金—韶关—柳州—临沧 2 316 千米

G324 福昆线:福州—广州—南宁—昆明 2 201 千米

G325 广南线:广州—湛江—南宁 771 千米

G326 秀河线:秀山—毕节—个旧—河口 1 239 千米

G327 连菏线:连云港—济宁—菏泽 395 千米

G328 宁海线:南京—海安 243 千米

G329 杭沈线:杭州—宁波—沈家门 190 千米

G330 温寿线:温州—寿昌 318 千米

ⅳ.“五 纵”:

G010 同三线:同江—哈尔滨—含珲春—长春支线—沈阳—大连—烟台—青岛—连云港—上海—福州—深圳—广州—湛江—海安—海口—三亚 5 700 千米

G020 京福线:北京—天津—含天津—塘沽支线—济南—徐州—含泰安—淮阴支线—合肥—南昌—福州 2 540 千米

G030 京珠线:北京—石家庄—郑州—武汉—长沙—广州—珠海 2 310 千米

G040 二河线:二连浩特—大同—太原—西安—成都—昆明—河口 3 610 千米

G050 渝湛线:重庆—贵阳—南宁—湛江 1 430 千米

ⅴ.“七 横”:

G015 绥满线:绥芬河—哈尔滨—满洲里 1 280 千米

G025 丹拉线:丹东—沈阳—唐山 含唐山—天津支线 —北京—集宁—呼和浩特—银川—兰州—拉萨4 590千米

G035 青银线:青岛—石家庄—太原—银川 1 610 千米

G045 连霍线:连云港—西安—霍尔果斯 3 980 千米

G055 沪蓉线:上海—南京—重庆—成都 2 970 千米

G065 沪瑞线:上海—杭州—贵阳—瑞丽 4 090 千米

G075 衡昆线:衡阳—南宁—昆明 1 980 千米

(2)高速公路的命名、编号

高速公路的命名、编号规则,根据《国家高速公路网命名和编号规则》(JTGA 03—2007)规定执行,具体内容将在本章第四节详细介绍。

三、城市道路

《城市道路管理条例》第二条规定:"本条例所称城市道路,是指城市供车辆、行人通行的,具备一定技术条件的道路、桥梁及其附属设施。"可见,城市道路是指城市内供车辆、行人交通往来的具有一定技术条件的通道及其附属设施。主要有车行道(包括机动车道和非机动车道)、人行道、分车带、方向岛、各种桥梁及各种附属设施等部分组成。

1. 城市道路的特点

城市道路一般比公路宽阔,为适应城市里种类繁多的交通工具,多划分为机动车道、公共交通优先专用道、非机动车道等。道路两侧有高出路面的人行道和房屋建筑。人行道下一般多埋设公共管线。城市道路两侧或中心地带,有时还设置绿化带、雕塑艺术品等,亦起到了美化城市的作用。

现代的城市道路是城市总体规划的主要组成部分,它关系到整个城市的活动。为了适应城市的人流和车流顺利运行,城市道路应具有如下功能:

(1)适当的路幅以容纳繁重的城市交通。

(2)坚固耐久,平整抗滑的路面,以利于车辆安全、舒适、快速地行驶。

(3)少扬尘、少噪声以利于环境卫生。

(4)便利的排水设施以便于雨雪水及时排出。

(5)充分的照明设施以利于居民晚间活动和车辆运行。

(6)道路两侧要设置足够宽的人行道、绿化带、地上杆线、地下管线等。

城市各重要活动中心之间要有便捷的道路连接，以缩短车辆的运行距离。城市的次要部分也要有道路通达，以利于居民活动。城市道路繁多又集中在城市的有限面积之内，又有许多影响着道路交通互相流畅连接的交叉路口，所以必须采用各种措施，如设置红绿灯信号管制、环形交叉、立体交叉等以利于交通流畅。城市交通工具种类繁多，速度快慢悬殊，为了避免互相干扰，又必须进行分道行驶，如用隔离带、隔离墩、护栏或画线等方法加以分隔。城市公共交通车辆又要设置停车站台，还必须设置停车场以备停车之用。又要在交通繁忙的街道为行人设置过街天桥或地下通道，以保障行人安全又避免干扰车辆行驶。

2. 城市道路的分类

一般在城市的道路系统中，根据道路的地位和交通功能，将城市道路分为如下几类：

(1)快速路：为流畅地处理城市大量交通而建筑的道路。要有平顺的线形，与一般道路分开，使汽车交通安全、通畅和舒适。如北京的三环路和四环路、上海的外环线等。一般在交叉路口也建有立体交叉，有时还全封闭，中央有隔离带。

(2)主干路：是连接城市各主要部分的交通干路，是城市道路的骨架，其主要功能是运输。主干路上要保障一定的车速，故应根据交通量的大小设置相应的车道数，以供车辆通畅行驶。线形应顺捷，交叉口宜尽量少，以减少干扰，平面交叉应有交通控制措施，目前有些城市以高架式的道路作为城市主干路。如上海的内环高架路，已形成“申”字型的平面线形，以实现连接城市各区和主要部分的交通干路。

(3)次干路：一般为一个区域内的主要道路，是一般交通道路并兼有服务功能，配合主干路共同组成城市的干路网，起到广泛联系城市各部分与集散交通的作用，一般情况下快慢车混合使用。

(4)支路：是次干路与居民区的联络路，为地区交通服务，道路两侧有时还建有商业性建筑等。

(5)居住区道路：是居住区内部街坊与街坊之间和街坊内部的道路，主要为居民的各种活动服务。为了保证居住区的安静，一般不宜设公共交通线路。居住区道路可以与城市次干路连接，但是尽量不与城市主干路连接。

(6)风景区道路：是供游人游览运输用的道路。属于园林型道路，包括对内交通和对外交通两部分。风景区的内部道路既是容纳游人的空间，又是引导和分配游人的路线。风景区的道路系统应按照道路交通的不同功能加以分类和组织。如我国桂林的道路系统，货运干线与游览路线和城市生活性干道分开。风景区道路应将风景区内各景点联系起来，使游人乘车可以直达景点，而不至于步行过多。

(7)自行车专用道：是城市里和郊区道路系统中以及通往旅游区的道路中，专门供自行车行驶的道路。这样，快慢车道分离，各行其道，既提高车速又保证安全。

第二节　道路通行条件

道路交通三要素：人、车、路。其中人和车是道路交通中的活动的因素，而路是道路交通中比较固定的因素和条件。道路通行条件是对作为道路交通基础设施的道路的基本通行条件的规定，如果说交通规则属于交通安全管理的“软件”规定，而道路交通安全法规中关于道路通行条件的内容，则是明确和规范道路交通安全的“硬件”要求。道路、道路配套设施和道路交通设施等硬件，是道路交通安全、畅通的必要前提条件，除《公路法》、《城市道路管理条例》作出了相应规定外，《道路交通安全法》、《道路交通安全法实施条例》、《道路交通标志和标线》标准（GB 5768—2009）等法律、法规、规章以及相关技术标准从维护道路交通安全畅通的角度对道路的使用及其通行配套设施做了详细、具体的规范。

一、交通信号

随着道路交通的发展，为方便道路的管理和使用，全国实行统一的道路交通信号。交通信号包括交通信号灯、交通标志、交通标线和交通警察的指挥。

1. 交通信号的种类与设置

路网建设和道路改造，完善交通基础设施等具体工作，由各级政府建设部门按照《道路交通安全法》及其实施条例、《道路交通标志和标线》标准（GB 5768—2009），参照《城市道路交通标志标线设置指南》、《推荐新增道路交通标志标线种类》等法律法规和行政规章，根据道路情况负责组织实施。交通信号的种类规定与设置要求主要有以下几点：

（1）交通信号灯分为：机动车信号灯、非机动车信号灯、人行横道信号灯、车道信号灯、方向指示信号灯、闪光警告信号灯、道路与铁路平面交叉道口信号灯。交通信号灯由红灯、绿灯、黄灯组成。红灯表示禁止通行，绿灯表示准许通行，黄灯表示警示。

（2）交通标志分为：指示标志、警告标志、禁令标志、指路标志、旅游区标志、道路施工安全标志和辅助标志。

（3）道路交通标线分为：指示标线、警告标线、禁止标线。

（4）交通警察的指挥分为：手势信号和使用器具的交通指挥信号。

交通信号灯、交通标志、交通标线的设置应当符合道路交通安全、畅通的要求和国家标准，并保持清晰、醒目、准确、完好。并根据通行需要，应当及时增设、调换、更新道路交通信号。增设、调换、更新限制性的道路交通信号，应当提前向社会公告，广泛进行宣传。

铁路与道路平面交叉的道口，应当设置警示灯、警示标志或者安全防护设施。无人看守的铁路道口，应当在距道口一定距离处设置警示标志。

(5)道路或者交通设施养护部门、管理部门应当在急弯、陡坡、临崖、临水等危险路段，按照国家标准设置警告标志和安全防护设施。

(6)学校、幼儿园、医院、养老院门前的道路没有行人过街设施的，应当施画人行横道线，设置提示标志。

(7)在盲人通行较为集中的路段，人行横道信号灯应当设置声响提示装置。

各种交通信号的具体意义在《道路交通安全法实施条例》等法规中都有更为详细的规定。

2. 交通信号的维护

任何单位和个人不得擅自设置、移动、占用、损毁交通信号灯、交通标志、交通标线。道路两侧及隔离带上种植的树木或者其他植物，设置的广告牌、管线等，应当与交通设施保持必要的距离，不得遮挡路灯、交通信号灯、交通标志，不得妨碍安全视距，不得影响通行。

道路交通标志、标线不规范，机动车驾驶人容易发生辨认错误的，交通标志、标线的主管部门应当及时予以改善。公安交警部门应积极协调建设等部门完善道路标志、标线、交通隔离等交通管理设施。

道路出现坍塌、坑漕、水毁、隆起等损毁或者交通信号灯、交通标志、交通标线等交通设施损毁、灭失的，道路、交通设施的养护部门或者管理部门应当设置警示标志并及时修复。公安机关交通管理部门发现上述情形，危及交通安全，尚未设置警示标志的，应当及时采取安全措施，并通知道路、交通设施的养护部门或者管理部门。

二、道路的使用管理

依据道路为交通所用的基本原则，法规对道路的使用主要有如下规定：

(1)未经许可，任何单位和个人不得占用道路从事非交通活动。

(2)因工程建设需要占用、挖掘道路，或者跨越、穿越道路架设、增设管线设施，应当事先征得道路主管部门的同意；影响交通安全的，还应当征得公安机关交通管理部门的同意。

施工作业单位应当在经批准的路段和时间内施工作业，并在距离施工作业地点来车方向安全距离处设置明显的安全警示标志，采取防护措施；施工作业完毕，应当迅速清除道路上的障碍物，消除安全隐患，经道路主管部门和公安机关交通管理部门验收合格，符合通行要求后，方可恢复通行。

对未中断交通的施工作业道路，公安机关交通管理部门应当加强交通安全监督检查，维护道路交通秩序。

(3)新建、改建、扩建的公共建筑、商业街区、居住区、大(中)型建筑等，应当配建、增建停车场；停车泊位不足的，应当及时改建或者扩建；投入使用的停车场不得擅自停止使用或者改作他用。

(4)在城市道路范围内，在不影响行人、车辆通行的情况下，政府有关部门可以施画停车泊位。

(5)道路养护施工单位在道路上进行养护、维修时，应当按照规定设置规范的安全警示标志和安全防护设施。道路养护施工作业车辆、机械应当安装示警灯，喷涂明显的标志图案，作业时应当开启示警灯和危险报警闪光灯。对未中断交通的施工作业道路，公安机关交通管理部门应当加强交通安全监督检查。发生交通阻塞时，及时做好分流、疏导，维护交通秩序。

(6)道路施工需要车辆绕行的，施工单位应当在绕行处设置标志；不能绕行的，应当修建临时通道，保证车辆和行人通行。需要封闭道路中断交通的，除紧急情况外，应当提前5日向社会公告。

(7)道路照明设施应当符合道路建设技术规范，保持照明功能完好。

其他道路使用管理规定。

第三节　道路通行规则

道路通行规则是车辆、行人的基本通行准则，是保障有序、安全通行的基础。《道路交通安全法》及其实施条例对此都设专章加以规范，不仅确立了“右侧通行”，“车辆、行人各行其道”和“确保安全”等通行原则，并对各种道路通行行为作出了明确而且具体的详细规定。制定道路通行规则的目的就是要提倡道德、文明的交通习惯，形成良好的交通秩序，保障道路安全畅通，从而构造一个和谐、有序、安全的道路交通环境。

一、一般规定

(1)右侧通行原则：机动车、非机动车实行右侧通行。右侧通行的标准是：如果道路上划设有中心线的，以中心线为界；不划设中心线的，以几何中心为界，以面对方向定左右，即左、右手一侧的道路分别为左侧道路和右侧道路，除特殊规定的情况或特殊规定的车辆以外，一律靠右侧道路行驶。在路口内，有岗台或中心圈的，以岗台或中心圈为界，除有特殊规定的车辆外，从其左侧左转弯，右侧通行的原则只适用于机动车和非机动车，行人可不适用右侧通行的原则，自行车推行可视为行人。

(2)车辆、行人各行其道原则：①根据道路条件和通行需要，道路划分为机动车道、非机动车道和人行道的，机动车、非机动车、行人实行分道通行。没有划分机动车道、非机动车道和人行道的，机动车在道路中间通行，非机动车和行人在道路两侧通行。②道路划设专用车道的，在专用车道内，只准许规定的车辆通行，其他车辆不得进入专用车道内行驶。

(3)"确保安全"等通行原则：车辆、行人应当按照交通信号通行；遇有交通警察现场指挥时，应当按照交通警察的指挥通行；在没有交通信号的道路上，应当在确保安全、畅通的原则下通行。

没有交通信号的道路多是在车辆流量较少的城市郊区道路和乡、村公路等道路。此时车辆通过时，应当注意避让行人，根据自己的判断，在确保安全和畅通的情况下才可以通行。行人也应当注意来往车辆，不要与车辆抢行，在确保安全的情况下通行。

(4)交通信号灯、交通标志、交通标线和交通警察的指挥等交通信号在使用中的具体意义指示规定由国务院《道路交通安全法实施条例》第三十八条至第四十三条等法规确定。

二、机动车通行规定

1. 行驶速度规定

(1)机动车在道路上行驶不得超过限速标志、标线标明的速度。在没有限速标志、标线的道路上，机动车不得超过下列最高行驶速度：

①没有道路中心线的道路，城市道路为每小时 30 千米，公路为每小时 40 千米；

②同方向只有一条机动车道的道路，城市道路为每小时50千米，公路为每小时70千米；

③机动车行驶中遇有下列情形之一的，最高行驶速度不得超过每小时30千米，其中拖拉机、电瓶车、轮式专用机械车不得超过每小时15千米：

a. 进出非机动车道，通过铁路道口、急弯路、窄路、窄桥时；

b. 掉头、转弯、下陡坡时；

c. 遇雾、雨、雪、沙尘、冰雹，能见度在50米以内时；

d. 在冰雪、泥泞的道路上行驶时；

e. 牵引发生故障的机动车时。

(2)夜间行驶或者在容易发生危险的路段行驶，以及遇有沙尘、冰雹、雨、雪、雾、结冰等气象条件时，应当降低行驶速度。

2. 会车、超车规定

同车道行驶的机动车，后车应当与前车保持足以采取紧急制动措施的安全距离。有下列情形之一的，不得超车：

(1)前车正在左转弯、掉头、超车的；

(2)与对面来车有会车可能的；

(3)前车为执行紧急任务的警车、消防车、救护车、工程救险车的；

(4)行经铁路道口、交叉路口、窄桥、弯道、陡坡、隧道、人行横道、市区交通流量大的路段等没有超车条件的。

3. 路权规定

(1)机动车通过交叉路口，应当按照交通信号灯、交通标志、交通标线或者交通警察的指挥通过；通过没有交通信号灯、交通标志、交通标线或者交通警察指挥的交叉路口时，应当减速慢行，并让行人和优先通行的车辆先行。

(2)机动车遇有前方车辆停车排队等候或者缓慢行驶时，不得借道超车或者占用对面车道，不得穿插等候的车辆。

(3)在车道减少的路段、路口，或者在没有交通信号灯、交通标志、交通标线或者交通警察指挥的交叉路口遇到停车排队等候或者缓慢行驶时，机动车应当依次交替通行。所谓交替通行，是指："机动车遇有前方交叉路口交通阻塞时，应当依次停在路口以外等候，不得进入路口。机动车在遇有前方机动车停车排队等候或者缓慢行驶时，应当依次排队，不得从前方车辆两侧穿插或者超越行驶，不得在人行横道、网状线区域内停车等候。机动车在车道减少的路口、路段，遇有前方机动车停车排队等候或者缓慢行驶的，应当每车道一辆依次交替驶入车道减少后的路口、路段。"

(4)机动车通过铁路道口时，应当按照交通信号或者管理人员的指挥通行；没有交通信号或者管理人员的，应当减速或者停车，在确认安全后通过。

(5)机动车行经人行横道时，应当减速行驶；遇行人正在通过人行横道，应当停车让行。机动车行经没有交通信号的道路时，遇行人横过道路，应当避让。

(6)警车、消防车、救护车、工程救险车执行紧急任务时，可以使用警报器、标志灯具；在确保安全的前提下，不受行驶路线、行驶方向、行驶速度和信号灯的限制，其他车辆和行人应当让行。

警车、消防车、救护车、工程救险车非执行紧急任务时，不得使用警报器、标志灯具，不享有前款规定的道路优先通行权。

(7)道路养护车辆、工程作业车进行作业时，在不影响过往车辆通行的前提下，其行驶路线和方向不受交通标志、标线限制，过往车辆和人员应当注意避让。

(8)洒水车、清扫车等机动车应当按照安全作业标准作业；在不影响其他车辆通行的情况下，可以不受车辆分道行驶的限制，但是不得逆向行驶。

(9)高速公路、大中城市中心城区内的道路,禁止拖拉机通行。其他禁止拖拉机通行的道路,由省、自治区、直辖市人民政府根据当地实际情况规定。

(10)机动车在道路上发生故障,需要停车排除故障时,驾驶人应当立即开启危险报警闪光灯,将机动车移至不妨碍交通的地方停放;难以移动的,应当持续开启危险报警闪光灯,并在来车方向设置警告标志等措施扩大示警距离,必要时迅速报警。

(11)机动车应当在规定地点停放。禁止在人行道上停放机动车;但是,依照本法第三十三条规定施画的停车泊位除外。在道路上临时停车的,不得妨碍其他车辆和行人通行。

4. 载人、载货规定

(1)机动车载人不得超过核定的人数,客运机动车不得违反规定载货。

(2)禁止货运机动车载客,货运机动车需要附载作业人员的,应当设置保护作业人员的安全措施。

(3)在允许拖拉机通行的道路上,拖拉机可以从事货运,但是不得用于载人。

(4)机动车载物应当符合核定的载质量,严禁超载;载物的长、宽、高不得违反装载要求,不得遗洒、飘散载运物。

(5)机动车运载超限的不可解体的物品,影响交通安全的,应当按照公安机关交通管理部门指定的时间、路线、速度行驶,悬挂明显标志。在公路上运载超限的不可解体的物品,并应当依照公路法的规定执行。

(6)机动车载运爆炸物品、易燃易爆化学物品以及剧毒、放射性等危险物品,应当经公安机关批准后,按指定的时间、路线、速度行驶,悬挂警示标志并采取必要的安全措施。

三、非机动车通行规定

《道路交通安全法》还对非机动车通行行为作出了明确规定：

(1)非机动车应当在非机动车道内行驶；在没有非机动车道的道路上，应当靠车行道的右侧行驶。

(2)残疾人机动轮椅车、电动自行车在非机动车道内行驶时，最高时速不得超过15千米。

(3)驾驭畜力车，应当使用驯服的牲畜；驾驭畜力车横过道路时，驾驭人应当下车牵引牲畜；驾驭人离开车辆时，应当拴系牲畜。

(4)非机动车应当在规定地点停放。未设停放地点的，非机动车停放不得妨碍其他车辆和行人通行。

四、行人和乘车人通行规定

1. 行走的规定

《道路交通安全法》规定，行人应当在人行道内行走，没有人行道的靠路边行走。行人通过路口或者横过道路，应当走人行横道或者过街设施；通过有交通信号灯的人行横道，应当按照交通信号灯指示通行；通过没有交通信号灯、人行横道的路口，或者在没有过街设施的路段横过道路，应当在确认安全后通过。《道路交通安全法实施条例》第七十五条规定，“行人横过机动车道，应当从行人过街设施通过；没有行人过街设施的，应当从人行横道通过；没有人行横道的，应当观察来往车辆的情况，确认安全后直行通过，不得在车辆临近时突然加速横穿或者中途倒退、折返”。

2. 禁止行为的规定

《道路交通安全法》规定，“行人不得跨越、倚坐道路隔离设施，不得扒车、强行拦车或者实施妨碍道路交通安全的其他行为”；“乘车人不得携带易燃易爆等危险物品，不得向车外抛洒物品，不得有影响驾驶人安全驾驶的行为”。《道路交通安全法实施条例》第七十四条规定行人不得有下列行为：①在道路上使用滑板、旱冰鞋等滑行工具；②在车行道内坐卧、停留、嬉闹；③追车、抛物击车等妨碍道路交通安全的行为”。

法律还规定了对特殊行人和行人群体、行人列队通行以及行人横过铁路道口的通行进行了规定。如《道路交通安全法》规定，学龄前儿童以及不能辨认或者不能控制自己行为的精神疾病患者、智力障碍者在道路上通行，应当由其监护人、监护人委托的人或者对其负有管理、保护职责的人带领。盲人在道路上通行，应当使用盲杖或者采取其他导盲手段，车辆应当避让盲人。

第四节　高速公路及其安全管理规定

一、高速公路概述

1. 高速公路的概念

高速公路是供汽车高速、安全、顺畅运行的现代化公路类型。世界各国的高速公路没有统一的标准，命名也不尽相同。例如，美国、加拿大、澳大利亚把高速公路命名为 freeway，德国命名为 autobahn，法国命名为 autoroute，英国命名为 motorway。这些国家尽管对高速公路命名不同，但都是专指有 4 车道以上、两向分隔行驶、完全控制出入口、全部采用立体交叉的公路。此外，有不少国家对部分控制出入口、非全部采用立体交叉的直达干线也称为高速公路。国际道路联合会在历年的统计年报中，把直达干线也列入高速公路范畴。

按照我国交通部《公路工程技术标准》（JTG B01—2003）规定，

公路根据功能和适应的交通量分为高速公路、一级公路、二级公路、三级公路、四级公路五个等级。高速公路泛指能适应年平均昼夜小客车交通量为25 000 辆以上,专供汽车分道高速行驶并全部控制出入的公路。一般能适应120 千米/小时或者更高的速度,要求路线顺畅,纵坡平缓,路面有4 个以上车道的宽度。中间设置分隔带,采用沥青混凝土或水泥混凝土高级路面,为保证行车安全设有齐全的标志、标线、信号及照明装置;禁止行人和非机动车在路上行走,与其他线路采用立体交叉、行人跨线桥或地道通过。四车道高速公路应能适应将各种汽车折合成小客车的年平均日交通量25 000 ~ 55 000 辆。六车道高速公路应能适应将各种汽车折合成小客车的年平均日交通量45 000 ~ 80 000 辆。八车道高速公路应能适应将各种汽车折合成小客车的年平均日交通量60 000 ~ 100 000辆。

可见,高速公路是指经国家公路主管部门验收认定,符合高速公路工程技术标准,并设置完善的交通安全设施、管理设施和服务设施,专供机动车高速行驶的公路。

一般来讲高速公路应符合下列4 个条件:①只供汽车行驶;②设有中央分隔带,将往返交通完全隔开;③没有平面交叉口;④全线封闭,控制出入,只准汽车在规定的一些交叉口进出公路。

2. 高速公路的产生与发展

早在20 世纪二三十年代,高速公路开始在意大利、德国等西方发达国家出现。意大利于1924 年修建了米兰至莱克斯高速公路,德国于1932 年建成了波恩至科隆高速公路。随后而发展的是美国、英国、法国、日本等国家。20 世纪30 年代的德国。第一次世界大战战败后,德国统治阶级不甘心失败的命运,想通过大搞经济建设和军事建设,来摆脱战败带给德国的各种困难。特别是希特勒掌权后,为了解决所谓的德国“生存空间”问题,实质上是为了实现希特勒的个人野心,妄图奴役人民、独霸全球所有资源。于是纳粹德国好战分子开始了疯狂地扩军备战,高速公路网的建设作为其扩军备战的一个重要部分在全德国境内得到了高速发展,四通八达的高速公路网络为纳粹德国扩军备战提供了当时世界上最好的道路交通条件。第二次世界大战结束后,美国、英国、法国、前苏联等盟国终于发现了纳粹德国快速调动军队和高效率调运军用物资的一大战略秘密——高速公路。从此,高速公路像雨后春笋般出现在西方发达国家。高速公路有计划、大规模建设是在 20 世纪 50 年代中期以后。此时西方主要发达国家开始从战时经济状态进入持续快速发展时期。到 20 世纪 70 年代,西方发达国家已经建成了横跨国境及境外的、完善的高速公路网络,如美国、欧洲、日本等的高速公路为促进本国经济发展和国家强盛提供了良好的交通支持,也促进了汽车的普及,为汽车工业成为本国的支柱产业提供了有力的保证。

我国高速公路的建设始于改革开放后的 20 世纪 80 年代,大规模的高速公路建设出现在 20 世纪的 90 年代中后期,到现在,我国高速公路的建设仍然方兴未艾、如火如荼。按照规划我国将建成南北与东西高速公路骨干网络,这将为促进我国经济建设的高速发展,提供便利的交通保障。

目前,全世界已有 80 多个国家和地区拥有高速公路,通车总里程超过了 25 万千米。

第一名是美国,目前高速公路总长度为 8.8 万千米,已完成以州际为核心的高速公路网,其总里程约占世界高速公路总里程的三分之一,连接了所有 5 万人以上的城镇。

第二名是中国,目前高速公路通车总里程突破 6 万千米。1988 年 10 月 31 日,上海至嘉定 18.5 千米高速公路建成通车,结束了中国大陆没有高速公路的历史;1990 年,被誉为“神州第一路”的沈大高速公路建成通车,标志着我国高速公路发展进入一个新的时代;1999 年我国高速公路建设突破 1 万千米,跃居世界第四位;2000 年达到 1.6 万千米,跃居世界第三;2001 年达到 1.9 万千米,跃居世界第二;2004 年 8 月底突破 3 万千米,比世界第三的加拿大多出近 1 倍;截至 2008 年年底,我国建成的高速公路已达 60346 千米。

第三名是加拿大,共修建了 1.65 万千米高速公路,而且不征收车辆通行费,路上也没有收费站、检查站。

第四名是德国,拥有 1.2 万千米高速公路。德国是世界上最早修建高速公路的国家,于 1932 年修建了世界上第一条从波恩至科隆的高速公路。德国的公路系统由联邦远程公路、州级公路、县市级公路和乡镇级公路组成,公路总里程约 65 万千米,公路面积约占国土面积的 4.8%,其中约 1.8% 为高速公路。

第五名是法国,目前拥有 1.1 万千米高速路,由于采取了大量吸收民间投资的方法,有力地推动了高速公路的建设速度。法国拥有全世界最发达的公共交通(包括铁路、公路等)系统。

就世界范围来看,高速公路已发展到了一个比较成熟的阶段,无论其主体工程或配套设施的发展已经相当完善,一些发达国家越来越重视高速公路的安全性、信息化管理、环境和景观等问题,并正向以计算机技术、现代通信技术和现代控制技术为基础的智能交通系统发展。

高速公路的发展趋向主要有两个特点:①网络化,如北美、西欧的高速公路网建设;②智能化,20 世纪 90 年代以来,美国、日本、西欧等国竞相大量投资进行智能车辆与高速公路系统(IVHS)的研究开发工作,运用现代信息、通信和控制等技术,通过车辆与道路的双向信息沟通,以达到缓解道路堵塞、疏导交通、提高通行能力、减少交通事故、降低环境污染等目的。据美国有关方面的研究,"智能车路系统"不但能满足上述要求,而且能使高速公路网容量提高1倍,使道路拥挤及油耗损失降低25%~50%。

二、我国高速公路网建设规划

1. 我国高速公路的规划

根据我国高速公路的总体规划,目前为止国家高速公路网总体已基本上实现“东网、中联、西通”的目标。东部地区基本形成高速公路网,长江三角洲、珠江三角洲、环渤海地区形成较完善的城际高速公路网络;中部地区对外连接通道全面建成,地区内部中心城市间实现高速沟通;西部地区实现东西互动、通江达海。

到2020年,基本建成东、中部地区高速公路网和西部地区八大公路通道。目前,我国60万以上人口的城市有100个,而到了2020年,50万以上人口的城市将达到200个,届时国道主干线系统全部建成,首都与所有直辖市、省会和自治区首府、所有100万以上人口特大城市和超过90%的50万以上人口大城市由以高速公路为主的高等级公路相贯通。

为了早日实现以上目标,根据2004年经国务院审议通过的《国家高速公路网规划》,我国高速公路网的建设将采用放射线与纵横网格相结合的布局方案,形成由中心城市向外放射以及横贯东西、纵贯南北的大通道,由7条首都放射线、9条南北纵向线和18条东西横向线组成,简称为“7918网”,总规模约8.5万千米,其中:主线6.8万千米,地区环线、联络线等其他路线约1.7万千米,见表2-1。

根据我国高速公路的总体规划,全国除台湾以外,内地所有22个省、5个自治区、4个直辖市和2个特别行政区,总里程位居世界第二位,同时全大陆地区100%的100万人口以上的城市和93%的50万人口以上的城市都将用高速公路连接起来,形成一个初步的全国高速公路骨架网络。以上高速公路网络建成以后,将为我国国民经济的可持续发展提供强有力的交通保障。

国家高速公路网规划方案 表 2-1

北京放射线			南北纵线			东西横线		
序号	起终点	里程(千米)	序号	起终点	里程(千米)	序号	起终点	里程(千米)
1	北京—上海	1 245	1	鹤岗—大连	1 390	1	绥芬河—满洲里	1 520
2	北京—台北	2 030	2	沈阳—海口	3 710	2	珲春—乌兰浩特	885
3	北京—港澳	2 285	3	长春—深圳	3 580	3	丹东—锡林浩特	960
4	北京—昆明	2 865	4	济南—广州	2 110	4	荣成—乌海	1 820
5	北京—拉萨	3 710	5	大庆—广州	3 550	5	青岛—银川	1 600
6	北京—乌鲁木齐	2 540	6	二连浩特—广州	2 685	6	青岛—兰州	1 795
7	北京—哈尔滨	1 280	7	包头—茂名	3 130	7	连云港—霍尔果斯	4 280
			8	兰州—海口	2 570	8	南京—洛阳	710
			9	重庆—昆明	838	9	上海—西安	1 490
						10	上海—成都	1 960
						11	上海—重庆	1 900
						12	杭州—瑞丽	3 405
						13	上海—昆明	2 370
						14	福州—银川	2 485
						15	泉州—南宁	1 635
						16	厦门—成都	2 295
						17	汕头—昆明	1 710
						18	广州—昆明	1 610

需要指出的是,国家高速公路网是符合一定功能定位且按法定程序由国务院批准的国家级高速公路网络。它并不是未来我国所有高速公路的总和。各省(自治区、直辖市)围绕这个规划,还要规

划修建连接国家高速公路网或主要用于地方发展需要的高速公路。

2. 高速公路的主要特点

高速公路是专供机动车高速行驶的使用道路，与其他公路相比具备以下主要特点：

(1)行车速度快，服务水平高。高速公路设计行车速度，在野外大多按地形的不同，一般分为80、100、120和140千米/小时四个等级；通过城市大多采用60和80千米/小时两个等级。按照交通部《公路工程技术标准》(JTG B01—2003)规定，我国高速公路的设计速度为80、100、120千米/小时。高速公路特殊困难的局部路段，且因新建工程可能诱发工程地质病害时，经论证并报主管部门批准，该局部路段的设计速度可采用60千米/小时，但长度不宜大于15千米，或仅限于相邻两互通式立体交叉之间，与其相邻路段的设计速度不应大于80千米/小时。我国公路服务水平分为四级(参见《公路路线设计规范》(JTG D20—2006)，现行高速公路的设计采用的服务水平为二级，是我国公路中的最高设计水平。

(2)路面质量高，附属设施全。高速公路道路路面质量是所有公路中等级最高的，其配套的各种附属道路设施也是最全面的。

高速公路平面线形大多以圆曲线加缓和曲线为主，并重视平、纵、横三维空间立体线形设计。

高速公路全宽度内，在郊外大多为4或6个车道，在城市和市郊大多为6或8个，甚至更多的车道。采用沥青混凝土路面或水泥混凝土路面。路缘带有时用与路面不同颜色的材料铺成。硬路肩为临时停车用，也需用较高级材料铺成。在陡而长的上坡路段，当重型汽车较多时，还要在车行道外侧另设爬坡车道。必要时，每隔2～5千米在车行道外侧加设宽3米、长10～20米的专用临时停车带。

高速公路与铁路或其他次要公路相交，必须采用立体交叉；当与其他重要公路相交而转弯车流较多时，应修筑互通式立体交叉。在高速公路两旁适当地点，应修筑集散道路以及加速和减速车道，以控制汽车进出高速公路。

高速公路通过城市时，大多沿城市周围的环道绕过，如有必要穿过城市交通繁忙地区，为减少车辆拥挤、废气和噪声污染，多修成高架式、路堑式或隧道式，有时还要修筑多层式立体交叉或天桥，形成立体交通网。

(3)有效缩短行车时间。由于高速公路适宜机动车高速行驶，同时高速公路一般按尽可能短的距离修建，因此，通过两地之间使用高速公路可以有效缩短行车时间。

(4)交通流量特别大。高速公路运输是道路运输的主要力量之一，各国高速公路里程一般只占公路总里程的1%～2%，但其通过能力大，为一般通过量的3～4倍，其所担负的运输量占公路总运输量的20%～25%。

(5)对汽车性能要求高。高速公路对在其行驶的机动车性能有较严格的要求，只有性能良好的机动车才能上高速公路行驶。

(6)受气象条件的限制较大。特别是在大雾、冰雪等天气条件下，一般均需关闭高速公路，以保证交通安全。

(7)交通事故危害大。由于高速公路上汽车高速行驶，一旦发生交通事故，对人员、车辆、道路及道路附属设施的损毁要比普通公路大得多，具有更大的危害性。

(8)交通事故发生率低。由于具有路面质量高、附属设施全、服务水平高等，加上高速公路是全封闭全立交的道路，所以，高速公路交通事故发生率低，比一般公路上减少50%左右。国外高速公路交通事故率仅为一般公路的1/10左右，事故死亡率约为一般公路的1/3左右。

三、我国高速公路网命名和编号规则

2007年，我国高速公路发展近20年后，交通部发布了《国家高速公路网命名和编号规则》(JTGA 03—2007)，首次在全国范围内进行统一命名和编号，并于2007年7月3日起实施。该《规则》是根据《公路法》的规定，以及国务院审议通过的《国家高速公路网规划》要求，在两年多认真研究和广泛征求意见基础上形成的，是公路工程行业的强制性标准。更被解读为公路主管部门向服务型政府部门转型的具体举措。

1. 命名规则

(1)国家高速公路网路线的命名应遵循公路命名的一般规则。

(2)国家高速公路网路线名称按照路线起、讫点的顺序，在起讫点地名中间加连接符“-”组成，全称为“××-××高速公路”。路线简称采用起讫点地名的首位汉字表示，也可以采用起讫点所在省(市)的简称表示，格式为“××高速”。

(3)国家高速公路网路线名称及简称不可重复。如出现重复时，采用以行政区划名称的第二或第三位汉字替换等方式加以区别。

(4)国家高速公路网的地区环线名称，全称为“××地区环线高速公路”，简称为“××环线高速”。如“杭州湾地区环线高速公路”，简称为“杭州湾环线高速”。

(5)国家高速公路网的城市绕城环线名称以城市名称命名，全称为“××市绕城高速公路”，简称为“××绕城高速”。如“沈阳市绕城高速公路”，简称“沈阳绕城高速”。

(6)当两条以上路段起讫点相同时，则按照由东向西或由北向南的顺序，依次命名为“××-××高速公路东(中、西)线”或“××-××高速公路北(中、南)线”。简称为“××高速东(中、西)

线”或“××高速北(中、南)线”。

(7)路线地名应采用规定的汉字或罗马字母拼写表示。路线起讫点地名的表示,应取其所在地的主要行政区划的单一名称,一般为县级(含)以上行政区划名称。

(8)北南纵向路线以路线北端为起点,以路线南端为终点;东西横向路线以路线东端为起点,以路线西端为终点。放射线的起点为北京。

2. 编号规则

(1)编号结构。

中国国家高速公路网编号由字母标识符和阿拉伯数字编号组成。

(2)字母标识符。

中国国家高速公路是国道网的重要组成部分,路线字母标识符采用汉语拼音“G”表示;中国国家高速公路网主线的编号,由中国国家高速公路标识符“G”加1位或2位数字顺序号组成,编号结构为“G#”或“G##”。

(3)数字及数字与字母编号。

①首都放射线的编号为1位数,以北京市为起点,放射线的止点为终点,以1号高速公路为起始,按路线的顺时针方向排列编号,编号区间为G1~G9。

②纵向路线以北端为起点,南端为终点,按路线的纵向由东向西顺序编排,路线编号取奇数,编号区间为G11~G89。

③横向路线以东端为起点,西段为终点,按路线的横向由北向南顺序编排,路线编号取偶数,编号区间为G10~G90。

④并行路线的编号采用主线编号后加英文字母“E”、“W”、“S”、“N”组合表示,分别指示该并行路线在主线的东、西、南、北方位。

⑤纳入中国国家高速公路网的地区环线（如珠江三角洲环线），按照由北往南的顺序依次采用 G91 ~ G99 编号；其中台湾环线编号为 G99，取意九九归一。

⑥中国国家高速公路网一般联络线的编号，由国家高速公路标识符“G” + “主线编号” + 数字“1” + “一般联络线顺序号”组成，编号为 4 位数。

⑦城市绕城环线的编号为 4 位数，由“G” + “主线编号” + 数字“0” + 城市绕城环线顺序号组成。主线编号为该环线所连接的纵线和横线编号最小者，如该主线所带城市绕城环线编号空间已经全部使用，则选用主线编号次小者，依此类推。如该环线仅有放射连接，则在 1 位数主线编号前以数字“0”补位。

3. 国家高速公路出口编号规则

（1）国家高速公路出口编号一般为阿拉伯数字，其数值等于该出口所在互通立交中心里程桩号的整数值；桩号值超过千位时，仅保留后三位的数值。如某出口桩号为 K15 + 700，则该出口编号为 15；某出口桩号为 K2036 + 700，则该出口编号为 36。

（2）同一枢纽式互通立交在同一主线方向有多个出口时，该枢纽式互通立交所有主线出口统一编号，采用出口编号后加英文字母组合表示。出口编号按照桩号递增方向逆时针排列，英文字母按照“A”、“B”、“C”、“D”……序列排序。如某枢纽式互通桩号为 K15 + 700，在主线 K15 + 200、K16 + 200 和反方向 K16 + 200、K15 + 200 处有 4 个出口，则该出口编号为 15A、15B 和 15C、15D。

4. 省级高速公路网路线命名和编号与国家公路网络相衔接

（1）省级高速公路网路线命名和编号规则应与国家公路网的命名和编号规则保持一致。

（2）省级高速公路网路线编号的字母标示符采用汉语拼音“S”表示。

(3)省级高速公路网路线数字编号应尽可能避免与本省(区、市)境内的高速公路网路线数字编号重复。

5. 国家高速公路线路命名

(1)首都放射线：

北京—哈尔滨（G1,京哈高速:北京—唐山—山海关—锦州—沈阳—铁岭—四平—长春—哈尔滨),1 280 千米。

北京—上海（G2,京沪高速:北京—天津—沧州—德州—济南—泰安—临沂—淮安—江阴—无锡—苏州—上海),1 245 千米。

北京—台北（G3,京台高速:北京—天津—沧州—德州—济南—泰安—曲阜—徐州—蚌埠—合肥—铜陵—黄山—衢州—南平—福州—台北),2 030 千米〈未达到台北〉。

北京—港澳（G4,京港澳高速:北京—保定—石家庄—邯郸—新乡—郑州—漯河—信阳—武汉—长沙—株洲—衡阳—郴州—韶关—花都—广州—中山—珠海—澳门和广州—深圳—香港),2 285 千米。

并行线:广州—澳门（G4W,广澳高速):广州—中山—珠海—澳门(口岸)

北京—昆明（G5,京昆高速:北京—保定—石家庄—太原—临汾—西安—汉中—广元—绵阳—成都—雅安—西昌—攀枝花—元谋—禄劝—昆明),2 865 千米。

北京—拉萨（G6,京藏高速:北京—张家口—集宁—呼和浩特—包头—临河—乌海—银川—中宁—白银—兰州—西宁—格尔木—拉萨),3 710 千米。

北京—乌鲁木齐（G7,京新高速:北京—张家口—集宁—呼和浩特—包头—临河—额济纳旗—哈密—吐鲁番—乌鲁木齐),2 540 千米。

(2)南北纵线:

鹤岗—大连（G11,鹤大高速:鹤岗—佳木斯—鸡西—牡丹江—敦化—白山—通化—丹东—大连）,1 390 千米。

联络线一:鹤岗—哈尔滨（G1111,鹤哈高速）:鹤岗—伊春—绥化—哈尔滨

联络线二:集安—双辽（G1112,集双高速）:集安(口岸)—通化—梅河口—辽源—四平—双辽

联络线三:丹东—阜新（G1113,丹阜高速）:丹东(口岸)—本溪—沈阳—新民—阜新

沈阳—海口（G15,沈海高速:沈阳—鞍山—大连—烟台—日照—连云港—盐城—南通—上海—宁波—台州—温州—宁德—福州—泉州—漳州—汕头—汕尾—深圳—广州—佛山—开平—阳江—茂名—湛江—海安—海口）,3 710 千米。

并行线:常熟—台州（G15W,常台高速）:常熟—苏州—嘉兴—绍兴—台州

联络线一:日照—兰考（G1511,日兰高速）:日照—曲阜—济宁—荷泽—兰考

联络线二:宁波—金华（G1512,甬金高速）:宁波—嵊州—金华

联络线三:温州—丽水（G1513,温丽高速）:温州—丽水

联络线四:宁德—上饶（G1514,宁上高速）:宁德—上饶

长春—深圳（G25,长深高速:长春—双辽—阜新—朝阳—承德—唐山—天津—黄骅—滨州—临沂—连云港—淮安—南京—溧阳—宜兴—湖州—杭州—金华—丽水—南平—三明—梅州—河源—惠州—深圳）,3 580 千米。

联络线一:新民—鲁北（G2511,新鲁高速）:新民—彰武—通辽—鲁北

联络线二:阜新—锦州(G2512,阜锦高速):阜新—锦州

联络线三:淮安—徐州(G2513,淮徐高速):淮安—宿迁—徐州

济南—广州(G35,济广高速:济南—荷泽—商丘—阜阳—六安—安庆—景德镇—鹰潭—南城—瑞金—河源—广州),2 110千米。

大庆—广州(G45,大广高速:大庆—松原—双辽—通辽—赤峰—承德—北京—霸州—衡水—濮阳—开封—周口—麻城—黄石—吉安—赣州—龙南—连平—广州),3 550 千米。

联络线一:龙南—河源(G4511,龙河高速):龙南—河源

二连浩特—广州(G55,二广高速:二连浩特—集宁—大同—朔州—太原—长治—晋城—洛阳—平顶山—南阳—襄樊—荆门—荆州—常德—娄底—邵阳—永州—连州—广州),2 685 千米。

联络线一:集宁—阿荣旗(G5511,集阿高速):集宁—鲁北—乌兰浩特—阿荣旗

联络线二:晋城—新乡(G5512,晋新高速):晋城—焦作—新乡

联络线三:长沙—张家界(G5513,长张高速):长沙—常德—张家界

包头—茂名(G65,包茂高速:包头—鄂尔多斯—榆林—延安—富川—铜川—西安—安康—达州—重庆—涪陵—黔江—吉首—怀化—桂林—梧州—茂名),3 130 千米。

兰州—海口(G75,兰海高速:兰州—广元—南充—重庆—遵义—贵阳—麻江—都匀—河池—南宁—北海—湛江—海安—海口),2 570 千米。

联络线一:钦州—东兴(G7511,钦东高速):钦州—防城—东兴(口岸)

重庆—昆明（G85,渝昆高速:重庆—内江—宜宾—昭通—昆明）,838千米。

联络线一:昆明—磨憨（G8511,昆磨高速）:昆明—元江—思茅—磨憨(口岸)

(3)东西横线:

绥芬河—满洲里（G10,绥满高速:绥芬河—牡丹江—哈尔滨—大庆—齐齐哈尔—阿荣旗—满洲里）,1 520千米。

联络线一:哈尔滨—同江（G1011,哈同高速）:哈尔滨—佳木斯—双鸭山—同江

珲春—乌兰浩特（G12,珲乌高速:珲春—敦化—吉林—长春—松原—白城—乌兰浩特）,885千米。

联络线一:吉林—黑河（G1211,吉黑高速）:吉林—舒兰—五常—哈尔滨—明水—黑河(口岸)

联络线二:沈阳—吉林（G1212,沈吉高速）:沈阳—吉林

丹东—锡林浩特（G16,丹锡高速:丹东—海城—盘锦—锦州—朝阳—赤峰—锡林浩特）,960千米。

荣成—乌海（G18,荣乌高速:荣城—威海—烟台—新河—东营—黄骅—天津—霸州—涞源—朔州—鄂尔多斯—乌海）,1 820千米。

联络线一:黄骅—石家庄（G1811,黄石高速）:黄骅—沧州—石家庄

青岛—银川（G20,青银高速:青岛—潍坊—淄博—济南—石家庄—太原—离石—靖边—定边—银川）,1 600千米。

联络线一:青岛—新河（G2011,青新高速）:青岛—新河

联络线二:定边—武威（G2012,定武高速）:定边—中宁—武威

青岛—兰州（G22,青兰高速:青岛—莱芜—泰安—聊城—邯

郸—长治—临汾—富川—庆阳—平凉—定西—兰州),1 795 千米。

连云港—霍尔果斯（G30,连霍高速:连云港—徐州—商丘—兰考—开封—郑州—洛阳—三门峡—西安—宝鸡—天水—定西—兰州—武威—嘉峪关—红柳园—哈密—吐鲁番—乌鲁木齐—奎屯—霍尔果斯),4 280 千米。

联络线一:柳园—格尔木（G3011,柳格高速):柳园—敦煌—格尔木

联络线二:吐鲁番—和田/伊尔克什坦（G3012/G3013,吐和高速):吐鲁番—库尔勒—库车—阿克苏—喀什—和田/伊尔克什坦

联络线三:奎屯—阿勒泰（G3014,奎阿高速):奎屯—克拉玛依—阿勒泰

联络线四:奎屯—塔城（G3015,奎塔高速):奎屯—克拉玛依—塔城—巴克图(口岸)

联络线五:清水河—伊宁（G3016,清伊高速):清水河—伊宁

南京—洛阳（G36,宁洛高速:南京—滁州—蚌埠—阜阳—周口—漯河—平顶山—洛阳),712 千米。

上海—西安（G40,沪陕高速:上海—南通—扬州—南京—合肥—六安—信阳—南阳—商州—西安),1 490 千米。

联络线一:扬州—溧阳（G4011,扬溧高速):扬州—镇江—溧阳

上海—成都（G42,沪蓉高速:上海—苏州—无锡—常州—南京—合肥—六安—麻城—武汉—孝感—荆门—宜昌—万州—垫江—南充—遂宁—成都),1 960 千米。

联络线一:南京—芜湖（G4211,宁芜高速):南京—马鞍山—芜湖

联络线二:合肥—安庆（G4212,合安高速):合肥—安庆

上海—重庆（G50,沪渝高速:上海—宜兴—宣州—芜湖—铜

陵—安庆—黄梅—黄石—武汉—荆州—恩施—忠县—垫江—重庆),1 900 千米。

联络线一:芜湖—合肥（G5011,芜合高速):芜湖—巢湖—合肥

杭州—瑞丽（G56,杭瑞高速:杭州—黄山—景德镇—九江—咸宁—岳阳—常德—吉首—遵义—毕节—六盘水—曲靖—昆明—楚雄—大理—瑞丽),3 405 千米。

联络线一:大理—丽江（G5611,大丽高速):大理—丽江

上海—昆明（G60,沪昆高速:上海—杭州—金华—衢州—上饶—南昌—宜春—萍乡—株洲—邵阳—怀化—麻江—贵阳—安顺—曲靖—昆明),2 370 千米。

福州—银川（G70,福银高速:福州—南平—南城—南昌—德安—九江—黄梅—黄石—武汉—孝感—襄樊—十堰—商州—西安—咸阳—平凉—中宁—银川),2 485 千米。

联络线一:十堰—天水（7011,十天高速):十堰—天水

泉州—南宁（G72,泉南高速:泉州—三明—吉安—衡阳—永州—桂林—柳州—南宁),1 635 千米。

联络线一:南宁—友谊关（G7211,南友高速):南宁—友谊关(口岸)

厦门—成都（G76,厦蓉高速:厦门—龙岩—瑞金—赣州—郴州—桂林—麻江—贵阳—毕节—泸州—内江—成都),2 295 千米。

汕头—昆明（G78,汕昆高速:汕头—梅州—连平—韶关—贺州—柳州—河池—兴义—石林—昆明),1 710 千米。

广州—昆明（G80,广昆高速:广州—佛山—肇庆—南宁—百色—富宁—开远—石林—昆明),1 610 千米。

联络线一:开远—河口（G8011,开河高速):开远—河口(口岸)

(4)地区环线：

辽中环线（G91：）：辽中—新民—铁岭—抚顺—本溪—鞍山—辽中

成渝环线（G93）：成都—绵阳—遂宁—重庆—泸州—宜宾—乐山—雅安—成都

杭州湾环线（G92）：舟山—宁波—杭州—上海—宁波

联络线：宁波—舟山（G9211）

珠三角环线（G94）：香港—澳门—珠海—顺德—佛山—花都—增城—东莞—深圳—香港和东莞—顺德—佛山—花都—增城—东莞

联络线：东莞—佛山（G9411）

海南环线（G98）：海口—琼海—万宁—三亚—东方—海口

台湾环线（G99）：台北、新竹、台中、台南、高雄、台东、花莲、宜兰、基隆、台北

(5)城市环线：

北京 G4501	天津 G2501	济南 G2001	上海 G1501
合肥 G4001	福州 G1501	石家庄 G2001	郑州 G3001
武汉 G4201	长沙 G4001	太原 G2001	西安 G3001
成都 G4201	昆明 G5601	银川 G2001	兰州 G3001
西宁 G6001	拉萨 G6001	呼和浩特 G6001	乌鲁木齐 G3001
沈阳 G1501	长春 G2501	哈尔滨 G1001	大连 G1101
青岛 G1501	宁波 G1501	厦门 G1501	广州 G3501
南京 G2501	杭州 G2501	深圳 G2501	重庆 G5001
贵阳 G6001	南宁 G7601	海口 G1501	南昌 G6001

四、高速公路交通安全管理规定

1. 我国现行的高速公路交通安全管理法规

基于高速公路的主要特点，我国对高速公路的行车安全进行

了立法与规范,以有效保护人民生命财产的安全,预防和减少高速公路交通事故的发生,努力将各种损失减少到最低。我国现行的高速公路管理法规主要有《道路交通安全法》、《道路交通安全法实施条例》、《道路交通事故处理程序规定》、《高速公路交通应急管理程序规定》,以及各省、直辖市、自治区根据《道路交通安全法》、《道路交通安全法实施条例》制定的本辖区内的高速公路管理办法等。由于我国高速公路建设起步较晚,高速公路交通安全管理法律法规还有待进一步充实和完善。

2. 高速公路交通安全管理主体

《道路交通安全法》第五条规定，国务院公安部门负责全国道路交通安全管理工作。县级以上地方各级人民政府公安机关交通管理部门负责本行政区域内的道路交通安全管理工作。县级以上各级人民政府交通、建设管理部门依据各自职责,负责有关的道路交通工作。

可见,高速公路的交通安全、治安管理由公安机关负责。

高速公路的建设、维护、经营等活动的管理,目前还没有形成全国统一管理机制。一般由各省级交通主管部门,及其所设置的公路管理机构负责本辖区内国道、国道主干线、省道的高速公路管理。非国道、国道主干线、省道的高速公路由所在地级以上市交通主管部门负责管理。

3. 实施高速公路交通安全管理的意义

通过法律法规对高速公路进行交通安全管理具有重要的意义。

(1)规范我国高速公路交通安全管理,保障高速公路交通安全畅通。

(2)有力保障了人民群众生命财产的安全,维护了高速公路的畅通。

(3)充分发挥了高速公路的运输效能,促进了国民经济的可持续高速发展,提高了人民群众的生活质量。

(4)通过高速公路交通安全管理活动,探索方法、积累经验,为今后完善我国高速公路交通安全管理的相关法规提供良好的实践依据。

4. 高速公路交通安全管理的具体规定

虽然我国高速公路交通安全管理法律法规还不够完善,但现行道路交通管理法律法规及部门规章和地方规章,对高速公路交通安全管理已经作出了大量切实可行的具体规定,为我国高速公路交通安全管理提供了法律依据。下面仅列出相关主要具体规定。

(1)对公安机关在高速公路交通安全管理活动中的部分具体规定

①公安机关交通管理部门及其交通警察对道路交通安全违法行为,应当及时纠正,予以处罚;对于情节轻微、未影响道路通行的,应当指出违法行为,进行批评教育,给予口头警告后放行。

②高速公路上发生交通事故、治安和刑事案件以及其他突发事件时,公安机关等有关部门应当及时赶赴现场,妥善处置。

③除执行紧急勤务的人民警察外,禁止在高速公路上拦截检查车辆。

④高速公路省际入口非紧急情况不得关闭

高速公路实施交通应急管理时,非紧急情况不得关闭省际入口。一级、二级响应时,本省(自治区、直辖市)范围内不能疏导交通,确需关闭高速公路省际入口的,应当事先征求相邻省级公安机关意见;一级响应时,需要关闭高速公路省际入口的,应当报公安部批准后实施。

具体实施关闭高速公路省际入口措施的公安机关,应当每小时向相邻省(自治区、直辖市)协助实施交通管理的公安机关通报一次处置突发事件工作进展情况;应急处置完毕,应当立即解除高速公路省际入口关闭措施,并通知相邻省级公安机关协助疏导交通,关闭高速公路省际入口24小时以上的,还应当同时上报公安部。

⑤对高速公路启动应急响应时,需在第一时间向社会发布

高速公路发生突发事件,公安机关不仅要现场采取有关措施,还应当按照有关规定在第一时间向社会发布高速公路交通应急管理简要信息,随后发布初步核实情况、政府应对措施和公众防范措施等,并根据事件处置情况做好后续发布工作。对外发布的有关信息应当及时、准确、客观、全面。

⑥其他具体规定

(2)对交通参与人在进行道路交通活动或与道路交通有关的活动中的具体规定

①车道使用规定。按照"右侧通行"的原则,同时参考发达国家的实践经验,在保障行车安全和提高道路通行效率的前提下,我国相关交通法规对高速公路的车道使用进行了以下规定:

a. 高速公路以沿机动车行驶方向左侧算起,第一条车道为超车道,第二、第三条和其他车道为行车道。

b. 机动车在高速公路上通行时,应当在行车道上行驶。

c. 设计时速高于130千米的小型客车在第二条车道上行驶;大型客车、货运汽车和设计时速低于130千米的小型客车在第三条车道上行驶。有四条以上车道的,设计时速高于130千米的小型客车在第二、第三条车道上行驶;大型客车、货运汽车和设计时速低于130千米的小型客车在第三、第四条车道上或者向右顺延的车道上行驶。摩托车的在最右侧车道上行驶。

d. 机动车在高速公路上正常行驶时,同一车道的后车与前车

必须保持足够的行车间距。正常情况下,当行驶时速100千米时,行车间距为100米以上;时速70千米时,行车间距为70米以上。遇大风、雪、雾天或者路面结冰时,应当减速行驶。

e. 机动车行驶中需要超越前车或者变更车道时,必须提前开启转向灯,夜间还须变换使用远、近光灯,确认与要进入的车道前方车辆以及后方来车均有足够的行车间距后,再驶入需要进入的车道。超车时只允许使用相邻的车道。驶入超车道的机动车在超车后,应当立即驶回行车道。

②行车规定:

a. 进入高速公路的车辆应当配备故障车警告标志牌。

b. 规定安装安全带的车辆,其驾驶人和前排乘车人必须系安全带。

c. 机动车行驶中,乘车人不准站立,不准向车外抛洒物品。

d. 货运机动车除驾驶室和车厢经核准设有的固定座位外,其他任何部位不准载人。二轮摩托车在高速公路上行驶时不准载人。

e. 机动车载运危险物品或载物长度和宽度超出车厢,高度超过规定的,必须经公安机关交通管理部门批准后,按指定路线、时间、车道、速度行驶,并须悬挂明显标志。

f. 机动车进入高速公路起点后,应当尽快将车速提高到50千米以上。从匝道入口进入高速公路的车辆,必须在加速车道上提高车速,并开启左转向灯。驶入行车道时,不准妨碍其他车辆的正常行驶。

g. 机动车驶离高速公路时,应当按出口预告标志进入与出口相接的车道,减速行驶;从匝道驶离高速公路时,必须提高开启右转向灯,驶入减速车道,然后经匝道驶离。

③行驶速度规定。高速公路由于其高速性,因此对行驶车辆

的速度作出了较严格的规定,具体规定是:

a.高速公路一般均标明了车道的行驶速度,目前我国高速公路的最高车速限定为不得超过每小时120千米,最低车速不得低于每小时60千米。

b.高速公路上行驶的小型载客汽车最高车速不得超过每小时120千米,其他机动车不得超过每小时100千米,摩托车不得超过每小时80千米。

c.同方向有2条车道的,左侧车道的最低车速为每小时100千米;同方向有3条以上车道的,最左侧车道的最低车速为每小时110千米,中间车道的最低车速为每小时90千米。道路限速标志标明的车速与上述车道行驶车速的规定不一致的,按照道路限速标志标明的车速行驶。

④行车间距规定。为保证行车安全,有效预防意外情况的发生,我国交通法规对机动车在高速公路上行驶的行车间距进行了严格规定。

a.机动车在高速公路上行驶,车速超过每小时100千米时,应当与同车道前车保持100米以上的距离,车速低于每小时100千米时,与同车道前车距离可以适当缩短,但最小距离不得少于50米。

b.机动车在高速公路上行驶,遇有雾、雨、雪、沙尘、冰雹等低能见度气象条件时,应当遵守下列规定:

能见度小于200米时,开启雾灯、近光灯、示廓灯和前后位灯,车速不得超过每小时60千米,与同车道前车保持100米以上的距离;

能见度小于100米时,开启雾灯、近光灯、示廓灯、前后位灯和危险报警闪光灯,车速不得超过每小时40千米,与同车道前车保持50米以上的距离;

能见度小于50米时,开启雾灯、近光灯、示廓灯、前后位灯和危险报警闪光灯，车速不得超过每小时 20 千米，并从最近的出口尽快驶离高速公路。

在有以上气象条件的情况下，高速公路管理部门应当通过显示屏等方式发布速度限制、保持车距等提示信息，以保证行车安全。

⑤禁行及禁止规定。机动车在高速公路上正常行驶时，必须注意以下禁行及禁止规定：

a. 不准倒车、逆行，不准穿越中央分隔带掉头或者转弯；

b. 不准进行试车和学习驾驶机动车；

c. 不准在匝道、加速车道或者减速车道上超车、停车；

d. 不准骑、压车道分界线行驶和在超车道上连续行驶；

e. 不准右侧超车；

f. 除遇障碍、发生故障等必须停车的情况外，不准随意停车、停车上下人员或者装卸货物；

g. 除因停车驶入或者驶出紧急停车带和路肩外，不准在紧急停车带和路肩上行车；不准在非紧急情况下占用紧急停车道。

h. 机动车行驶中，因故障需要临时停车检修时，必须提前开启右转向灯驶离行车道，停在紧急停车带内或者右侧路肩上。禁止在行车道上修车。机动车修复后需返回行车道时，应当先在紧急停车带或者路肩上提高车速，并开启左转向灯。进入行车道时，不准妨碍其他车辆的正常行驶。

i. 除救援、清障车外，禁止其他车辆拖拽故障车、肇事车在高速公路上行驶。救援、清障车必须安装标志灯具并喷涂明显的标志。执行救援、清障任务时，须开启标志灯具和危险报警闪光灯。

j. 机动车因故障、事故等原因不能离开行车道或者在路肩上停车时，驾驶人必须立即开启危险报警闪光灯，并在行驶方向的后方 150 米以外设置故障车警告标志，夜间还须同时开启示宽灯和尾灯。驾驶人和乘车人必须迅速转移到右侧路肩上或者紧急停车带内,并立即报告交通警察。

k. 在高速公路上进行养护、维修等作业时,应当按照交通部有关高速公路养护工程作业交通控制的规定,实行作业交通安全控制。夜间还须设置红色示警灯(筒)。作业人员应着安全标志服,戴安全标志帽。作业车辆、机械应当喷涂统一的标志颜色,行驶和作业时均应开启示警灯。机动车通过施工作业路段时,应当避让并减速行驶。

l. 行人、非机动车、拖拉机、农用运输车、电瓶车、轮式专用机械车、全挂牵引车,以及设计最高时速低于70千米的机动车辆,不得进入高速公路。高速公路养护等作业人员和专用的机动车除外。

⑥其他具体规定。

思考题

一、简答题

1.《道路交通安全法》中所称的道路是指什么?

2.《道路交通安全法》第45条第二款规定:"在车道减少的路段、路口,或者在没有交通信号灯、交通标志、交通标线或者交通警察指挥的交叉路口遇到停车排队等候或者缓慢行驶时,机动车应当依次交替通行。"这里所指的"依次交替通行"是何含义?

3. 在既有交警指挥,又有交通信号灯指示的交叉路口通行时,应当听从哪种交通信号指挥?

4. 城市道路交通设施的养护工作由谁承担?

5. 简述我国高速公路网命名和编号规则。

6. 哪些车才能上高速公路?

二、选择题(单项选择)

1. 行人通过路口或者横过道路时,应当(　　)。
   A. 走人行横道或者过街设施　　B. 可以随意通过
   C. 斜穿机动车道
2. 非机动车应当在(　　)。
   A. 机动车道内行驶　　B. 人行道内行驶
   C. 非机动车道内行驶
3. 机动车行经人行横道时,应当减速行驶;遇行人正在通过人行横道,应当(　　)。
   A. 停车让行　B. 减速让行　C. 安全避让
4. 行人通过路口或者横过道路,应当走人行横道或者过街设施;通过有交通信号灯的人行横道,应当按照交通信号灯指示通行;通过没有交通信号灯、人行横道的路口,或者在没有过街设施的路段横过道路,应当(　　)通过。
   A. 小心　B. 确认安全后　C. 快速
5. 在车道减少的路段、路口,或者在没有交通信号灯、交通标志、交通标线或者交通警察指挥的交叉路口遇到停车排队等候或者缓慢行驶时,机动车应当(　　)通行。
   A. 先左后右　B. 依次交替　C. 先小车后大车
6. 乘车人可以(　　)。
   A. 携带易燃、易爆等危险物品
   B. 睡觉
   C. 有影响驾驶人安全驾驶的行为
   D. 向车外抛洒物品
7. 学龄前儿童以及不能辨认或者不能控制自己行为的精神疾病患者、智力障碍者在道路上通行,不应当(　　)。

A. 自己小心慢行

B. 由其监护人带领

C. 由其监护人委托的人带领

D. 由对其负有管理、保护职责的人带领

三、判断题(正确的在括号内打“√”、错误的在括号内打“×”)

1. 交通信号包括交通信号灯、交通标志、交通标线和交通警察的指挥。（　）

2. 电动自行车属于机动车。（　）

3. 机动车行经人行横道时,遇行人正在通过人行横道,应当鸣笛或打灯警告行人后通行。（　）

4. 除公安机关的人民警察依法执行紧急公务外,任何单位和个人不得在高速公路上拦截检查行驶车辆。（　）

5. 车辆和行人应当让执行紧急任务的警车、消防车、救护车、工程救险车。（　）

6. 机动车载物可以超过核定载质量的三分之一。（　）

7. 在高速公路上可以进行试车和学习驾驶机动车。（　）

四、阅读题

1. 行车注意“危险时段”

交通安全专家根据对交通事故发生时段的研究,发现驾驶员开车时至少有3个“危险时段”值得警惕。

午间时分:上午11时至下午1时。经过上午的劳累,人的大脑神经已趋疲劳,反应灵敏度减弱。加上有的长途车驾驶员急于赶路,把本该吃饭的时间一拖再拖,有的干脆每天只吃早、晚两顿饭,中午时饥肠辘辘,腹中空空,手脚疲软,极易出现意外。而午餐后人体内大量血液作用于胃肠等消化器官,脑部供血相对减少,因此会出现短暂的困倦感和注意力分散。这段时间千万不要急于加班开疲劳车。

黄昏时分:据不完全统计,每天17时至19时发生的交通事故约占全部事故的1/4,因此尤须小心。黄昏时分光线由阴转暗,驾驶员容易出现视觉障碍,导致判断失误,措施不当。加上经过一天的旅途劳顿后,会出现眼干、喉燥、头晕目眩、耳鸣、出虚汗、打呵欠等一系列疲倦症状。此时如不停车休息,很容易造成交通事故。另外,行人在行走时也由于出现视觉障碍而导致观察不清,躲让过往车辆判断不准,加之回家心切,行走速度快,也极易造成交通事故。

午夜时分:午夜1时至凌晨3时,万物处于“休眠状态”,使驾驶员容易产生道路“空旷”的感觉,于是便天马行空,超速驾驶,结果常有长途驾驶员把车撞到路边的树上、建筑物上还浑然不觉。而且这段时间人的生理节律处于大脑反应迟钝、血压降低、手足血管神经僵硬麻痹的状态。由于极度疲劳,心脏功能不好的人还容易诱发心脏骤停、心肌梗塞和脑血栓等,这些都潜伏着交通事故的危机。

2. 开车遇到意外如何自救

万一出了交通事故,采取什么样的方法进行自我保护?这是每个驾驶人和乘车人都应掌握的基本常识。

(1)意外失火:破窗脱身打滚灭火。行车途中汽车突然起火,驾驶人应立即熄火、切断油和电源,关闭百叶窗和点火开关后,立即设法组织车内人员离开车体。若因车辆碰撞变形、车门无法打开时,可从前后风窗玻璃或车窗处脱身。当人身已经着火时,应采取向水源处滚动的姿势,边滚动边脱去身上的衣服,注意保护好露在外面的皮肤和头发。不要张嘴深呼吸或高声呼喊,以免烟火灼伤上呼吸道。

(2)汽车翻车:脚勾踏板随车翻转。当驾驶人感到车辆不可避免地要倾翻时,应紧紧抓住转向盘,两脚勾住踏板,使身体固定,随车体旋转。车内乘客应迅速趴到座椅上,抓住车内的固定物,使身体夹在座椅中,稳住身体,避免身体在车内滚动而受伤。翻车时,不可顺着翻车的方向跳出车外,而应向车辆翻转的相反方向跳跃。落地时,应双手抱头顺势向惯性的方向滚动或跑开一段距离,避免遭受二次损伤。

(3)车辆落水:先深呼吸再开车门。汽车翻进河里,若水较浅,不能淹没全车时,应待汽车稳定以后,再设法从安全的出处离开车辆。若水较深时,先不要急于打开车门和车窗玻璃,因为这时车门是难以打开的。此时,车厢内的氧气可供驾驶人和乘客维持 5~10 分钟,应首先使头部保持在水面上,迅速用力推开车门或玻璃,同时深吸一口气,及时浮出水面。

(4)迎面碰撞:两脚踏直身体后倾。交通事故中的迎面碰撞,受到致命危险的主要是驾驶人。一旦遇有事故发生,当迎面碰撞的主要方位不在驾驶人一侧时,驾驶人应手臂紧握转向盘,两腿向前踏直,身体后倾,保持身体平衡,以免在车辆撞击的一瞬间,头撞到挡风玻璃上而受伤。如果迎面碰撞的主要方位在临近驾驶人座位或者撞击力度大时,驾驶人应迅速避开转向盘,将两脚抬起，以免受到挤压而受伤。

3. 一个高速交警的忠告

随着道路上的私家车越来越多，作为一名高速交警，在日常的事故处理岗位上，遇到各种形形色色的交通事故，其中不乏因缺乏安全意识而造成严重事故后果的案例，下面，我将从自身几年来的工作经验出发，以一名高速公路交通事故处理民警的角度，来谈一谈高速公路行车的安全注意事项，希望能对司乘朋友的行车安全有所帮助。

(1)安全带保安全。这是一个老生常谈的问题，也是一个很多司乘朋友很不以为然的问题。诚然，在地方上开车尤其是城市道路，我个人观点安全带的作用大部分是应付交警，实际作用并不大。而在高速公路上，系与不系安全带却会在事故后果中产生天壤之别。我出现场的2007年度的事故中，我印象中最少有两起小车单方造成的死亡事故都是没有系安全带引起的，其中一起是辆帕萨特自翻，车上只有驾驶人一人，如果他系上安全带的话，我个人认为最多是轻伤，法医鉴定为颈椎骨折致死，全是翻车时身体不受限制运动造成；第二起也是小车单方，在高速行驶时前轮爆胎造成车辆失控多次撞击道路护栏，共有司乘两人，驾驶人系了安全带毫发无损，而副驾驶上的乘客因为没系安全带，且在放倒的座位上斜躺着休息，结果在车辆失控时被从后风窗玻璃处甩出车外致死。

(2)爆胎时的操控处理。刚才提到了车辆爆胎，在高速行驶时小车爆胎尤其是前轮爆胎造成的后果远比大车爆胎严重，爆胎虽然不可预料，但在我们的事故处理中常常发现一个有趣的现象:如果是左前轮爆胎造成车辆失控撞击护栏,往往撞击的是右侧护栏,反之亦然。究其原因,在车辆爆胎时因胎径及摩擦系数的不同,车辆的运行轨迹将偏向爆胎的方向,爆左前轮向左偏,爆右前轮向右偏,而驾驶人在打方向纠正时,指向性能反映在已爆胎的车辆上是有一个迟缓性的,加之因爆胎造成的慌乱,常常造成纠正过度,从而人为加剧车辆的失控,致使左前轮爆反而撞上了右边护栏,甚至连续多次撞击左右护栏的现象发生。正确的做法是在车辆爆胎时,首先要紧握方向,不管车头向哪偏,给一个固定的纠正角度(与你的实际车速有关)并用力保持,同时不要采取紧急制动,因为这时车辆的制动能力在纵线上是不平衡的,让减速行为掌握在受控制的过程中并努力保持原来的行车轨迹,切忌急打方向纠正。

(3)超速行驶。超速行驶的危害大家都知道,无论是地方还是高速,都会造成不可挽回的后果。如果你驾驶一辆时速100千米的小车,假设你身高170厘米,从你眼睛发现情况,到大脑做出判断,再反映在制动,生理上的反应时间是1.7秒左右,而这时你的车辆已经前行了47.2米。40米的距离!会包含多少无可奈何的生命!我们曾经在限速70千米/小时的路段查超速(110千米我们才记录),有辆小车竟然跑了203千米/小时,看着照片,我们都说这个驾驶人迟早要报销,那是他的命,命在他的手中,别人无能为力。对于超速行为,我只有两句话:一句是“十祸九快”,一句是不要迷信“好车”。往往有些人迷信自己的车好,性能就好,但是生命面前是人人平等的,我们手里有宝马745,有保时捷卡宴,还有S80,不管日本车欧洲车，只要超速出事，该死死该伤伤，一点不耽误。我国最高等级的高速公路限高速是120千米/小时，这是写在安全法里的法定最高时速，这不是没有根据的，据国外资料，如果一辆时速超过160千米的小车发生爆胎事故，不管你是否系安全带，司乘人员的死亡率是100%！记住，不是50%，也不是99%，是100%！敬告那些喜欢一上高速就把加速踏板踩到底的驾驶人朋友，祈祷你的轮胎安然无恙吧。

(4)行车前的安全检查。还是爆胎问题引出的题目，这是一个很偶然的因素，你说你是新车？我们手里有5000千米不到的新车爆胎，至于车型我不方便在这里说，但可以透露是某公司10万元左右最普通的家用车；除了出行前检查轮胎，还有机油问题、润滑油问题、冷却液问题，甚至刮水器和玻璃水也要仔细检查，我们曾经下班时坏了刮水器，邪门，偏偏是左刮水器，那天又正好是雨夹雪，可想而知我们那几十千米的路是怎么回的家！不堪回首啊，这是高速公路，前不着村后不着店的，幸亏我们是警车又熟悉路况，打着双闪和警灯就这样歪着脖子开车坚持下了路，要是换了别人，要么受罪，要么就容易出危险了。回到家后检查车辆，原来是刮水器连杆掉了一个螺丝，0.1元都不到的维修成本造成了多大的麻烦和隐患！

(5)高速公路的标线、标牌和警告。相信很多经常上高速的驾驶人都会发现高速沿线不时会有这样那样的警告标语和警示灯，我以前没上高速干的时候没有在意这些方面，但干了这几年才深深感触，那每个“事故多发路段，请谨慎驾驶”的标语和这样那样不起眼的小黄灯、小蓝灯后面都是血淋淋的教训，相信我，这些东西的设置绝不是随心和随意的，没有十几条、几十条人命和规律性的大事故发生，高速公司和我们是不会费那个周折的。当您在路上见到类似的警告标志时，一定要有意识的降低车速并保持车距，同时做好应对紧急情况的准备。毕竟，距离产生美，这点用在夫妻恩爱相处及安全行车上都很有好处。

(6)尽量避免夜间行车。在我国目前的现实里，这是一个全国普遍的规律：夜间行车的大货车数量要远远多于白天在路上跑的。在我们这里，光说大货车，白天与夜间的比例能达到1:5甚至更高，晚上巡逻时左边是一溜白灯，右边是一溜红灯，一边一串看不到头，这曾经让我们困惑过，白天视野又好，车流量又小，为什么这么多的货车要昼伏夜出？以至于我们经常为处警彻夜不眠。后来通过和当事驾驶人聊天才知道，白天要装卸货物、维修车辆、办事找人，而且最重要的是路政、超限和交警白天都在路上，晚上行车麻烦更少！这就造成晚上是各种事故的高发时段，作为轿车的司乘人员，在晚上行车，流量大、密度高，跑着“不爽”还是其次，重要的是忙了一天的货车驾驶人大部分涉嫌疲劳驾驶，更有证驾不符、违法驾驶等大比例牵涉其中给行车造成更大的安全隐患。而且大车的座位较高，高速公路的中央隔离根本挡不住对面射过来的一串车灯，货车驾驶人几乎是在半眩目的状态下开车，你愿意一路上和这样的驾驶人一同驰骋吗？

(7)超车时多用闪灯提醒。高速公路速度快，噪声大，你的车喇叭前车根本听不到，超车时还是多切换远近闪灯提醒一下对方更有用；而且，当你发现行车道内有两辆以上货车前后距离比较近时,超车时你就要提防后面的货车突然变道超车,那时如果你正好跑到他旁边,那可就真要听天由命了,相信我,那些变道超车的货车在变道前能有一半在观后镜里看一眼的就算阿弥陀佛了,更何况你是轿车,不容易被发现且车速更快。而且,晚上超车时,不要一直用远光灯,在你距离被超车辆尾部200~300米时最好切成近光灯,这样前车才能更好的判断你与他的距离从而不会误判,要知道,在路上让其他车辆更清楚地看到你,与你是否能清楚看到对方是同等的重要。说到这里,想起在市里经常有晚上不开车灯或者打着远光会车的摩托和机动车,他们自认为自己能看清路面和其他车,而别人是否能看清他们呢?那都是一些自私而且毫不体谅别人的人,我一直很鄙视这些人。

(8)非紧急情况不要占用紧急停车道。紧急停车道,顾名思义是在紧急情况下才能使用的车道。我们出现场发生堵路时最头疼的就是轿车占用紧急停车道,造成我们无法及时到达现场,因为轿车占道,我的最高纪录是提着勘查箱步行7千米出现场,当时的心里真是既生气又无奈:你也不想想,既然已经堵路,在交警没有到达现场前,你能插上翅膀飞过去吗?七八十吨连车带货翻在路面,没有吊车、施救车现场路面能通行吗?你堵的虽是交警,其实堵的也是你自己!这都不算是重要问题,最重要的是这些人没有意识到前面的情况也许很危急,有些人可能正在流血、正在被困,在救援车辆没有到达现场前你却把别人的求生希望给堵得死死的!从某种意义上说,可能因为你占用紧急停车道而使救护、救援车辆不能及时到达现场、可能因为你占用紧急停车道而使救援车辆只能冒危险逆行或从中央护栏调头，徒增风险！可能因为你占用紧急停车道而间接造成他人死亡！根据我国的安全法实施条例第82条第四款规定，对非紧急情况下占用紧急停车道的行为处罚金200元，并处扣6分！

如果前面出事故被困的是你的亲人，你会占用紧急停车道吗？记住：紧急停车道是一条生命通道！

(9)保护现场？保证安全！我们大队管辖的高速路段约170千米，从前事故一直是一个点三班倒，后来随着人员的增加及为了快速出警(有时早到现场10分钟可能就能救回一条人命)我们分成了两个事故出警点各辖一段，可就是这样，在自己的辖区一圈也要两三个小时。有时经常接到这样的事故报警：双方发生了简单的刮擦或追尾，事实无争议、无人员伤亡、财损不大、车辆能够移动，可无论我们怎么在电话里劝，双方当事人就是不肯将车移到路边！一定要我们到现场“照相”后才肯动车！七八十千米呀！最快也要40分钟！有时为了百十块钱的损失，两个车横在路面阻塞通行致使堵路达十余千米！碰到这样的驾驶人，我捶他的心都有！你为了自己的些微利益，不听交警的劝告一意孤行，如果你的车辆滞留路面引发二次事故怎么办？如果你的车辆滞留路面，致使后面堵路造成事故怎么办？可以肯定的是如果再发生事故，所造成的人员财产损失一定会大于你的小事故，到时，后面的事故当事人如果起诉你，虽然你可能不用承担法律责任，但你百分百要承担赔偿责任！

在高速公路发生财产损失轻微的事故，如果无人员伤亡、双方对成因无异议，且车辆具备移动能力，一定要将车辆移动至紧急停车道内停放，现在的人们几乎都有拍照功能的手机,可以在动车前用自己的手机将原始现场拍两张照片,当然,最好能在电话里和当班民警沟通,放心,碰到这样的“移动现场”,高速事故交警一定不会难为你的!

(10)发生事故后。当然,前面说的只是简单的小财损事故。如果你的车辆在高速公路上发生大的财产损失事故甚至伤亡事故,你是一定不能动现场的(抢救伤员除外),这时就牵扯到两件比较重要的事情了:设置警告标志和电话报警。在高速公路发生交通事故致使车辆无法移动的,一定要在事故现场来车方向150米外设置警告标志,且人员要移到公路护栏外。记住:一定是150米外,如果因为你设置的警告标志达不到这个距离,致使发生二次事故,那么我们事故民警是一定会在二次事故中给你划责任的,最起码也是次要甚至同等!可惜的是,凭我在高速公路上这几年的实践,没有一个当事人会“舍得”将警告标志设置到位,真的!没有一个!能在车后50米以外设置标志的就令我刮目相看了!还记得去年夏天的午夜,我和队上的一个老同志巡逻回单位的途中,在对面半幅的下坡行车道内发现一起刚刚发生的交通事故,两辆大货车的四五个当事人就“若无其事”的或倒或躺在事故现场后方的路面上,唬得我俩赶紧连劝带赶的将人弄出护栏外,前后也就3~5分钟,就又有一辆大货车驶过刚才躺人的路面在我眼前3~4米的距离撞上了事故现场!当时的腿说不软真的是假的,如果我们不是路上偶遇,而是接到当事人的报警电话才出现场,那么车后的这些人会一个不剩!当然,如果你的车辆没有三角警示牌或锥桶,你也可以将色彩鲜艳的旅行包或机油桶甚至路边的树枝等等拿来借用，可是千万不要搬石头哦！那性质就变了！说到报警，经常有当事人发生事故后，第一个电话打给老婆孩子，第二个打给朋友，第三个打给保险公司，等到想起报警，距离发生事故已经个把钟头了！如果因为这样发生二次事故，对不起，你一样要承担二次事故的法律责任！发生事故后，设置警告标志、人员移到路外、及时报警这三样缺一不可，任何一个环节的不规范致使加重事故后果或直接导致二次事故的发生，当事人均要承担相应的法律责任。放心，保险公司的报警时间限定在48小时内，你就是第二天再报也来得及，为什么一定要在险象环生的现场避重就轻？

(11)不要在高速公路上丢弃废物、行人不要上高速。这两条是相辅相成的，怎么，不理解？我们这里每天都有路外的穷苦村民上路捡空的饮料瓶，赶也赶不完，你从这头把他撵下去，绕个圈他又从那头上路了，这就直接导致了一个后果：我们大队每年都有3～5起无名尸案件，说它是无名尸，是因为现场没有肇事车辆，也有的货车夜间根本就不知道刮擦或撞上了行人，现场只有残缺不全的碾碎的压扁的尸体，有时男女都无法分辨，只能经DNA检验。至于撞伤的、撞残的每年都有几例，究其原因，就是您从车窗外扔出的那一个个饮料瓶，砸坏了来往车辆还是小事，我相信如果直接造成严重危害一定也不会放过你；可是就用那一个个小瓶子去换一个虽不富裕但却鲜活的生命，您于心就忍吗？当您摇下车窗抛弃废物时，您可能就是一个间接的杀人凶手！

过往的乘客朋友，不要再上高速公路上拦车、搭车了！还有那些上路捡空瓶和煤块的人们，当高速机动车撞上人体时,人真的会碎的!我永远也忘不了那年冬天夜里一点多,我在路上守在一具无头尸旁,昏暗的车灯中地方上太平间的老王拎着找到的一个女人头走向我的镜头,开始我们还怀疑是谋杀,经县市两级法医及刑警队联合尸检,最终证实该人体是被巨大的冲击力作用于背后,致使颈部撕脱后飞出100多米远,后来证实那个老太太精神不太好,收费站的监控显示她确是一个人走上的高速,至于她要干什么,谁也不知道。至于路面被多车连续多次碾压的尸体我见得太多了,以致我们常常要用铁锨和麻袋来为他们收尸,你想象不到一具人的尸体散落在10米×80米的路面上是一个什么情景,你也感受不到那种新鲜的破碎的尸体是一种怎样的气味,那是自然界中你永远也闻不到的,我永远也不愿再见!再闻到!

(12)停车、停车、还是停车!最重要的我要放在最后面说。高速公路行车最怕的是什么?是停车!在高速运动的车流里不管因为什么原因致使道路堵塞而停车,最可怕的事情就可能要发生了。

这里我要重点说一下小车,碰到这种情况,轿车驾驶人发现前方道路堵塞时,一定要马上看观后镜里有没有货车跟着你,如果有,一定要提前减速并打开双闪灯提醒后车注意,给后面的车辆充足的距离和时间减速,如果后面的大车按喇叭或向你不停的闪灯,相信我,他一定是刹不住车了,你一定要加速往紧急停车道内靠!哪怕会刮伤你的爱车。

每年!每年我们都会碰到几起这样的事故:因为堵路,轿车停在货车后面等待放行,结果后面的货车撞上来,后面的货车车头都撞上了前面货车的车尾!轿车在哪里？二人、三人、四人、五人！轿车上有几人就是几条人命！几毫米厚的轿车框架在几十、上百吨重的冲击下比纸还薄！不要迷信你乘坐的是什么车，不要自认为安全，我见过拉开后压缩的只剩1米长的红旗车，我见过被压成铁皮的面包车，我见过火中被困的人的扭曲的身影和嚎叫，我见过挤得只有二指宽的人的头颅。你或许会问，后面的货车为什么不停下来？相信我，他不是不想停，他太想把车停下来了！可是你见过核载是9吨却拉50吨的货车吗？你见过核载19吨却实载90吨的罐车吗？你见过核载30吨却实载130吨的巨无霸吗？

交警早已不允许处罚卸载超载车了，你看看路上的货车，10辆车有9辆都或多或少的超载，不超就没有盈利，不超就会亏钱！那远不是交警一家就能够解决的问题，碰到情况，尤其是下坡路面，你就是给这些大半挂车后面拴上100头牛也拉不停他！这里暂且不提。

还是要劝告所有碰到堵路的轿车驾驶人，将车停下后，就算外面在下刀子也要全部离开车辆迅速移到路外，直到你的车后排上了7~8辆以上的货车后再回到你的车上！为什么要等7~8辆？2006年我手里曾有一辆车连撞13辆车的纪录，在我们大队一直没有人能打破，你愿意你是第几辆？实在不行就从紧急停车道往前走，走上200米后再找空位腾出停车道，宁愿让交警罚你200元钱，也比命便宜！在这里，还是那句话：紧急停车道是一条生命通道！一条你的逃生通道！

(13)其他。没想到这篇即兴的短文竟会写了这么多。最后，我还有几个简单的实践经验想告诉在高速公路上的司乘朋友：

①副驾驶位上的朋友,最安全的座位是驾驶人后面的那个座位,相信我,遇到紧急情况,驾驶人避让自己是本能的下意识行为,你与他的上下级关系、感情甚至亲情在这里都没用。如果你是一个在后排卧铺休息的货车乘客,也请你选择将头朝向驾驶人的方向,你愿意失去一条腿还是“一个”头?这不是可选择的题目!

②交通事故受伤致死的原因比例最高的为颅脑损伤、胸腹脏器损伤、出血过多及休克死亡;所以除非你有专业的医疗知识,在没有确定伤者伤情的情况下,最好不要轻易的移动伤员,否则,他断裂的肋骨可能就是在你的“帮助”下才插入心脏或动脉的。如果伤者四肢大出血,你可以在他出血肢体靠近心脏端的关节上方用鞋带或腰带紧止血并及时报警,这才是最重要的。

③在高速公路上,一切非正常的行驶状态下,都要及时打开双闪灯!包括停车、前方堵路及施工、单道放行、前方发生事故、进入雾区等。

④高速公路上的重大肇事驾驶人的驾龄是6~8年!相信我,你没有看错,这个数据从市、省到全国都是一致的,个中原因您一定能体会。熟能生巧?熟也能生骄!

⑤永远把与你同在道路上行驶的其他机动车当成初学者,不要把自己的生命财产安全寄希望于掌握在别人的手中。

⑥在高速公路上行驶之前,要规划好线路,尽可能了解沿途的路况,给车辆加满油料并保持手机电、费充足,以防止意外事故的发生。

⑦在高速公路沿途,平均50~60千米会设置一个服务区或停车区,当您的车辆遇到小故障或需要方便时,请

您坚持到服务区解决。毕竟,你的车辆不管停在紧急停车道还是加宽车道,不仅给您和他人的行车造成安全隐患,遇到夜间,还很有可能给预谋或流窜的犯罪分子提供难得的发财机会。

⑧最后一个很白痴的提示:报警电话永远是110!不要在前面加区号!

无论何时牢记一句话:一个好的驾驶人,并不在他的驾车技术有多么高超,而是他的头脑中是否有安全意识。我感觉写得非常好,无论您开不开车,都应该知道这些,因为您的命也只有一条。

第三章 机动车管理

机动车的产生是伴随着蒸汽机车的产生而产生的,100 多年前,世界第一辆汽车在德国奔驰公司诞生,人类从此翻开了一个崭新的篇章。但是,由于当时机动车产能低下,所以全世界机动车的保有量非常少,加上供机动车行驶的道路数量和道路条件等各方面因素的制约,机动车并没有大量进入企业、家庭等大市场,所以机动车管理的问题并不突出,政府对这方面的法律法规也基本上是空白。1905 年,美国福特汽车公司率先采用流水生产线生产出了第一批量产的 T 型车,其大大提升的产能和较低的价格为汽车大规模进入社会奠定了良好的基础,从此,汽车工业蓬勃发展起来。机动车数量的飞速增长带来了机动车管理的发展,现代社会机动车管理成为政府履行管理职能的一个特别重要的组成部分。

机动车辆管理,是国家为保证公共交通安全和人民生命财产安全而行使国家行政管理职能的一项管理工作。根据最新的《道路交通安全法》等交通法律法规的规定,我国机动车辆管理主要通过机动车登记制度、机动车统一号牌制度、机动车年检制度、机动车强制报废制度等一系列相关机动车管理制度,对机动车辆实施统一管理。

第一节 机动车的登记管理

一、机动车登记的概述

1. 机动车的概念

机动车,是指以动力装置驱动或者牵引,上道路行驶的供人员乘用或者用于运送物品以及进行工程专项作业的轮式车辆。

机动车分类方法很多,根据国家有关机动车辆安全检验标准的规定,机动车类型可分为如下几种:

(1)大型汽车:指总质量大于4500千克,或车长大于等于6米,或乘坐人数大于等于20人的各种汽车。

(2)小型汽车:指总质量在4500千克以下(含4500千克),车长在6米以下,或乘坐人员不足20人的汽车。

(3)专用汽车:指专门设备且有专项用途的汽车包括扫地汽车、仪器车、邮政汽车、汽车吊车等。

(4)特种车:指有特殊专门用途的紧急用车辆包括消防汽车、救护汽车、工程车抢险车、警备车、交通事故勘查车等。

(5)有轨电车:指以电动机驱动,设有集电杆,行驶在轨道上的车辆。

(6)无轨电车:指以电动机驱动,设有集电杆,装有轮胎或车轮的车辆。

(7)电瓶车:指以电动机驱动,以蓄电池为电源的车辆。

(8)三轮摩托车:指总质量在750千克以下的三个车轮的机动车。

(9)二轮摩托车:指发动机汽缸工作容积大于或等于50毫升,最大设计车速超过50千米/小时的两个车轮的机动车。

(10)轻便摩托车:指发动机汽缸工作容积小于或等于50毫升,供单人乘骑,最大设计车速不超过50千米/小时的两个车轮的机动车。

(11)四轮农用运输车:功率不大于28千瓦,载质量不大于1500千克,最大设计车速小于或等于50千米/小时的四个车轮的机动车。

(12)三轮农用运输车:功率不大于9千瓦,载质量不大于500千克,最大设计车速小于或等于40千米/小时的三个车轮的机动车。

(13)大型转向盘式拖拉机:指发动机功率大于等于14.7千瓦(20马力)的转向盘式拖拉机。

(14)小型转向盘式拖拉机:指发动机功率小于14.7千瓦的转向盘式拖拉机。

(15)手扶拖拉机:指用手把操纵转向的轮式拖拉机。

(16)轮式自行专用机械:指设计行驶速度在10千米/小时以上,装有充气轮胎,可以在道路上自行行驶的专用机械。

(17)全挂车:指本身无动力,独立承载,依靠其他车辆牵引行驶的车辆。

(18)半挂车:指本身无动力,与主车共同承载依靠主车牵引行驶的车辆。

2. 机动车登记的概念

机动车登记,是指合法取得机动车所有权的机动车所有人,在公安机关交通管理部门办理机动车注册、变更、转移、抵押、注销等登记手续的过程。我国机动车登记主要分为:注册登记、变更登记、转移登记、抵押登记、注销登记5种。

目前,我国每年都有数以百万甚至千万计的机动车办理登记手续,并且数量上连续多年均呈快速增长的趋势,2004年全国机动车保有量为 10 783 万辆,2008 年 8 月达到 16 741 万辆,增长了55.3%,年均增长 1 490 万辆,增长率为 13.8%。机动车的快速发展和人们的快节奏生活,要求车辆管理所办理机动车牌证的程序必须更简化,服务必须更快捷。建设社会主义和谐社会对机动车登记工作提出了新的、更高的要求。为深入贯彻党的“十七大”精神,落实关注民生、改善民生、建设社会主义和谐社会的要求,积极回应人民群众对公安工作的新期待,努力满足人民群众对公安工作的新要求,要求车辆管理工作必须更加突出“以人为本”的管理和服务理念,为群众办理机动车牌证提供更多便利,满足群众优质、高效、便捷的服务需求。做好预防道路交通事故源头管理对机动车登记工作提出了新的、更高的要求。车辆管理是预防道路交通事故的第一道防线,是机动车行驶准入的重要关口。把好机动车登记关口,保障人民群众的生命和财产安全,要求车辆管理工作必须进一步规范和完善机动车登记制度,严禁为报废、走私、盗抢等机动车办理牌证,严格车辆安全性能查验,确保机动车的安全性能符合国家标准,消除交通安全隐患。新出台的一些法律、法规对机动车登记工作提出了新的需求。《物权法》、《典当管理办法》等一些新法律、法规对机动车的登记、担保等进行了新的规定,为保证与有关法律法规的相协调、相衔接,需要对机动车登记的相关内容加以调整和完善。基于以上原因,公安部对原来 2004 年 4 月 30 日发布的《机动车登记规定》(公安部第 72 号令)进行了修改,进一步简化办理机动车牌证的程序,优化服务方式,延伸服务窗口,推出更多的服务群众措施。同时,进一步严格和规范机动车登记和查验工作,提高机动车安全性能,在源头管理上有效地预防和减少交通事故,保障交通安全。从 2008 年 10 月 1 日起,新的《机动车登记规定》(公安部令第 102 号)在全国开始全面实施,并根据 2012 年 9 月 12 日中华人民共和国公安部令第 124 号公布的《公安部关于修改 <机动车

登机规定 > 的决定》修正。

二、机动车登记的原则

公安机关车辆管理所在办理机动车登记业务时,应当遵循以下3个原则:

1. 公开的原则

车辆管理所在办理机动车登记业务时,应当将法律、行政法规和本规定的有关机动车登记的事项、条件、依据、程序、期限以及收费标准、需要提交的材料和申请表示范文本等在办理登记的场所公示。

2. 公正的原则

车辆管理所在办理机动车登记业务时,应当一视同仁,不能区别对待,也不能搞特殊化,或照顾个别部门或个人的特殊利益,脱离群众,搞特殊化,造成人为的不公正。

3. 便民的原则

全心全意为人民服务是各级政府机关应尽的职责,车辆管理所在办理机动车登记业务时,应该本着方便人民群众的基本原则,为人民群众提供最大限度的方便。

省级公安机关交通管理部门应当在互联网上建立主页,发布信息,便于群众查阅机动车登记的有关规定,下载、使用有关表格及其相关的信息资料,以最大限度地满足人民群众对机动车登记产生的需求。

三、机动车登记的管辖

1. 机动车登记管辖的概念

机动车登记管辖是指各级机动车登记管理部门对机动车登记管理的权限分工。我国机动车登记管理的主要业务部门是公安机关交通管理部门。县级以上各级公安机关交通管理部门,依法行使对本行政辖区内的机动车登记管辖权。

2. 机动车登记管辖的种类

我国机动车登记管辖的种类主要有:级别管辖、地域管辖、特殊管辖。

(1)级别管辖。级别管辖是指上下级公安交通管理部门之间行使机动车管辖权的权限分工。如省交警总队与市交警支队之间就机动车的管辖进行权限分工,各自管辖自己权限内的机动车登记管理业务。

(2)地域管辖。地域管辖是指同级公安机关交通管理部门之间机动车管辖权限的分工。在县级及其以上级公安交通管理部门之间进行权限划分,以确保同级公安机关交通管理部门之间在机动车管辖业务上不重复,不交叉,以提高工作效率,方便人民群众。

(3)特殊管辖。特殊管辖是指对特殊团体或机关机动车登记业务的管辖。如我国对军队、武装警察等特殊团体的机动车进行特殊的管辖,一般由军队自己的职能部门或特殊的专门机关进行登记管理。

四、机动车登记业务的种类

机动车登记业务是公安交通管理部门的主要业务之一。公安交通管理部门(车辆管理所)在办理机动车登记业务时,应当使用计算机登记系统办理机动车登记,并建立数据库。如不使用计算机登记系统登记,由于数据无法全国共享等各方面的原因,则机动车登记无效。我国办理机动车登记业务的计算机登记系统的数据库标准和登记软件是全国统一的。该数据库能够完整、准确记录机动车登记内容,记录办理过程和经办人员信息,并能够实时将有关登记内容传送到全国公安交通管理信息系统,实现机动车登记的资源共享,提高了办公效率,也有力地促进了机动车登记业务及机动车管理等各方面水平的提高。

我国机动车登记的主要业务分为机动车注册登记、机动车变更登记、机动车转移登记、机动车抵押登记、机动车注销登记、校车标牌核发等6大类。

1. 注册登记

初次申领机动车号牌、行驶证的，机动车所有人应当向住所地的车辆管理所申请注册登记。机动车注册登记，是指对尚未申领机动车号牌、行驶证的机动车，机动车所有人在取得对机动车的所有权后，到国家职能部门(公安机关交通管理职能部门)办理合法登记手续，以使其对其机动车所有权取得合法有效的手续与凭证。同时也便于国家机动车管理职能部门统一管理，以维护机动车所有人的合法权益，保障公共秩序和国家的安定团结。

申领机动车号牌和行驶证是取得机动车所有权合法凭证的重要手段，也是机动车所有人必须办理的手续。机动车所有人在初次申领号牌、行驶证时，除国家机动车产品主管部门认定免予检验的车型外，都要在申请注册登记前，到机动车安全技术检验机构对机动车进行安全技术检验，取得安全技术检验合格证明，方予办理后续手续。

我国机动车注册登记业务的主要规定有：

(1)申请注册登记，首先填写《机动车注册登记/转入申请表》，提交法定证明、凭证，并交验机动车。

1)申请注册登记的，机动车所有人应当提交以下资料：

①《机动车注册、转移、注销登记/转入申请表》；

②机动车所有人身份证明原件和复印件；

③由代理人代理的，还需提交代理人身份证明原件和复印件(代理人为单位的，还需提交经办人身份证明原件和复印件)，以及机动车所有人的书面委托；

④机动车来历证明；

⑤国产机动车的整车出厂合格证（属于用进口底盘改装的机动车的进口机动车底盘进口凭证）；

⑥进口机动车的进口凭证；

⑦机动车车辆购置税的完税证明或者免税凭证；

⑧机动车交通事故责任强制保险凭证；

⑨车船税纳税或者免税证明；

⑩机动车技术资料档案袋；

⑪法律、行政法规规定的应当在机动车注册登记时提交的其他证明、凭证。

车辆管理所在办理机动车入户注册手续时，主要对机动车的车辆类型、厂牌型号、颜色、发动机号码、车辆识别代号（车架号码）及主要特征和技术参数进行确认，核对车辆识别代号（车架号码）的拓印膜，对提交的证明、凭证进行审查，核发机动车登记证书、号牌、行驶证和检验合格标志。

2）车辆管理所办理注册登记，主要对以下内容进行登记：

①机动车登记编号、机动车登记证书编号；

②机动车所有人的姓名或者单位名称、身份证明名称、身份证明号码、住所地址、邮政编码和联系电话；

③机动车的类型、制造厂、品牌、型号、车辆识别代号（车架号码）、发动机号码、出厂日期、车身颜色；机动车的有关技术数据；

④机动车的使用性质；

⑤机动车获得方式；

⑥机动车来历凭证的名称、编号和进口机动车进口凭证的名称、编号；

⑦车辆购置税完税或者免税证明的名称、编号；

⑧机动车办理第三者责任强制保险的日期和保险公司的名称；

⑨机动车照片记录的机动车外形；

⑩注册登记的日期；

⑪法律、行政法规规定登记的其他事项。

(2)不能办理机动车注册登记的情形。并不是所有的机动车所有人对其拥有的机动车都可以办理注册手续。由于机动车所有人自身的原因或法定原因，部分机动车无法办理注册手续。《机动车登记规定》(公安部令第102号)规定，有下列情形之一的，不予办理注册登记：

①机动车所有人提交的证明、凭证无效的；

②机动车来历证明被涂改或者机动车来历证明记载的机动车所有人与身份证明不符的；

③机动车所有人提交的证明、凭证与机动车不符的；

④机动车未经国务院机动车产品主管部门许可生产或者未经国家进口机动车主管部门许可进口的；

⑤机动车的有关技术数据与国务院机动车产品主管部门公告的数据不符的；

⑥机动车的型号、发动机号码、车辆识别代号或者有关技术数据不符合国家安全技术标准的；

⑦机动车达到国家规定的强制报废标准的；

⑧机动车被人民法院、人民检察院、行政执法部门依法查封、扣押的；

⑨机动车属于被盗抢的；

⑩机动车所有人有应当办理注销登记的报废机动车的；

⑪其他不符合法律、行政法规规定的情形。

2. 机动车变更登记

机动车变更登记，是指由于机动车所有人自身的原因或机动车自身的原因或其他法定原因，需要对机动车的全部或部分登记事项进行更改,称之为机动车变更登记。

办理机动车变更登记,既是机动车登记管理工作发展的需要,也是国家实行人性化管理需要,体现了国家在管理职能上的法制与民主。

机动车变更登记的主要规定:

(1)改变机动车车身颜色、更换车身或者车架的;

(2)更换发动机的;

(3)机动车因质量问题,制造厂更换整车的;

(4)营运机动车改为非营运机动车或者非营运机动车改为营运机动车等使用性质改变的;

(5)机动车所有人的住所迁出车辆管理所管辖区的;

(6)申请机动车转入的;

(7)机动车所有人为2人以上的,车辆管理所办理变更登记,应当分别登记变更后的车身颜色;变更后的发动机号码;机动车更换车身、车架后的车辆识别代号(车架号码);发动机、车身或者车架来历凭证的名称、编号;更换整车后的车辆识别代号(车架号码)、发动机号码、车身颜色、整车出厂合格证明或者进口凭证编号、出厂日期、注册登记日期;机动车所有人变更后的姓名或者单位名称;变更后的使用性质;需要办理机动车档案转出的,登记转入地车辆管理所的名称;变更登记的日期等项目。

(8)已注册登记的机动车,机动车所有人住所地址在车辆管理所管辖区域内迁移、机动车所有人姓名(单位名称)或者联系方式变更的,应当填写《变更备案申请表》,可通过邮寄、传真、电子邮件等方式向车辆管理所备案。

(9)小型、微型载客汽车加装前后防撞装置;货运机动车加装防风罩、水箱、工具箱、备胎架等;机动车增加车内装饰等,在不影响安全和识别号牌的情况下,机动车所有人可以自行变更,不必登记。

3. 机动车转移登记

机动车转移登记,是指由于机动车所有人自身的原因或其他法定原因,原机动车所有人对机动车所有权转移给新的所有人时进行登记,称之为机动车转移登记。

车辆管理所办理转移登记,主要登记下列内容:

(1)现机动车所有人的姓名或者单位名称、身份证明名称、身份证明号码、住所地址、邮政编码和联系电话;

(2)机动车获得方式;

(3)机动车来历凭证的名称、编号;转移登记的日期;

(4)海关解除监管的机动车,登记海关出具的《中华人民共和国海关监管车辆解除监管证明书》的名称、编号;

(5)改变机动车登记编号的,登记机动车登记编号;

(6)现机动车所有人住所不在现登记地车辆管理所管辖区内的,登记转入地车辆管理所的名称。

当然,并不是所有的机动车都能办理转移登记,一部分机动车由于车主自身的原因或法定的原因,不能办理机动车转移登记手续。

4. 机动车抵押登记

机动车抵押登记,是指机动车所有人因为自身工作或经济利益的需要,利用其所拥有的机动车作为动产进行财产抵押,以取得工作便利或一定的经济利益,来满足自身的需要,而办理的机动车登记手续。

申请机动车抵押登记的条件:

(1)申请机动车抵押登记必须由机动车所有人(抵押人)和抵押权人共同申请;

(2)必须提供抵押人和抵押权人的身份证明;

(3)必须提供机动车登记证书；

(4)必须提供抵押人和抵押权人依法订立的主合同和抵押合同。

车辆管理所应当自受理之日起1日内，在机动车登记证书上记载机动车抵押登记日期、注销抵押日期，以供公众查询。

5. 注销登记

机动车注销登记的条件：

(1)机动车灭失的；

(2)机动车因故不在我国境内使用的；

(3)因质量问题退车的。

(4)机动车登记被依法撤销的；

(5)达到国家强制报废标准的机动车被依法收缴并强制报废的；

(6)机动车所有人因其他原因申请注销登记的。

6. 校车标牌核发

学校或者校车服务提供者申请校车使用许可，应当按照《校车安全管理条例》向县级或者设区的市级人民政府教育行政部门提出申请。公安机关交通管理部门收到教育行政部门送来的征求意见材料后，应当在1日内通知申请人交验机动车。

五、机动车申请登记和各项相关业务的代理

机动车申请登记及相关业务的代理主要是委托代理(有时也称代办)居多，由于各种原因，机动车所有人有时不能亲自到现场办理机动车登记手续，机动车所有人可以委托代理人代理申请各项机动车登记和相关业务，但申请补发机动车登记证书不能代理。代理人申请机动车登记和相关业务时，应当提交代理人的身份证明和机动车所有人与代理人共同签字的申请表等相关资料信息，以供车辆管理所登记备案。

第二节　机动车统一号牌制度及其改革

一、机动车统一号牌制度概述

由于历史的原因,我国机动车号牌管理长期以来一直都是各部门各自为政,所以各种机动车号牌不统一,严重制约着我国机动车的发展,也对交通管理带来了许多隐患,只是由于以前我国机动车数量少,管理难度不大,才没有使很多危险的现象浮现出来。但是,随着我国人民生活的不断提高,以及汽车产业的高速发展,汽车开始大量涌入家庭,这给我国的机动车管理和道路交通安全管理带来了严峻的挑战,因此统一机动车号牌已经是大势所趋。

从 1992 年开始全国实施机动车统一号牌制度,全国各种类型的机动车(包括普通汽车、特种汽车、农用车等)开始统一换发全国统一的 92 式机动车统一号牌(即所谓的 92 式号牌)。92 式机动车号牌是我国机动车实行统一规范管理过程中的一个里程碑,它标志着我国机动车号牌管理朝着统一、科学、规范方向,逐步与国际接轨迈出了可喜的一步。

但是,随着我国经济十多年来持续高速稳定的发展,特别是国家汽车产业政策的调整,汽车产业出现了前所未有的高速发展,92 式号牌越来越不适应广大人民群众对汽车消费的需求。为适应我国机动车快速增长的形势,改革和加强车辆管理工作,更多地体现科学管理和人性化管理,满足机动车所有人选择号牌的个性意愿。通过 2002 年 8 月开始的北京、天津、杭州、深圳等城市进行的个性化机动车号牌试点的基础上,公安部决定从 2008 年 10 月 1 日起,全面启用公安部 GA 36—2007 标准的机动车号牌,这次号牌标准的修改是在“1992 式”号牌的基础上进行的,虽然没有对号牌进行更新换代,但与GA 36—1992相比,GA 36—2007在号牌申领个性化等方面进行了较大修改。

二、GA 36—2007标准的机动车号牌的主要特点简述

与GA 36—1992标准机动车号牌相比,GA 36—2007标准的机动车号牌主要体现在容量大、个性化、信息多、防伪强、电脑化等几个特点。

1. 容量大

GA 36—2007标准的机动车号牌的号码容量比“92”式扩大了一百多倍,号码编排方式为体现群众个性意愿创造了条件。号牌编号字符位数由5位升至6位,使用阿拉伯数字和英文字母按“3+3”方式编排,号码容量由34万扩大至3600万,整整扩大了100多倍,这样既满足了我国机动车快速增长的需要,又为广大的人民群众提供了很大的号牌自主选择空间,是利国利民的大好事。

2. 个性化

GA 36—2007标准的机动车号牌允许群众自主编排号牌编号,车管所现场制作核发。GA 36—2007标准的机动车号牌号码的编排规则将自主编排号牌编号,经计算机检索确认该号牌编号尚未被使用的,即确定为该机动车的号牌号码,由公安交通管理部门车辆管理所现场制作、当场核发。比较好地满足了人民群众对生活需求个性化要求。代表着政府部门在管理上朝着人性化方向前进的步伐,也是社会进步的标志之一。

3. 信息多

GA 36—2007标准的机动车号牌由于采用了较高的技术手段,在号牌上增设了机动车的技术参数信息,确保了机动车与号牌关联对应,有利于防止机动车号牌的挪用、涂改等违规行为,也使我国机动车的防盗性得到了较大地提高。

4. 防伪强

GA 36—2007标准的机动车号牌运用较高的科技手段提高了

制作防伪技术，有利于防止不法分子伪造号牌，便于路面执勤人员识别号牌真伪，也保护了机动车所有人的合法权益，防伪手段的可操作性较强，实际应用方便、有效。

5. 电脑化

GA 36—2007 标准的机动车号牌从申请、选号到制作、路面管理，全部实行计算机数字化管理，在管理理念和管理方式等方面有了质的飞跃，基本实现了与国际通行作法的接轨，便于职能部门提高管理效率，规范管理过程，同时也提高了管理质量。

三、GA 36—2007 标准的机动车号牌的选号原则及其保障措施

(1) GA 36—2007 标准的机动车号牌选号实行公开、公平、公正的原则。

(2) 保证 GA 36—2007 标准的机动车号牌选号原则实施的保障措施。

为确保 GA 36—2007 标准的机动车号牌选号的公开、公平、公正，防止预先抢注号码、内部预留号码等违规行为，公安部在有关软件的开发和设计上，设立了严密的制约条件，从技术上确保号牌的所有号码全部向社会开放，公安机关内部不预留任何号码，杜绝违规行为的发生。同时，在行政管理方面也制定了严格的管理和处罚规定，强化民警的素质教育和培训，加大防范和打击违法违规行为的力度。

四、机动车号牌管理改革的必要性

基于 GA 36—1992 标准的“92”式机动车号牌由于受编号规则的限制，在一个机动车登记机构代号（一般为地级行政辖区范围）下，一种类型的机动车号牌容量仅为 34 万，而目前我国中等城市仅摩托车的保有量就已接近或达到这个容量（特别是一些南方城市），经济发

达城市的小型汽车保有量也已接近或达到这个容量。同时,随着私人汽车的急速增长,许多车主希望选一个自己喜欢号牌,而“92”式机动车号牌是先批量制作,再按照号码的顺序进行发放,难以满足群众的个性意愿。同时,“92”式机动车号牌由于先天的诸多不足,包括生产质量不一致,颜色差别很大,防伪性能差等,不利于公安交通管理和打击机动车犯罪工作。因此,机动车号牌管理改革势在必行。

2003 年以前,机动车号牌号码由车辆管理所按照排列顺序依次发放。随后开始实行由电脑公开自动选取,并可以在 2 个中选择 1 个。2007 年,公安部再次规定可以至少从 5 个号牌号码中选择 1 个。近两年,各级公安交通管理部门不断接到群众反映,希望进一步扩大选择号牌号码的空间。为满足群众需求,在借鉴其他国家有关经验和做法的基础上,经过在部分城市试点,公安部进一步改进了机动车号牌号码的选取方式。

(1)扩大重新启用原号牌号码的范围。将允许申请重新启用原号牌号码的范围,由报废的机动车扩大到所有办结注销或转移登记的机动车。

(2)在全国范围内实行由机动车所有人自编自选机动车号牌号码服务措施。规定机动车号牌号码有两种选取方式,机动车所有人可任选一种:一种是通过计算机公开自动选择,并可以至少从 5 个号牌号码中选取 1 个;另一种是由机动车所有人按照机动车号牌编码规则自行编排确定,只要选定的号牌号码先前没有人使用,即可由本人使用,号牌工本费不变。

总之,我国机动车管理规定的各项改革正在走向全面“以人为本”、建立“和谐社会”,真正从广大人民群众的根本利益出发,立足于人民政府“全心全意为人民服务”的服务宗旨,体现“管理就是服务”的人性化思想的行政管理轨道上来,正在越来越多地满足人民群众日益增长的物质文化需要,同时也在从各方面体现人民政府对人民群众的人文关怀。

第三节　城市出租汽车管理

出租汽车是城市公共交通的重要组成部分,它与城市公共汽车交通、城市地下铁路交通、城市轻型轨道交通等其他交通客运方式一起组成了城市公共交通系统。出租汽车的发展,对城市建设和城市经济、社会发展有着重要意义,它是城市公共交通客运方式的重要补充,同时又与其他公共交通客运方式协调发展,与创建和谐城市、建设可持续发展城市相适应。城市出租汽车是方便广大城乡居民出行的有益的公共交通方式。也是人民群众生活质量提高的标志之一。

为加强城市出租汽车管理,提高出租汽车服务质量,保障乘客、用户和出租汽车经营企业、个体工商户及其从业人员的合法权益,促进城市客运交通事业的发展,国家对出租汽车公司、出租汽车驾驶人、乘客、出租汽车站场管理人员等经营与职能进行了规范,是指导城市出租汽车行业规范管理的基础。

一、出租汽车的概念

出租汽车,是指经主管部门批准的、按照乘客和用户意愿提供客运服务,并且按照行驶里程和时间收费的客车。

二、出租汽车行业管理的原则

为规范城市出租汽车管理,我国城市出租汽车按以下原则进行管理。

1. 我国出租汽车行业实行统一管理的原则

国务院交通行政主管部门负责全国的城市出租汽车的统一管

理工作。

2. 我国出租汽车行业实行合法经营的原则

城市出租汽车经营者,应依法进行经营,按照法定程序和要求办理相关手续,进行合法营运。国家保护合法经营者的合法权益。

3. 我国出租汽车行业实行公平竞争的原则

为体现我国宪法精神,也为规范我国城市出租汽车市场,保证营运者的合法权益,形成良性的市场竞争机制,我国城市出租汽车实行公平竞争的原则,以体现劳动权利的公平性。

4. 我国城市出租汽车经营权可以实行有偿出让和转让的原则

为进一步推动我国城市出租汽车的发展,城市出租汽车经营权可以实行有偿出让和转让,允许包括私有经济在内的多种经济成分进入城市出租汽车市场,以有力推动我国城市公共交通的发展。

同时,国家鼓励和支持出租汽车行业的科学技术研究、推广和有计划地引进先进技术和设备,提高出租汽车管理科学技术水平。

三、我国出租汽车行业经营资质管理

1. 申办城市出租汽车企业的条件

根据城市出租汽车管理的原则,企业业主可以按要求申办城市出租汽车经营权,但必须具备下列条件:

(1)有符合规定要求的客运车辆和相应的资金;

(2)有符合规定要求的经营场所;

(3)有符合规定要求的管理人员和驾驶人;

(4)有与经营方式相配套的经营管理制度;

(5)有独立承担民事责任的能力;

(6)符合其他有关规定的条件。

2. 申办出租汽车个体工商户的条件

(1)有符合规定要求的客运车辆和相应的资金;

(2)有符合规定要求的停车场地；

(3)符合其他有关规定的条件。

3. 出租汽车驾驶人应具备的条件

(1)有常住户口或者暂住证；

(2)有当地公安部门核发的机动车驾驶证并有3年以上驾龄；

(3)经客运服务职业培训，并考核合格；

(4)遵纪守法。被取消营运资格的驾驶人，从取消之日起的一定年限内不得从事客运服务。不得从事客运服务的具体年限由城市人民政府规定。

经核准允许的经营者，应当持客运管理机构核发的许可凭证，向有关部门办理营业执照、税务登记，车辆牌照等手续。办妥手续后，由客运管理机构发给经营资格证书，并发给车辆营运证和驾驶人客运资格证件后方可营业。

客运管理机构应当定期对经营者的资格进行复审。经复审合格的，可继续经营。

四、客运服务管理

1. 客运服务管理的概念

客运服务管理，是指对出租汽车行业从业人员在服务过程中的各个环节进行规范和管理。主要是对从业人员、出租汽车、服务规范、计收费标准、票据、站场点等各方面进行管理。

2. 对经营者的管理

出租汽车经营者的规范条件：

(1)执行由城市的物价部门会同同级交通行政主管部门制定的收费标准，并且使用由城市客运管理机构会同税务部门印制的车费发票；

(2)按时如实向城市客运管理机构填报出租汽车统计报表；

(3)按照规定缴纳税费和客运管理费；

(4)不得将出租汽车交给无客运资格证件的人员驾驶；

(5)未经客运管理机构批准，不得将出租汽车转让或者移作他用；

(6)符合其他有关规定。

3. 对出租汽车技术指标的要求

(1)车辆技术性能、设施完好，车容整洁；

(2)出租汽车应当装置由客运管理机构批准的，并经技术监督部门鉴定合格的计价器；

(3)小客车应当装置经公安机关鉴定合格的防劫安全设施；

(4)出租汽车应当固定装置统一的顶灯和显示空车待租的明显标志；

(5)在车身明显部位标设经营者全称及投诉电话，张贴标价牌；

(6)携带建设部统一样式的营运证正本。在车前风窗玻璃处张贴建设部统一样式的营运证副本；

(7)符合客运服务规范的其他要求。

4. 出租汽车客运服务方式

我国出租汽车行业实行扬手招车、预约订车和站点租乘等客运服务方式。

出租汽车经营者及其从业人员要为乘客提供方便、及时、安全、文明的规范化服务，对病人、产妇、残疾人以及急需抢救的人员优先供车。

如遇有抢险救灾，主要客运集散点供车严重不足、重大活动等特殊情况时，经营者应当服从客运管理机构调集车辆的统一指挥。

5. 出租汽车的站场管理

我国城市出租汽车可以在机场、火车站、客运码头、长途汽车站和其他客流集散地等大型公共场所可以设置营业站及相应的停车场地。

出租汽车营业站可以由客运管理机构指定或者委托有关单位进行日常管理，并向全行业开放。任何单位和个人不得独揽客运业务。进站营业的车辆，必须服从统一调度，接受管理。

出租汽车营业站及相应的停车场地，未经城市建设行政主管部门、城市规划管理部门和公安部门批准，不得擅自关闭或者改变用途。

6. 出租汽车营业站的调度人员管理

我国出租汽车营业站的调度人员应当遵守以下规定：

(1)佩戴服务标志，执行服务规范；

(2)积极调度，有车必供，及时疏散乘客；

(3)制止驾驶人拒绝运送乘客和不服从调度的行为。

7. 出租汽车驾驶人管理

出租汽车驾驶人管理是我国出租汽车管理的一项重要内容，因为出租汽车驾驶人的素质及其文明运营水平的高低，直接影响我国城市出租汽车行业的整体水平，因此，对出租汽车驾驶人进行严格规范管理是提高城市出租汽车行业管理水平的重要手段。我国城市出租汽车驾驶人管理的规定出租汽车驾驶人必须做到：

(1)携带客运资格证件进行营运；

(2)营运过程中，要按照合理路线或者乘客要求的路线行驶，不得绕道和拒载；营运途中无正当理由不得中断服务。

(3)营运过程中，严格执行收费标准并且出具车费发票；按照规定使用顶灯、计价器等客运服务设施；

(4)不得将车辆交给无客运资格证件的人员使用；

(5)不得利用车辆进行违法犯罪活动；

(6)发现违法犯罪嫌疑人员，应当及时报告公安机关，不得知情不报；

(7)遵守客运服务规范的其他规定。

8. 对出租汽车乘客的管理

在规范出租汽车服务人员的同时，也对乘客做出了相应的规范，主要有：

(1)乘客需要出市境或者夜间去郊县、偏僻地区时，出租汽车驾驶人可以要求乘客随同到就近的公安机关或者出租汽车营业站办理验证登记手续，并报告驾驶人所属的出租汽车经营企业。乘客应当予以配合。

(2)在车辆在载客运营中；车辆在遇红灯停驶时；所在地点或者路段禁止停车时；所经道路无法行驶时等情况下，乘客不得拦车。

(3)乘客应当按照规定的标准支付车费和应乘客和线路需要而发生的过桥、过路、过渡等费用。

(4)在乘坐出租汽车无计价器或者有计价器不使用的；驾驶人不出具车费发票的情况下，乘客可以拒绝支付车费。

我国还对出租汽车行业的检查和投诉、罚则进行了相关规定，进一步完善了我国出租汽车行业的管理。

五、城市出租汽车管理的意义

由于城市出租汽车行业是一个窗口行业，因此，我国对城市出租汽车管理行业进行管理有着极其重要的意义。其主要意义在于：

(1)服务国家经济建设，提高城市建设与管理水平，经营好城市，提高城市的综合竞争力。

(2)不断提高本行业管理与服务水平，方便人民群众出行，为广大乘客提供更高质量的服务。

(3)满足人民群众对出租汽车行业日益增长的需求,提高人民群众的生活质量。

(4)树立窗口形象,构建完善的公共交通系统。

(5)实行依法建设与管理城市,规范城市交通行业的管理。

第四节　机动车报废制度

一、机动车强制报废制度

为保障公共交通安全,保护人民生命财产,保护环境,国家实行机动车强制报废制度,根据机动车的安全技术状况和不同用途规定不同的报废标准。应当报废的机动车必须及时办理注销登记。达到报废标准的机动车不得上道路行驶,报废的大型客、货车及其他营运连连应当在公安机关交通管理部门的监督下解体。

国家实行机动车强制报废制度。

(1)报废机动车的界定。报废机动车,是指达到国家报废标准的各种机动车,或者虽未达到国家报废标准,但发动机或者底盘严重损坏,经检验不符合国家机动车运行安全技术条件或者国家机动车污染物排放的机动车。

国家实行机动车强制报废制度,就是在法律上要求,对于依照有关规定应当报废的机动车,有关单位或者个人必须及时对报废机动车进行报废处理,任何单位或者个人不得将报废机动车出售、赠予、自行拆解或者使报废机动车继续上路行驶。如果报废机动车得不到及时回收拆解,报废机动车继续上路行驶,或者报废机动车被非法拼装后进行销售,上路行驶,不仅会因为机动车的安全技术性能没有保障,危害人民群众的生命财产安全,还会造成污染环境等后果。因此,为了规范报废机动车回收活动,加强对报废机动车回收的管理,保障道路交通秩序和人民生命财产安全,保护环境,国家实行机动车强制报废制度。各级政府及有关部门要以对人民群众高度负责的态度,充分认识这项工作的重要性。

(2)机动车的报废标准。机动车的报废标准,主要是指机动车在达到累计行驶公里数、使用年限、车型、技术状况、污染物排放标准等规定后,机动车必须报废的标准。或者机动车虽未达到国家报废标准,但发动机或者底盘严重损坏,经检验不符合国家机动车运行安全技术条件或者国家机动车污染物排放标准,机动车必须强制报废的技术条件。

实施机动车报废标准,主要是考虑适应机动车生产和交通运输发展以及交通安全、节能、环保等需要。其主要指标包括累计行驶里程数、使用年限、车型、技术状况、污染物排放标准等。这一规定,有关部门在制定报废标准时,即要根据机动车的安全技术状况规定不同的报废标准,如因各种原因造成车辆严重损坏或技术状况低劣,无法修复的;车型淘汰,已无配件来源的;经修理和调整仍达不到国家对机车运行安全技术条件要求的等;又要根据机动车的不同用途规定不同的报废标准,主要是累计行驶里程数或者使用年限标准,如对于轻、微型载货机动车、矿山作业专用车、重、中型载货机动车,各种类型客车、轿车等,规定不同的累计行驶公里数或者使用年限标准。此外,在实践中,对于一些特定类型的客、货车辆,虽然达到规定的使用年限,但经公安车辆管理部门依据国家机动车安排排放有关规定严格检验,性能符合规定,可延缓一定时间报废。对于这些机动车,有关部门要实行更加严格的管理制度。

(3)报废机动车必须办理注销登记。应当报废的机动车必须及时办理注销登记。国家对机动车实行登记制度,应当报废的机动车不能再继续上路行驶,应当按照有关机动车登记制度及时办理注销登记。但是在实践中我们会发现有的单位和个人对已经报废的机动车，不去办理注销登记有关管理部门，也不收回已报废的机动车的证件和号牌，使其还在社会上使用，严重扰乱了机动车管理秩序，给交通安全埋下隐患。因此，对于应当报废的机动车，机动车所有人应当及时填写机动车登记申请表，持机动车登记证书等，向机动车管辖地车辆登记机关申请注销登记，交回机动车号牌和机动车行驶证。

(4)达到报废标准的机动车不得上道路行驶；报废的营动车辆应当在公安机关交通管理部门的监督下解体。凡达到报废标准的机动车不得上道路行驶，而应当及时办理注销登记，在办理注销登记时，车辆登记机关应当缴回机动车号牌和机动车的行驶证。没有机动车号牌和机动车行驶证的机动车是不能上路行驶的。同时，对于达到报废标准的机动车，即使在办理注销登记前，只要依照国家有关规定是应当报废的，从达到报废标准之日起，该机动车就不能再上路行驶。还应当注意的是，这一规定适用于所有的达到报废标准的机动车，即不论达到报废标准的机动车是否应当依法予以解体，都不能上路行驶。凡驾驶已达到报废标准的机动车上道路行驶的，公安机关交通管理部门一律应当予以收缴，强制报废。对驾驶已达到报废标准的机动车上道路行驶的驾驶人，处200元以上2000元以下的罚款，并吊销机动车驾驶证。出售已达到报废标准的机动车的，没收违法所得，处销售金额等额的罚款，公安机关交通管理部门对该机动车应当予以收缴，强制报废。

凡报废的大型客、货车及其他营运车辆应当在公安机关交通管理部门的监督下解体。法律之所以规定大型客、货车及其他营运车辆应当在公安机关交通管理部门的监督下予以解体，主要是为了确保对这些报废车辆的解体真正落到实处。大型客、货车及其他营运车辆(包括营运的小型轿车、小型货车)与非营运车辆相比，具有使用频率高的特点，一旦超期服役，事故危险极大，对人民的生命财产和道路交通安全会产生极大的危害。因此，必须确保报废的大型客、货车及其他营运车辆被及时解体，不再使用。从目前我国的实际情况看，报废车辆的解体主要是由报废机动车回收企业进行的。国家对报废机动车回收业实行特种行为管理，对报废机动车回收企业实行资格认定制度。除取得报废机动车回收企业资格认定的外，其他单位和个人不得从事报废机动车回收活动。报废机动车回收企业除应当符合有关法律、行政法规规定的设立企业的条件外，还应当具备一定面积的拆解场地，具备必要的拆解设备和消防设施，具有一定的回收拆解能力和相应的专业技术人员。报废机动车回收企业对回收的报废机动车进行登记后，必须拆解回收的报废机动车。其中，回收的报废大型客、货车及其他营运车辆，应当在公安机关交通管理部门的监督下解体。拆解的机动车发动机、转向机、变速器、前后桥、车架应当作为废金属，交给钢铁企业作为冶炼原料；拆解的其他零配件依照有关规定可以继续使用的，可以出售，但必须标明是报废机动车回用件。报废机动车回收企业拆解报废机动车，应当遵守国家环境保护法律、法规，采取有效措施，防治污染。至于非营运车辆，法律没有要求必须予以解体，主要是考虑有些车辆可能会具有保存或者收藏价值，只要车辆的所有人不再驾驶有关车辆上道路行驶，继续拥有该车辆是可以的。当然，车辆的所有人不再需要该报废的非营运车辆的，可以将该车辆交报废机动车回收企业予以解体，报废机动车回收企业依照有关规定对非营运车辆进行解体，不需要在公安机关的监督下进行。

二、报废汽车回收管理

为了规范报废汽车回收活动，加强对报废汽车回收的管理，保障道路交通秩序和人民生命财产安全，保护环境，国家通过立法来严格管理报废汽车的回收。

1. 报废汽车回收监督管理的主体

国家经济贸易委员会负责组织全国报废汽车回收(含拆解)的监督管理工作，国务院公安、工商行政管理等有关部门在各自的职责范围内负责报废汽车回收有关的监督管理工作。因此，我国的报废汽车回收监督管理主体是国家经济贸易委员会、公安交通部门和工商行政管理部门。

县级以上地方各级人民政府经济贸易管理部门对本行政区域内报废汽车回收活动实施监督管理。县级以上地方各级人民政府公安、工商行政管理等有关部门在各自的职责范围内对本行政区域内报废汽车回收活动实施有关的监督管理。

县级以上地方各级人民政府应当加强对报废汽车回收监督管理工作的领导，组织各有关部门依法采取措施，防止并依法查处相关违法行为。国家鼓励汽车报废更新。

2. 国家对报废汽车回收业实行特种行业管理，对报废汽车回收企业实行资格认定制度

除取得报废汽车回收企业资格认定的外，任何单位和个人不得从事报废汽车回收活动。不具备条件取得报废汽车回收企业资格认定或者未取得报废汽车回收企业资格认定，从事报废汽车回收活动的，任何单位和个人均有权举报。

我国法律法规对报废汽车回收企业的设立规定了较为苛刻的条件。因此，在我国设立报废汽车回收企业除应当符合有关法律、行政法规规定的设立企业的条件外，还应当具备下列条件：

(1)注册资本不低于50万元人民币，依照税法规定为一般纳税人；

(2)拆解场地面积不低于5000平方米；

(3)具备必要的拆解设备和消防设施；

(4)年回收拆解能力不低于500辆；

(5)正式从业人员不少于20人,其中专业技术人员不少于5人；

(6)没有出售报废汽车、报废“五大总成”、拼装车等违法经营行为记录；

(7)符合国家规定的环境保护标准。

同时,设立报废汽车回收企业,还应当符合国家经济贸易委员会关于报废汽车回收行业统一规划、合理布局的要求。

凡拟从事报废汽车回收业务的,应当向省、自治区、直辖市人民政府经济贸易管理部门提出申请。省、自治区、直辖市人民政府经济贸易管理部门应当自收到申请之日起,依法对申请企业的各方面条件进行审核并应在30个工作日内审核完毕;特殊情况下,可以适当延长,但延长的时间不得超过30个工作日。经审核符合条件的,颁发《资格认定书》;不符合条件的,驳回申请并说明理由。

申请人取得《资格认定书》后,应当依照废旧金属收购业治安管理办法的规定向公安机关申领《特种行业许可证》。

申请人持《资格认定书》和《特种行业许可证》向工商行政管理部门办理登记手续,领取营业执照后,方可从事报废汽车回收业务。

省、自治区、直辖市经济贸易管理部门应当将本行政区域内取得资格认定的报废汽车回收企业,报国家经济贸易委员会备案,并由国家经济贸易委员会予以公布。

3.汽车报废的申报与报废汽车的回收

(1)报废汽车的申报。报废汽车的申报是指拥有达到报废标准的汽车所有人,申请办理汽车报废手续的请求。

报废汽车拥有单位或者个人应当及时向公安机关办理机动车报废手续。公安机关应当于受理当日,向报废汽车拥有单位或者个人出具《机动车报废证明》,并告知其将报废汽车交售给报废汽车回收企业。任何单位或者个人不得要求报废汽车拥有单位或者个人将报废汽车交售给指定的报废汽车回收企业。

报废汽车回收企业凭《机动车报废证明》收购报废汽车,并向报废汽车拥有单位或者个人出具《报废汽车回收证明》。报废汽车拥有单位或者个人凭《报废汽车回收证明》,向汽车注册登记地的公安机关办理注销登记。

报废汽车拥有单位或者个人应当及时将报废汽车交售给报废汽车回收企业。任何单位或者个人不得将报废汽车出售、赠予或者以其他方式转让给非报废汽车回收企业的单位或者个人;不得自行拆解报废汽车。

(2)报废汽车的回收。报废汽车的回收是指报废汽车回收企业依法对报废汽车进行回收并办理相关手续的过程。

报废汽车回收企业对回收的报废汽车应当逐车登记,并严格办理相关手续,在回收过程中凡发现回收的报废汽车有盗窃、抢劫或者其他犯罪嫌疑的,应当及时向公安机关报告,并对有嫌疑的机动车进行封存,以备公安机关调查处理。

报废汽车回收企业不得拆解、改装、拼装、倒卖有犯罪嫌疑的汽车及其“五大总成”和其他零配件。报废汽车回收企业必须拆解回收的报废汽车;其中,回收的报废营运客车,应当在公安机关的监督下解体。拆解的“五大总成”应当作为废金属,交售给钢铁企业作为冶炼原料;拆解的其他零配件能够继续使用的,可以出售,但必须标明“报废汽车回用件”。

报废汽车回收企业拆解报废汽车,应当遵守国家环境保护法律、法规,采取有效措施,防治污染。禁止任何单位或者个人利用报废汽车“五大总成”以及其他零配件拼装汽车。禁止报废汽车整车、“五大总成”和拼装车进入市场交易或者以其他任何方式交易。禁止拼装车和报废汽车上路行驶。

4. 对报废汽车回收企业的监督检查

各级人民政府及其相关职能部门作为报废汽车回收企业监督检查的主体，要严格行使自身职能，加强对报废汽车回收企业的监督检查。县级以上地方人民政府经济贸易管理部门依据职责，对报废汽车回收企业实施经常性的监督检查，发现报废汽车回收企业不再具备规定条件的，应当立即告知原审批发证部门撤销《资格认定书》、《特种行业许可证》，注销营业执照。

公安机关依照机动车报废相关法律、废旧金属收购业治安管理办法和机动车修理业、报废机动车回收业治安管理办法的规定，对报废汽车回收企业的治安状况实施监督，堵塞非法机动车销赃渠道。

工商行政管理部门依据职责，对报废汽车回收企业的经营活动实施监督；对未取得报废汽车回收企业资格认定，擅自从事报废汽车回收活动的，应当予以查封、取缔。

5. 对报废汽车回收企业违法行为的处罚

(1)凡未取得报废汽车回收企业资格认定，擅自从事报废汽车回收活动的，由工商行政管理部门没收非法回收的报废汽车、“五大总成”以及其他零配件，送报废汽车回收企业拆解，没收违法所得；违法所得在2万元以上的，并处违法所得2倍以上5倍以下的罚款；违法所得不足2万元或者没有违法所得的，并处2万元以上5万元以下的罚款；属经营单位的，吊销营业执照。

(2)违法买卖或者伪造、变造《报废汽车回收证明》的，由公安机关没收违法所得，并处1万元以上5万元以下的罚款；属报废汽车回收企业，情节严重的，由原审批发证部门分别吊销《资格认定书》、《特种行业许可证》、营业执照。

(3)违法将报废汽车出售、赠予或者以其他方式转让给非报废汽车回收企业的单位或者个人的，或者自行拆解报废汽车的，由公安机关没收违法所得，并处2000元以上2万元以下的罚款。

(4)报废汽车回收企业明知或者应知是有盗窃、抢劫或者其他犯罪嫌疑的汽车、“五大总成”以及其他零配件,未向公安机关报告,擅自拆解、改装、拼装、倒卖的,由公安机关依法没收汽车、“五大总成”以及其他零配件,处1万元以上5万元以下的罚款;由原审批发证部门分别吊销《资格认定书》、《特种行业许可证》、营业执照;构成犯罪的,依法追究刑事责任。

(5)违法出售不能继续使用的报废汽车零配件或者出售的报废汽车零配件未标明“报废汽车回用件”的,由工商行政管理部门没收违法所得,并处2000元以上1万元以下的罚款。

(6)违法利用报废汽车“五大总成”以及其他零配件拼装汽车或者出售报废汽车整车、“五大总成”、拼装车的,由工商行政管理部门没收报废汽车整车、“五大总成”以及其他零配件、拼装车,没收违法所得;违法所得在5万元以上的,并处违法所得2倍以上5倍以下的罚款;违法所得不足5万元或者没有违法所得的,并处5万元以上10万元以下的罚款;属报废汽车回收企业的,由原审批发证部门分别吊销《资格认定书》、《特种行业许可证》、营业执照。

(7)报废汽车违法上路行驶的,由公安机关收回机动车号牌和机动车行驶证,责令报废汽车拥有单位或者个人依照本办法的规定办理注销登记,可以处2000元以下的罚款;拼装车上路行驶的,由公安机关没收拼装车,送报废汽车回收企业拆解,并处2000元以上5000元以下的罚款。

(8)负责报废汽车回收企业审批发证的部门对不符合条件的单位或者个人违法发给有关证照的,对部门正职负责人、直接负责的主管人员和其他直接责任人员给予降级或者撤职的行政处分;其中,对承办审批的有关工作人员,还应当调离原工作岗位,不得继续从事审批工作;构成犯罪的,依法追究刑事责任。

(9)负责报废汽车回收监督管理的部门及其工作人员,不依法履行监督管理职责,发现不再具备条件的报废汽车回收企业不及时撤销有关证照的,发现有本办法规定的违法行为不予查处的,对部门正职负责人、直接负责的主管人员和其他直接责任人员,给予记大过、降级或者撤职的行政处分;构成犯罪的,依法追究刑事责任。

(10)政府工作人员有纵容、包庇违法行为;或向有违法行为的当事人通风报信,帮助逃避查处;或阻挠、干预有关部门对违法行为依法查处,造成严重后果的,依法给予降级直至开除公职的行政处分;构成犯罪的,依法追究刑事责任。

思考题

一、简答题

1. 车辆管理所在为机动车所有人办理机动车登记时,应当遵循哪些基本原则?

2. 老张今年新买了一辆五菱 6330 型微型面包车,为了安全和保护爱车,老张在微型车车头、车尾都加装前后防撞装置,请问老张需要为爱车办理变更登记手续吗?

3. 李××有一台自购摩托车,已经使用了 12 年,但由于李××平时使用摩托车的时间不是很多,总行驶里程还不到 6 万千米,该车除有些部件生锈外,机械性能均良好,请问李××可以不办理注销登记,继续使用这台性能良好的摩托车吗?

4. 李××在乘坐出租车进市中心买家电时,和出租车驾驶人商议 10 元钱车费,驾驶人同意,并不使用计价器。请问驾驶人的做法违反《城市出租车管理办法》吗?

5. 在驾驶人不出具车费发票的情况下,乘客可以拒绝支付乘坐出租车的车费吗?

6. 机动车的“五大总成”指的是哪些部分？
7. 简述我国城市出租汽车经营模式。

二、选择题(单项选择)

1. 机动车,是指以动力装置驱动或者牵引,上道路行驶的供人员乘用或者用于运送物品以及进行工程专项作业的(　　)车辆。
   A. 轮式　　B. 履带式
   C. 履带式与轮式混合式　　D. 装甲式
2. 机动车经(　　)登记后,方可上道路行驶。
   A. 道路运输管理机构　　B. 公安机关交通管理部门
   C. 工商部门　　D. 税务部门
3. 尚未登记的机动车,需要临时上道路行驶,应当(　　)。
   A. 取得临时通行牌证　　B. 到公安机关备案
   C. 直接上路行驶　　D. 在车窗上张贴合格证
4. 申请机动车登记,机动车所有人不需要提交的证明或凭证是(　　)。
   A. 驾驶证
   B. 整车出厂合格证明或者机动车进口凭证
   C. 身份证明和机动车来历证明
   D. 车辆购置税的完税证明或者免税凭证
5. 机动车在以下哪种情形不需要办理相应的登记(　　)。
   A. 所有权发生转移的　　B. 用作抵押的
   C. 进行重大修理的　　D. 报废的
6. 城市出租汽车容许使用的年限是(　　),达到年限必须强制报废。
   A. 6 年　　B. 8 年　　C. 10 年　　D. 12 年

7. 我国目前使用的机动车号牌(　　)。

A. 执行 GA36—2007 标准B. 的编号字符为 5 位数

C. 的编号字符为 5 位数　D. 未增设机动车技术参数信息

8. 对城市出租汽车来说,以下哪项要求是不正确的(　　)。

A. 车辆技术性能、设施完好,车容整洁;

B. 出租汽车应当装置由客运管理机构批准的,并经技术监督部门鉴定合格的计价器;

C. 出租小客车可以不装防劫安全设施;

D. 出租汽车应当固定装置统一的顶灯和显示空车待租的明显标志。

三、判断题(正确的在括号内打"√"、错误的在括号内打"×")

1. 我国目前正在全国范围内广泛使用是机动车号牌是"2002式个性化"机动车统一号牌。　(　　)

2. 回收的报废营运客车,应当在公安机关的监督下解体。　(　　)

3. 从报废汽车上拆解下来的"五大总成"应当作为废金属,交售给钢铁企业作为冶炼原料。　(　　)

4. 从报废汽车上拆解的其他汽车零配件如果性能良好能够继续使用的,可以出售,但必须标明"报废汽车回用件"。　(　　)

5. 我国城市出租汽车驾驶人管理的规定出租汽车驾驶人必须携带客运资格证件进行营运。　(　　)

6. 城市出租汽车驾驶人在营运过程中,要按照合理路线或者乘客要求的路线行驶,不得绕道和拒载;营运途中无正当理由不得中断服务。　(　　)

7. 道路上行驶的机动车,不得倒置或者安装两副以上的号牌。　(　　)

四、案例分析题

1. 李××是为民出租汽车公司的出租汽车驾驶人，一天李××驾驶出租汽车在本市中山大道上空车行驶，突然感到腹痛难忍，于是忍痛将出租车开往人民医院，恰巧路边有一妇女朝他招手想打的，由于难受，同时也怕出现意外，李青山就没有停车而是直接开车进了人民医院去看病。结果，李××当天驾驶的车号为“×A T5698”的出租汽车被该妇女投诉为拒载。请问：

①李××有过错吗？

②该妇女投诉李××拒载是否合法？

③你认为应该如何处理此案件？

2. 向××是一个报废汽车回收企业的老板，由于受利益的驱使，指使其手下员工违法将报废的3台“桑塔纳”轿车的发动机总成、车身等总成部件拼装成1台“桑塔纳”汽车，经过喷漆后，该车面貌一新，同时仿造各种手续，后以3万元的价格（低于市面新车价格4万元）卖给一个体户，个体户以为是一辆全新的小汽车，非常高兴，第二天就兴高采烈地驾驶着“新桑塔纳”上路去办理新车注册登记手续，结果在路上引起巡逻的交通警察怀疑，被依法处理。请问：

①如何处罚向××？由哪个政府部门处理？

②个体户在此案中有过错吗？为什么？

第四章 驾驶人管理

第一节　机动车驾驶人管理概述

根据国家公安交通管理部门的统计,到2008年10月,我国的机动车保有量超过1.6亿辆,机动车驾驶人的数量更是在2005年就超过1亿。对于数以亿计的机动车驾驶人,其驾驶素质及综合素质的高低直接关系到我国道路交通安全的整体状况,也直接关系到我国社会主义经济建设良好有序发展和全社会安定团结的政治局面。因此,对机动车驾驶人进行规范化、科学化的管理是国家行使公共安全管理职能的一个特别重要的方面,同时也是关系到大力发展国家经济的一项重要内容。正是由于这一重要性,所以,对机动车驾驶人的管理,在考虑人性化的同时,必须认真地考虑管理的科学化、制度化、法制化等多方面的因素,特别要高度重视规范化、法制化管理的与时俱进,使之适合我国国家建设与国民经济高速发展的需要。

机动车驾驶人管理是指国家职能机关(主要是指公安机关交通管理部门)对机动车驾驶人的身份、身体条件、合法证件及其准驾机动车车型、有效期限等相关资格方面的资料及信息进行管理，以行使国家职能，维护道路交通公共安全的行政过程。

我国现阶段的机动车驾驶人管理主要有以下几个方面的信息：

一、机动车驾驶证及其信息资料

机动车驾驶证是由国家公安机关车辆管理部门核发的，证明持有人在规定期限内具有相应机动车驾驶资格的合法有效证件。

机动车驾驶证记载和签注的主要信息资料有：

机动车驾驶人的姓名、性别、出生日期、国籍、住址、身份证明号码（机动车驾驶证号码）、照片等信息资料；

车辆管理所签注的内容有：初次领证日期、准驾车型代号、有效期限、核发机关印章、档案编号等信息资料。

二、机动车驾驶人的准驾车型

机动车驾驶人的准驾车型，是指公安机关交通管理部门根据我国道路交通管理的相关法规，核准机动车驾驶人准予驾驶的车辆类型。

我国机动车驾驶人准予驾驶的车型顺序依次分为：

大型客车、牵引车、城市公交车、中型客车、大型货车、小型汽车、小型自动挡汽车、低速载货汽车、三轮汽车、普通三轮摩托车、普通二轮摩托车、轻便摩托车、轮式自行机械车、无轨电车和有轨电车等。

三、机动车驾驶证有效期限

机动车驾驶证有效期限，是指机动车驾驶人合法持有驾驶证，驾驶准驾机动车的有效期限。它是机动车驾驶证在法定年限到期后由车辆管理部门进行审验，验证其合法有效性的一种年限规定和管理程序，以维护道路交通安全和机动车驾驶证的有效性。

根据我国目前国内道路交通管理状况及国家有关汽车使用的政策、法规的规定等实际情况，我国机动车驾驶证有效期规定可分为6年、10年和长期有效3种。

四、机动车驾驶人驾驶车型的年龄规定

机动车驾驶人驾驶车型的年龄，是指机动车驾驶人合法驾驶准驾车型的年龄规定。对于身体，身体各部分机能正常的驾驶人，合法取得机动车驾驶证以后在法定年龄规定的上限以内可以正常驾驶相关机动车辆。

我国《道路交通安全法》对机动车驾驶人在法定年龄驾驶机动车进行了较严格的规定。具体规定如下：

(1)凡年龄在60周岁以上的，不得驾驶大型客车、牵引车、城市公交车、中型客车、大型货车、无轨电车和有轨电车；

(2)年龄在70周岁以上的，不得驾驶低速载货汽车、三轮汽车、普通三轮摩托车、普通二轮摩托车和轮式自行机械车。

第二节　机动车驾驶证申领和使用规定

一、机动车驾驶证的申领

机动车驾驶证的申领，是指机动车驾驶证申请人根据自身的身体条件和需要，向国家交通管理部门申请考取机动车驾驶证的意愿与过程。

对于一个身体健康、肌体健全、各部分机能正常的正常人来说，申请机动车驾驶证是合法、正常的要求，也是现代社会工作和

生活的需要。

1. 机动车驾驶证的申请条件

《道路交通安全法》、公安部《机动车驾驶证申领和使用规定》(公安部第139号令)等法律、法规对申请机动车驾驶证的申请人进行了年龄条件和身体条件两方面的规定，凡申请机动车驾驶证的人员应当符合年龄条件和身体条件的规定。

1)年龄条件

年龄条件是指机动车驾驶证申请人员年龄在《机动车驾驶证申领和使用规定》的范围内，才允许申请相关机动车驾驶证的法律规定。我国机动车驾驶证申领的年龄规定在6个年龄段，即18~70周岁；18~60周岁；20~50周岁；21~50周岁；24~50周岁；26~50周岁，具体规定如下：

(1)申请小型汽车、小型自动挡汽车、残疾人专用小型自动挡载客汽车、轻便摩托车准驾车型的，在18周岁以上，70周岁以下；

(2)申请低速载货汽车、三轮汽车、普通三轮摩托车、普通二轮摩托车或者轮式自行机械车准驾车型的，在18周岁以上，60周岁以下；

(3)申请城市公交车、大型货车、无轨电车或者有轨电车准驾车型的，在20周岁以上，50周岁以下；

(4)申请中型客车准驾车型的，在21周岁以上，50周岁以下；

(5)申请牵引车准驾车型的，在24周岁以上，50周岁以下；

(6)申请大型客车准驾车型的，在26周岁以上，50周岁以下。

(7)接受全日制驾驶职业教育的学生，申请大型客车、牵引车准驾车型的，在20周岁以上，50周岁以下。

2)身体条件

身体条件是指对申请机动车驾驶证人员的条件进行的相关规定。主要规定了身高、视听力、辨色力和肢体活动能力等7个方面，具体规定如下：

(1)身高:申请大型客车、牵引车、城市公交车、大型货车、无轨电车准驾车型的,身高为155厘米以上;申请中型客车准驾车型的,身高为150厘米以上;

(2)视力:申请大型客车、牵引车、城市公交车、中型客车、大型货车、无轨电车或者有轨电车准驾车型的,两眼裸视力或者矫正视力达到对数视力表5.0以上;申请其他准驾车型的,两眼裸视力或者矫正视力达到对数视力表4.9以上;单眼视力障碍,优眼裸视力或者矫正视力达到对数视力表5.0以上,且水平视野达到150度的,可以申请小型汽车、小型自动挡汽车、低速载货汽车、三轮汽车、残疾人专用小型自动挡载客汽车准驾车型的机动车驾驶证;

(3)辨色力:无红绿色盲;

(4)听力:两耳分别距音叉50厘米能辨别声源方向;有听力障碍但佩戴助听设备能够达到以上条件的,可以申请小型汽车、小型自动挡汽车准驾车型的机动车驾驶证;

(5)上肢:双手拇指健全,每只手其他手指必须有3指健全,肢体和手指运动功能正常;但手指末节残缺或者左手有3指健全,且双手掌完整的,可以申请小型汽车、小型自动挡汽车、低速载货汽车、三轮汽车准驾车型的机动车驾驶证;

(6)下肢:双下肢健全且运动功能正常,不等长度不得大于5厘米。但左下肢缺失或者丧失运动功能的,可以申请小型自动挡汽车准驾车型的机动车驾驶证;

(7)躯干、颈部:无运动功能障碍;

(8)右下肢、双下肢缺失或者丧失运动功能但能够自主坐立,且上肢符合本项(5)规定的,可以申请残疾人专用小型自动挡载客汽车准驾车型的机动车驾驶证。一只手掌缺失,另一只手拇指健全,其他手指有两指健全,上肢和手指运动功能正常,且下肢符合本项(6)规定的,可以申请残疾人专用小型自动挡载客汽车准驾车型的机动车驾驶证。

同时,我国《机动车驾驶证申领和使用规定》还对机动车驾驶证申领人员进行了排除性条件规定。

3)排除性条件

排除性条件是指机动车驾驶证申领人员具有某一情形后不允许申请机动车驾驶证的规定。

我国《机动车驾驶证申领和使用规定》规定了不得申请机动车驾驶证的情形有:

(1)有器质性心脏病、癫痫病、美尼尔氏症、眩晕症、癔病、震颤麻痹、精神病、痴呆以及影响肢体活动的神经系统疾病等妨碍安全驾驶疾病的;

(2)3年内有吸食、注射毒品行为或者解除强制隔离戒毒措施未满3年,或者长期服用依赖性精神药品成瘾尚未戒除的;

(3)造成交通事故后逃逸构成犯罪的;

(4)饮酒后或者醉酒驾驶机动车发生重大交通事故构成犯罪的;

(5)醉酒驾驶机动车或者饮酒后驾驶营运机动车依法被吊销机动车驾驶证未满5年的;

(6)醉酒驾驶营运机动车依法被吊销机动车驾驶证未满10年的;

(7)因其他情形依法被吊销机动车驾驶证未满2年的;

(8)驾驶许可依法被撤销未满3年的;

(9)法律、行政法规规定的其他情形。

未取得机动车驾驶证驾驶机动车,有(5)项至(7)项行为之一的,在规定期限内不得申请机动车驾驶证。

2. 初次申领机动车驾驶证

由于我国国民经济30年来持续稳定的高速增长,加之我国汽车工业的高速发展和国家汽车产业政策及相关法规的不断出台，大大刺激了我国的汽车消费，特别是私有汽车的消费，因而使我国汽车保有量每年都以数百万计的规模在增长，申请学习机动车驾驶证的人员也以数以百万计的规模增加。所以，在当前机动车驾驶证申领人员中，初次申领机动车驾驶证的人员占了机动车驾驶证申领人员的90%以上。

初次申领机动车驾驶证，是指未申领过机动车驾驶证者，第一次申领机动车驾驶证的请求。或虽申领过机动车驾驶证，但由于法定或个人的原因，机动车驾驶证失效或被取消，重新申领机动车驾驶证的请求。

初次申领机动车驾驶证的人员，可以申请准驾车型为城市公交车、大型货车、小型汽车、小型自动挡汽车、低速载货汽车、三轮汽车、残疾人专用小型自动挡载客汽车、普通三轮摩托车、普通二轮摩托车、轻便摩托车、轮式自行机械车、无轨电车、有轨电车的机动车驾驶证。

3. 增加准驾车型

已持有机动车驾驶证，申请增加准驾车型的，可以申请增加的准驾车型为大型客车、牵引车、城市公交车、中型客车、大型货车、小型汽车、小型自动挡汽车、低速载货汽车、三轮汽车、普通三轮摩托车、普通二轮摩托车、轻便摩托车、轮式自行机械车、无轨电车、有轨电车。

所谓申请增加准驾车型，是指已持有机动车驾驶证的驾驶人，根据自己的意愿，提出增加机动车准驾车型申请，公安交通管理部门根据相关法规的规定进行条件审核，做出受理与否决定的程序。已经持有机动车驾驶证的人员，申请增加准驾车型的，必须符合的主要规定是：

(1)申请增加准驾车型的，应当在本记分周期和申请前最近一

个记分周期内没有记满12分记录。申请增加中型客车、牵引车、大型客车准驾车型的,还应当符合下列规定:

①申请增加中型客车准驾车型的,已取得驾驶城市公交车、大型货车、小型汽车、小型自动挡汽车、低速载货汽车或者三轮汽车准驾车型资格3年以上,并在申请前最近连续三个记分周期内没有记满12分记录。

②申请增加牵引车准驾车型的,已取得驾驶中型客车或者大型货车准驾车型资格3年以上,或者取得驾驶大型客车准驾车型资格1年以上,并在申请前最近三个记分周期内没有记满12分记录。

③申请增加大型客车准驾车型的,已取得驾驶城市公交车、中型客车或者大型货车准驾车型资格5年以上,或者取得驾驶牵引车准驾车型资格2年以上,并在申请前最近五个记分周期内没有记满12分记录。

(2)正在接受全日制驾驶职业教育的学生,已在校取得驾驶小型汽车准驾车型资格,并在本记分周期和申请前最近一个记分周期内没有记满12分记录的,可以申请增加大型客车、牵引车准驾车型。

同时,我国《机动车驾驶证申领和使用规定》还对申请增加大型客车、牵引车、中型客车、大型货车准驾车型进行了相关规定。

对持有军队、武装警察部队机动车驾驶证,或者持有境外机动车驾驶证,符合本规定的申请条件,可以申请对应准驾车型的机动车驾驶证。

二、机动车驾驶证的使用管理

机动车驾驶证的使用管理,是指对机动车驾驶证在法定或特定条件下的换证、补证、注销等方面进行管理。其主要管理工作是:

1. 机动车驾驶证的换证

机动车驾驶证的换证是指机动车驾驶证在有效期已满或在其

他法定或特定条件下进行更换机动车驾驶证的行为。

机动车驾驶证换证的主要情形为以下几种：

(1)机动车驾驶人的机动车驾驶证有效期满前90日内,应当向机动车驾驶证核发地或者核发地以外的车辆管理所申请换证。

(2)机动车驾驶人户籍迁出原车辆管理所管辖区的,应当向迁入地车辆管理所申请换证;机动车驾驶人在核发地车辆管理所管辖区以外居住的,可以向居住地车辆管理所申请换证。

(3)年龄在60周岁以上的,不得驾驶大型客车、牵引车、城市公交车、中型客车、大型货车、无轨电车和有轨电车;持有准驾车型为大型客车、牵引车、城市公交车、中型客车、大型货车的机动车驾驶人,应当到机动车驾驶证核发地或者核发地以外的车辆管理所换领准驾车型为小型汽车或者小型自动挡汽车的机动车驾驶证。年龄在70周岁以上的,不得驾驶低速载货汽车、三轮汽车、普通三轮摩托车、普通二轮摩托车和轮式自行机械车;持有准驾车型为普通三轮摩托车、普通二轮摩托车的机动车驾驶人,应当到机动车驾驶证核发地或者核发地以外的车辆管理所换领准驾车型为轻便摩托车的机动车驾驶证。

(4)在车辆管理所管辖区域内,机动车驾驶证记载的机动车驾驶人信息发生变化的;机动车驾驶证损毁无法辨认的,机动车驾驶人应当在30日内到机动车驾驶证核发地或者核发地以外的车辆管理所申请换证。

(5)机动车驾驶人身体条件发生变化,不符合所持机动车驾驶证准驾车型的条件,但符合准予驾驶的其他准驾车型条件的,应当在30日内到机动车驾驶证核发地或者核发地以外的车辆管理所申请降低准驾车型。

2. 机动车驾驶证的补证

机动车驾驶证的补证是指由于机动车驾驶证遗失等特定原

因,机动车驾驶人要求补发机动车驾驶证的行为。

机动车驾驶证遗失的,机动车驾驶人应当向机动车驾驶证核发地或者核发地以外的车辆管理所申请补发。申请时应当提交机动车驾驶人的身份证明;机动车驾驶证遗失的书面声明等证明、凭证。

机动车驾驶人补领机动车驾驶证后,原机动车驾驶证作废,不得继续使用。

机动车驾驶证被依法扣押、扣留或者暂扣期间,机动车驾驶人不得申请补发。

3. 机动车驾驶证的注销

机动车驾驶证的注销,是指由于法定或自身的原因,机动车驾驶人丧失或被取消机动车驾驶资格,并在车辆管理所办理注销机动车驾驶证手续的管理程序。注销机动车驾驶证的主要情形有:

(1)死亡的;

(2)提出注销申请的;

(3)丧失民事行为能力,监护人提出注销申请的;

(4)身体条件不适合驾驶机动车的;

(5)有器质性心脏病、癫痫病、美尼尔氏症、眩晕症、癔病、震颤麻痹、精神病、痴呆以及影响肢体活动的神经系统疾病等妨碍安全驾驶疾病的;

(6)被查获有吸食、注射毒品后驾驶机动车行为,正在执行社区戒毒、强制隔离戒毒、社区康复措施,或者长期服用依赖性精神药品成瘾尚未戒除的;

(7)超过机动车驾驶证有效期1年以上未换证的;

(8)年龄在70周岁以上,在一个记分周期结束后一年内未提交身体条件证明的;或者持有残疾人专用小型自动挡载客汽车准驾车型,在三个记分周期结束后一年内未提交身体条件证明的;

(9)年龄在60周岁以上,所持机动车驾驶证只具有无轨电车或者有轨电车准驾车型,或者年龄在70周岁以上,所持机动车驾驶证只具有低速载货汽车、三轮汽车、轮式自行机械车准驾车型的;

(10)机动车驾驶证依法被吊销或者驾驶许可依法被撤销的。

有第(2)项至第(10)项情形之一,未收回机动车驾驶证的,应当公告机动车驾驶证作废。

有第(7)项情形被注销机动车驾驶证未超过2年的,机动车驾驶人参加道路交通安全法律、法规和相关知识考试合格后,可以恢复驾驶资格。

有第(8)项情形被注销机动车驾驶证,机动车驾驶证在有效期内或者超过有效期不满1年的,机动车驾驶人提交身体条件证明后,可以恢复驾驶资格。

有第(2)项至第(8)项情形之一,按照规定申请机动车驾驶证,有道路交通安全违法行为或者交通事故未处理记录的,应当将道路交通安全违法行为、交通事故处理完毕。

4.机动车驾驶证的记分和审验

(1)机动车驾驶证的记分的概念。机动车驾驶证的记分,是指对违反道路交通安全法等道路交通安全管理法规的机动车驾驶人的违法行为,以一定数量分值的形式进行记录的违章记录方法。根据我国《道路交通安全法》的规定,机动车驾驶人的违章记分的累积记分周期(即记分周期)为12个月,满分为12分,从机动车驾驶证初次领取之日起计算。

(2)机动车驾驶证的记分分值。我国机动车驾驶证的道路交通安全违法行为记分是由机动车驾驶人累次交通违法行为记分分值相加而成。依据机动车驾驶人道路交通安全违法行为的严重程度,交通违章机动车驾驶人的驾驶证一次记分的分值为:12分、6分、3分、2分、1分五种。

对机动车驾驶人的道路交通安全违法行为，处罚与记分同时执行。机动车驾驶人如果在一次违章过程中有两个或两个以上违法行为记分的，其记分分值分别计算，进行累加。

机动车驾驶人在一个记分周期内累积记分达到12分的，公安机关交通管理部门应当扣留其机动车驾驶证。机动车驾驶人应当在15日内到机动车驾驶证核发地或者违法行为地公安机关交通管理部门参加为期7日的道路交通安全法律、法规和相关知识学习。机动车驾驶人参加学习后，车辆管理所应当在20日内对其进行道路交通安全法律、法规和相关知识考试。考试合格的，记分予以清除，发还机动车驾驶证；考试不合格的，继续参加学习和考试。拒不参加学习，也不接受考试的，由公安机关交通管理部门公告其机动车驾驶证停止使用。

机动车驾驶人在一个记分周期内有两次以上达到12分或者累积记分达到24分以上的，车辆管理所还应当在道路交通安全法律、法规和相关知识考试合格后10日内对其进行道路驾驶技能考试。接受道路驾驶技能考试的，按照本人机动车驾驶证载明的最高准驾车型考试。

对遵守道路交通安全法律、法规，在1年内无累积记分的机动车驾驶人，可以延长机动车驾驶证的审验期。

(3)机动车驾驶人的法律救济。机动车驾驶人如对道路交通安全违法行为处罚不服，可以申请行政复议或者提起行政诉讼，在行政复议或者行政诉讼后，经依法裁决变更或者撤销原处罚决定的，公安交通管理部门应当对权利人的相应记分分值予以变更或者撤销。

(4)机动车驾驶人违法行为记分查询。为便于机动车驾驶人清楚了解自己的交通违章行为，体现公安交通管理部门人性化管理，各地方公安机关交通管理部门要通过互联网、电视、广播、报刊等媒体向社会公布机动车驾驶人交通违法行为记分查询方式或机动车驾驶人交通违法行为记分的结果,方便广大机动车驾驶人查询,以维护自己的合法权益。

(5)机动车驾驶证的审验。机动车驾驶证的审验,是指对达到法定期限的机动车驾驶证进行审验,以检验机动车驾驶人是否违章、或机动车驾驶人的身体条件是否满足其准驾车型的驾驶要求,并进行相关处理的管理程序。

我国对机动车驾驶证的审验主要是 3 个方面,①道路交通安全违法行为、交通事故处理情况;②身体条件状况;③道路交通安全违法行为记分及记满 12 分后参加学习和考试情况。

第三节　机动车驾驶人培训管理规定

一、机动车驾驶人培训管理概述

由于我国有庞大的机动车驾驶人培训市场,各机动车驾驶人培训机构展开了激烈的市场竞争,国家为规范机动车驾驶人培训经营活动,维护机动车驾驶人培训市场秩序,保护各方当事人的合法权益,根据《中华人民共和国道路交通安全法》、《中华人民共和国道路运输条例》等法律法规,交通部颁布了《机动车驾驶人培训管理规定》,规范了机动车驾驶培训机构对其业务的开展和管理。

机动车驾驶人培训业务,是指以培训学员的机动车驾驶能力或者以培训道路运输驾驶人的从业能力为教学任务,为社会公众有偿提供驾驶培训服务的活动,包括对初学机动车驾驶人、增加准驾车型的驾驶人和道路运输驾驶人所进行的驾驶培训、继续教育以及机动车驾驶人培训教练场经营等业务。

我国机动车驾驶人培训的原则是:

(1)由交通部主管全国机动车驾驶人培训管理工作的原则。

(2)机动车驾驶人培训实行社会化,从事机动车驾驶人培训业务应当依法经营,诚实信用,公平竞争原则。

(3)机动车驾驶人培训管理应当公平、公正、公开和便民的原则。

(4)县级以上地方人民政府交通主管部门负责组织领导本行政区域内的机动车驾驶人培训管理工作的原则。

(5)县级以上道路运输管理机构负责具体实施本行政区域内的机动车驾驶人培训管理工作的原则。

二、机动车驾驶人培训经营许可

机动车驾驶人培训经营许可,是指机动车驾驶人培训机构向行政主管部门和其他行政部门申请举办机动车驾驶人培训,经审核取得机动车驾驶人培训经营许可证的行为。我国机动车驾驶人培训依据经营项目、培训能力和培训内容实行分类许可。

1. 机动车驾驶人培训业务的种类及其培训条件要求

根据经营项目的不同我国机动车驾驶人培训业务分为普通机动车驾驶人培训、道路运输驾驶人从业资格培训、机动车驾驶人培训教练场经营三大类。

普通机动车驾驶人培训根据培训能力分为一级普通机动车驾驶人培训、二级普通机动车驾驶人培训和三级普通机动车驾驶人培训三类。

道路运输驾驶人从业资格培训根据培训内容分为道路客货运输驾驶人从业资格培训和危险货物运输驾驶人从业资格培训两类。

获得一级普通机动车驾驶人培训许可的,可以从事3种(含3种)以上相应车型的普通机动车驾驶人培训业务;获得二级普通机动车驾驶人培训许可的,可以从事两种相应车型的普通机动车驾驶人培训业务;获得三级普通机动车驾驶人培训许可的,只能从事一种相应车型的普通机动车驾驶人培训业务。

获得道路客货运输驾驶人从业资格培训许可的，可以从事经营性道路旅客运输驾驶人、经营性道路货物运输驾驶人的从业资格培训业务；获得危险货物运输驾驶人从业资格培训许可的，可以从事道路危险货物运输驾驶人的从业资格培训业务。

获得道路运输驾驶人从业资格培训许可的，还可以从事相应车型的普通机动车驾驶人培训业务。

获得机动车驾驶人培训教练场经营许可的，可以从事机动车驾驶人培训教练场经营业务。

申请从事普通机动车驾驶人培训业务的，应当符合下列条件：

(1)有健全的培训机构。包括教学、教练员、学员、质量、安全、结业考试和设施设备管理等组织机构，并明确负责人、管理人员、教练员和其他人员的岗位职责。

(2)有健全的管理制度。包括安全管理制度、教练员管理制度、学员管理制度、培训质量管理制度、结业考试制度、教学车辆管理制度、教学设施设备管理制度、教练场地管理制度、档案管理制度等。

(3)有与培训业务相适应的教学人员。有与培训业务相适应的理论教练员。理论教练员应当持有机动车驾驶证，年龄不超过60周岁，具有汽车及相关专业中专以上学历或者汽车及相关专业中级以上技术职称，具有两年以上安全驾驶经历，熟练掌握道路交通安全法规、驾驶理论、机动车构造、交通安全心理学、常用伤员急救等安全驾驶知识，了解教育学、教育心理学的基本教学知识，具备编写教案、规范讲解的授课能力。理论教练员总数的80%应当经全国统一考试合格，持有《中华人民共和国机动车驾驶培训教练员证》。

有与培训业务相适应的驾驶操作教练员。驾驶操作教练员应当持有相应的机动车驾驶证，年龄不超过60周岁，具有汽车及相关专业中专或者高中以上学历，符合一定的安全驾驶经历和相应车型驾驶经历，熟练掌握道路交通安全法规、驾驶理论、机动车构造、交通安全心理学和应急驾驶的基本知识，熟悉车辆维护和常见故障诊断、车辆环保和节约能源的有关知识，具备驾驶要领讲解、驾驶动作示范、指导驾驶的教学能力。驾驶操作教练员总数的90%应当经全国统一考试合格，持有《教练员证》。

所配备的理论教练员数量应当不少于教学车辆总数的10%；每种车型所配备的相应驾驶操作教练员应当不少于该种车型车辆总数的110%。

(4)有与培训业务相适应的管理人员。管理人员包括理论教学负责人、驾驶操作训练负责人、教学车辆管理人员、结业考核人员和计算机管理人员。

(5)有必要的教学车辆。所配备的教学车辆应当符合国家有关技术标准要求，并装有副后视镜、副制动踏板、灭火器及其他安全防护装置。

从事一级普通机动车驾驶人培训的，应当配备大型客车、通用货车半挂车（牵引车）、城市公交车、中型客车、大型货车、小型汽车（含小型自动挡汽车）、低速汽车（含低速载货汽车、三轮汽车）、摩托车（含普通三轮摩托车、普通二轮摩托车、轻便摩托车）、其他车型（含轮式自行机械车、无轨电车、有轨电车）等9类车型中3种（含3种）以上的车型，所配备的教学车辆不少于50辆，且每种车型的教学车辆不少于5辆；

从事二级普通机动车驾驶人培训的，应当配备上述9类车型中的两种车型，所配备的教学车辆不少于20辆，且每种车型的教学车辆不少于5辆；

从事三级普通机动车驾驶人培训的，应当配备上述9类车型中的1种车型，且所配备的教学车辆不少于10辆。

(6)有必要的教学设施、设备和场地。

2. 从事道路运输驾驶人从业资格培训业务的条件

申请从事道路运输驾驶人从业资格培训业务的，必须具备以下条件：

(1)具备相应车型的普通机动车驾驶人培训资格。

从事道路客货运输驾驶人从业资格培训业务的，应当同时具备大型客车、城市公交车、中型客车、小型汽车（含小型自动挡汽车）等四种车型中至少一种车型的普通机动车驾驶人培训资格和通用货车半挂车（牵引车）、大型货车等两种车型中至少一种车型的普通机动车驾驶人培训资格。

从事危险货物运输驾驶人从业资格培训业务的，应当具备通用货车半挂车（牵引车）、大型货车等两种车型中至少一种车型的普通机动车驾驶人培训资格。

(2)有与培训业务相适应的教学人员。

从事道路客货运输驾驶人从业资格培训业务的，应当配备2名以上教练员。教练员应当具有汽车及相关专业大专以上学历或者汽车及相关专业高级以上技术职称，熟悉道路旅客运输法规、货物运输法规以及机动车维修、货物装卸保管和旅客急救等相关知识，具备相应的授课能力，具有2年以上从事普通机动车驾驶人培训的教学经历，且近2年无不良的教学记录。教练员总数的90%应当经全国统一考试合格，持有《教练员证》。

从事危险货物运输驾驶人从业资格培训业务的，应当配备2名以上教练员。教练员应当具有化工及相关专业大专以上学历或者化工及相关专业高级以上技术职称，熟悉危险货物运输法规、危险化学品特性、包装容器使用方法、职业安全防护和应急救援等知识，具备相应的授课能力，具有2年以上化工及相关专业的教学经历，且近2年无不良的教学记录。教练员总数的90%应当经全国统一考试合格，持有《教练员证》。

(3)有必要的教学设施、设备和场地。

从事道路客货运输驾驶人从业资格培训业务的，应当配备相应的机动车构造、机动车维护、常见故障诊断和排除、货物装卸保管、医学救护、消防器材等教学设施、设备和专用场地。

从事危险货物运输驾驶人从业资格培训业务的，还应当同时配备常见危险化学品样本、包装容器、教学挂图、危险化学品实验室等设施、设备和专用场地。

3. 申请从事机动车驾驶人培训教练场经营业务应当具备的条件

(1)有与经营业务相适应的教练场地。

(2)有与经营业务相适应的场地设施、设备，办公、教学、生活设施以及维护服务设施。具体要求按照行业标准《机动车教练场技术要求》(JT/T 434)相关条款的规定执行。

(3)具备相应的安全条件。包括场地封闭设施、训练区隔离设施、安全通道以及消防设施、设备等。

(4)有相应的管理人员。包括教练场安全负责人、档案管理人员以及场地设施、设备管理人员。

(5)有健全的安全管理制度。包括安全检查制度、安全责任制度、教学车辆安全管理制度以及突发事件应急预案等。

申请从事机动车驾驶人培训业务的，应当向所在地县级道路运输管理机构提出申请，并提交相关材料。

三、机动车驾驶人培训申请受理的时限及许可证的时效

1. 机动车驾驶人培训业务申请受理的时限

道路运输管理机构对机动车驾驶人培训业务申请予以受理的，应当自受理申请之日起 15 日内审查完毕，作出许可或者不予许可的决定。对符合法定条件的，道路运输管理机构作出准予行政许可的决定，向申请人出具《交通行政许可决定书》，并在 10 日内向被许可人颁发机动车驾驶人培训许可证件，明确许可事项；对

不符合法定条件的，道路运输管理机构作出不予许可的决定，向申请人出具《不予交通行政许可决定书》，说明理由，并告知申请人享有依法申请行政复议或者提起行政诉讼的权利。

2. 机动车驾驶人培训许可的时效

机动车驾驶人培训许可证件实行有效期制。从事普通机动车驾驶人培训业务和机动车驾驶人培训教练场经营业务的证件有效期为6年；从事道路运输驾驶人从业资格培训业务的证件有效期为4年。

机动车驾驶人培训机构需要终止经营的，应当在终止经营前30日到原作出许可决定的道路运输管理机构办理行政许可注销手续。

四、机动车驾驶人培训机构的教练员管理

机动车驾驶培训教练员资格实行全国统一考试制度。考试每年举行两次。机动车驾驶培训教练员资格全国统一考试由省级道路运输管理机构按照交通部制定的考试大纲、考试题库、考核标准、考试工作规范和程序组织实施。

教练员从事教学活动时，应当随身携带《教练员证》，不得转让、转借《教练员证》。在道路上学习驾驶时，随车指导的教练员应当持有相应的《教练员证》。

机动车驾驶人培训机构应当加强对教练员的职业道德教育和驾驶新知识、新技术的再教育，对教练员每年进行至少一周的脱岗培训，提高教练员的职业素质。

机动车驾驶人培训机构要加强对教练员教学情况的监督检查，定期对教练员的教学水平和职业道德进行评议，公布教练员的教学质量排行情况，督促教练员提高教学质量。

省级道路运输管理机构要对机动车驾驶培训教练员实行教学质量信誉考核制度。机动车驾驶培训教练员教学质量信誉考核内容应当包括教练员的基本情况、教学业绩、教学质量排行情况、参

加再教育情况、不良记录等。

省级道路运输管理机构应当建立教练员档案,使用统一的数据库和管理软件,实行计算机联网管理,并依法向社会公开教练员信息。机动车驾驶培训教练员教学质量信誉考核结果是教练员档案的重要组成部分。

五、机动车驾驶人培训经营管理

机动车驾驶人培训经营管理,是指对机动车驾驶人培训企业的培训经营与教学管理活动进行规范管理和检查督导的行政执法活动。其主要管理内容为:

(1)机动车驾驶人培训机构要按照经批准的行政许可事项开展培训业务,并将机动车驾驶人培训许可证件悬挂在经营场所的醒目位置,公示其经营类别、培训范围、收费项目、收费标准、教练员、教学场地等情况。

(2)机动车驾驶人培训机构应当在注册地开展培训业务,不得采取异地培训、恶意压价、欺骗学员等不正当手段开展经营活动,不得允许社会车辆以其名义开展机动车驾驶人培训经营活动。

(3)机动车驾驶人培训实行学时制,按照学时合理收取费用。机动车驾驶人培训机构应当将学时收费标准报所在地道路运输管理机构备案。对每个学员理论培训时间每天不得超过 6 个学时,实际操作培训时间每天不得超过 4 个学时。建立学时预约制度,并向社会公布联系电话和预约方式。

(4)机动车驾驶人培训机构应当按照全国统一的教学大纲进行培训。培训结束时,应当向结业人员颁发《机动车驾驶人培训结业证书》第 39 条机动车驾驶人培训机构应当使用符合标准并取得牌证、具有统一标识的教学车辆。

(5)机动车驾驶人培训机构应当按照国家的有关规定对教学

车辆进行定期维护和检测,保持教学车辆性能完好,满足教学和安全行车的要求,并按照国家有关规定及时更新。禁止使用报废的、检测不合格的和其他不符合国家规定的车辆从事机动车驾驶人培训业务。不得随意改变教学车辆的用途。

(6)机动车驾驶人培训机构要建立教学车辆档案。教学车辆档案主要内容包括:车辆基本情况、维护和检测情况、技术等级记录、行驶里程记录等。教学车辆档案应当保存至车辆报废后1年。

(7)机动车驾驶人培训机构在道路上进行培训活动,应当遵守公安交通管理部门指定的路线和时间,并在教练员随车指导下进行,与教学无关的人员不得乘坐教学车辆。

(8)机动车驾驶人培训机构应当按照有关规定向县级以上道路运输管理机构报送《培训记录》以及有关统计资料。《培训记录》应当经获得相应《教练员证》的教练员审核签字。道路运输管理机构应当根据机动车驾驶人培训机构执行教学大纲、颁发《结业证书》等情况,对《培训记录》及统计资料进行严格审查。

省级道路运输管理机构通过建立机动车驾驶人培训机构质量信誉考评体系,制定机动车驾驶人培训监督管理的量化考核标准,定期向社会公布对机动车驾驶人培训机构的考核结果。机动车驾驶人培训机构质量信誉考评主要包括培训机构的基本情况、教学大纲执行情况、《结业证书》发放情况、《培训记录》填写情况、教练员的质量信誉考核结果、培训业绩、考试情况、不良记录等内容。

六、机动车驾驶人培训的监督检查

对机动车培训机构的监督检查是保证机动车培训机构提高教学质量,完善培训硬件,优化培训管理水平的有效手段。各级道路运输管理机构通过积极运用信息化技术手段,科学加强对机动车驾驶人培训经营活动的监督检查,有力地保证了机动车驾驶学员的权益。

但是,道路运输管理机构的工作人员应当严格按照职责权限和程序进行监督检查,不得滥用职权、徇私舞弊,不得乱收费、乱罚款,不得妨碍培训机构的正常工作秩序。机动车驾驶人培训检查的主要内容是:

道路运输管理机构实施现场监督检查,应当指派2名以上执法人员参加。执法人员应当向当事人出示交通部监制的交通行政执法证件。执法人员实施现场监督检查,可以行使下列职权:

(1)询问教练员、学员以及其他相关人员,并可以要求被询问人提供与违法行为有关的证明材料;

(2)查阅、复制与违法行为有关的《教学日志》、《培训记录》及其他资料;核对与违法行为有关的技术资料;

(3)在违法行为发现场所进行摄影、摄像取证;

(4)检查与违法行为有关的教学车辆和教学设施、设备。

执法人员要如实记录检查情况和处理结果,并按照规定归档。当事人有权查阅监督检查记录。

机动车驾驶人培训机构在许可机关管辖区域外违法从事培训活动的,违法行为发生地的道路运输管理机构应当依法对其予以处罚,同时将违法事实、处罚结果抄送许可机关。

机动车驾驶人培训机构、管理人员、教练员、学员以及其他相关人员应当积极配合执法人员的监督检查工作,如实反映情况,提供有关资料。

七、法律责任

法律责任:是指有关机构或个人未经许可擅自从事机动车驾驶人培训业务或违反有关法律法规或规定从事机动车驾驶人培训的所应承担的后果和法律责任。

未经许可擅自从事机动车驾驶人培训业务,有下列情形之一的，由县级以上道路运输管理机构责令停止经营；有违法所得的，没收违法所得，并处违法所得2倍以上10倍以下的罚款；没有违法所得或者违法所得不足1万元的，处2万元以上5万元以下的罚款；构成犯罪的，依法追究刑事责任：

(1)未取得机动车驾驶人培训许可证件，非法从事机动车驾驶人培训业务的；

(2)使用无效、伪造、变造、被注销的机动车驾驶人培训许可证件，非法从事机动车驾驶人培训业务的；

(3)超越许可事项，非法从事机动车驾驶人培训业务的。

机动车驾驶人培训机构非法转让、出租机动车驾驶人培训许可证件的，由县级以上道路运输管理机构责令停止违法行为，收缴有关证件，处2000元以上1万元以下的罚款；有违法所得的，没收违法所得。

机动车驾驶人培训机构不严格按照规定进行培训或者在培训结业证书发放时弄虚作假，由县级以上道路运输管理机构责令改正；拒不改正的，由原许可机关吊销其经营许可。

第四节　道路交通安全违法行为记分制度

一、道路交通安全违法行为记分制度概述

机动车驾驶人道路交通安全违法行为是指机动车驾驶人违反我国道路交通管理的有关法律法规与相关规定，从而造成一定后果或未造成一定后果的违法行为。

根据《道路交通安全法》、《道路交通安全法实施条例》、《机动车驾驶证申领和使用规定》(公安部第139号令)及其附件2《道路交通安全违法行为记分分值》规定，由公安机关交通管理部门对机动车驾驶人实施道路交通违法行为记分管理。该项制度制定和实

施是为了有效维护道路交通秩序,增强机动车驾驶人遵守交通法规的意识,减少道路交通违法行为,从而有效地预防道路交通的事故发生。该制度不仅作出了对违反交通法规的机动车驾驶人予以记分和考试等处理规定,对模范遵守交通法规的机动车驾驶人予以适当奖励。

二、机动车驾驶人道路交通违法行为记分分值具体规定

机动车驾驶人道路交通违法行为一次记分的分值,依据违法行为的严重程度,可分为 12 分、6 分、3 分、2 分、1 分五种。

1. 机动车驾驶人有下列违法行为之一,一次记 12 分:

(1)驾驶与准驾车型不符的机动车的;

(2)饮酒后驾驶机动车的;

(3)驾驶营运客车(不包括公共汽车)、校车载人超过核定人数 20% 以上的;

(4)造成交通事故后逃逸,尚不构成犯罪的;

(5)上道路行驶的机动车未悬挂机动车号牌的,或者故意遮挡、污损、不按规定安装机动车号牌的;

(6)使用伪造、变造的机动车号牌、行驶证、驾驶证、校车标牌或者使用其他机动车号牌、行驶证的;

(7)驾驶机动车在高速公路上倒车、逆行、穿越中央分隔带掉头的;

(8)驾驶营运客车在高速公路车道内停车的;

(9)驾驶中型以上载客载货汽车、校车、危险物品运输车辆在高速公路、城市快速路上行驶超过规定时速 20% 以上或者在高速公路、城市快速路以外的道路上行驶超过规定时速 50% 以上,以及驾驶其他机动车行驶超过规定时速 50% 以上的;

(10)连续驾驶中型以上载客汽车、危险物品运输车辆超过 4

小时未停车休息或者停车休息时间少于20分钟的；

(11)未取得校车驾驶资格驾驶校车的。

2.机动车驾驶人有下列违法行为之一，一次记6分：

(1)机动车驾驶证被暂扣期间驾驶机动车的；

(2)驾驶机动车违反道路交通信号灯通行的；

(3)驾驶营运客车(不包括公共汽车)、校车载人超过核定人数未达20%的，或者驾驶其他载客汽车载人超过核定人数20%以上的；

(4)驾驶中型以上载客载货汽车、校车、危险物品运输车辆在高速公路、城市快速路上行驶超过规定时速未达20%的；

(5)驾驶中型以上载客载货汽车、校车、危险物品运输车辆在高速公路、城市快速路以外的道路上行驶或者驾驶其他机动车行驶超过规定时速20%以上未达到50%的；

(6)驾驶货车载物超过核定载质量30%以上或者违反规定载客的；

(7)驾驶营运客车以外的机动车在高速公路车道内停车的；

(8)驾驶机动车在高速公路或者城市快速路上违法占用应急车道行驶的；

(9)低能见度气象条件下，驾驶机动车在高速公路上不按规定行驶的；

(10)驾驶机动车运载超限的不可解体的物品，未按指定的时间、路线、速度行驶或者未悬挂明显标志的；

(11)驾驶机动车载运爆炸物品、易燃易爆化学物品以及剧毒、放射性等危险物品，未按指定的时间、路线、速度行驶或者未悬挂警示标志并采取必要的安全措施的；

(12)以隐瞒、欺骗手段补领机动车驾驶证的；

(13)连续驾驶中型以上载客汽车、危险物品运输车辆以外的机动车超过4小时未停车休息或者停车休息时间少于20分钟的；

(14)驾驶机动车不按照规定避让校车的。

3. 机动车驾驶人有下列违法行为之一，一次记3分：

(1)驾驶营运客车(不包括公共汽车)、校车以外的载客汽车载人超过核定人数未达20%的；

(2)驾驶中型以上载客载货汽车、危险物品运输车辆在高速公路、城市快速路以外的道路上行驶或者驾驶其他机动车行驶超过规定时速未达20%的；

(3)驾驶货车载物超过核定载质量未达30%的；

(4)驾驶机动车在高速公路上行驶低于规定最低时速的；

(5)驾驶禁止驶入高速公路的机动车驶入高速公路的；

(6)驾驶机动车在高速公路或者城市快速路上不按规定车道行驶的；

(7)驾驶机动车行经人行横道，不按规定减速、停车、避让行人的；

(8)驾驶机动车违反禁令标志、禁止 标线指示的；

(9)驾驶机动车不按规定超车、让行的，或者逆向行驶的；

(10)驾驶机动车违反规定牵引挂车的；

(11)在道路上车辆发生故障、事故停车后，不按规定使用灯光和设置警告标志的；

(12)上道路行驶的机动车未按规定定期进行安全技术检验的。

4. 机动车驾驶人有下列违法行为之一，一次记2分：

(1)驾驶机动车行经交叉路口不按规定行车或者停车的；

(2)驾驶机动车有拨打、接听手持电话等妨碍安全驾驶的行为的；

(3)驾驶二轮摩托车，不戴安全头盔的；

(4)驾驶机动车在高速公路或者城市快速路上行驶时,驾驶人未按规定系安全带的;

(5)驾驶机动车遇前方机动车停车排队或者缓慢行驶时,借道超车或者占用对面车道、穿插等候车辆的;

(6)不按照规定为校车配备安全设备,或者不按照规定对校车进行安全维护的;

(7)驾驶校车运载学生,不按照规定放置校车标牌、开启校车标志灯,或者不按照经审核确定的线路行驶的;

(8)校车上下学生,不按照规定在校车停靠站点停靠的;

(9)校车未运载学生上道路行驶,使用校车标牌、校车标志灯和停车指示标志的;

(10)驾驶校车上道路行驶前,未对校车车况是否符合安全技术要求进行检查,或者驾驶存在安全隐患的校车上道路行驶的;

(11)在校车载有学生时给车辆加油,或者在校车发动机引擎熄灭前离开驾驶座位的。

5. 机动车驾驶人有下列违法行为之一,一次记 1 分:

(1)驾驶机动车不按规定使用灯光的;

(2)驾驶机动车不按规定会车的;

(3)驾驶机动车载货长度、宽度、高度超过规定的;

(4)上道路行驶的机动车未放置检验合格标志、保险标志,未随车携带行驶证、机动车驾驶证的。

三、机动车驾驶人道路交通违法行为记分制度的执行

机动车驾驶人道路交通违法行为记分周期为 1 年度,总分 12 分,从机动车驾驶人初次领取机动车驾驶证之日起计算。一个记分周期期满后,记分分值累加未达到 12 分的,该周期内的记分分

值予以消除,不转入下一个记分周期。

道路交通违法行为记分与对机动车驾驶人违法行为进行纠正、处罚或者追究其交通事故行政责任同步执行。对非本地核发机动车驾驶证的驾驶人给予记分的,应当将记分情况转至核发地公安机关交通管理部门。机动车驾驶人一次有两种以上违法行为的,分别计算,累加分值。

公安机关交通管理部门发现机动车驾驶人违法行为记分分值已满 12 分的,滞留其机动车驾驶证正证和副证,考试合格后及时发还。但同时被处以吊扣机动车驾驶证处罚期限未到的,应当在吊扣期满后发还。

机动车驾驶人对道路交通违法行为处罚和交通事故处罚不服,申请行政复议或者提起行政诉讼后,经依法裁决变更或者撤销原处罚决定的,相应记分分值予以变更或者消除。

四、考 试

公安机关交通管理部门对在一个记分周期内记分分值满 12 分的机动车驾驶人进行考试的内容是道路交通安全法规及相关知识和道路驾驶。

记分分值满 12 分的机动车驾驶人经考试合格的, 原记分分值予以消除。考试不合格的,可以申请补考。机动车驾驶人在一个记分周期内被再次记满 12 分的,除须重新参加交通法规与相关知识、道路驾驶考试外,还须增考场地驾驶。

五、奖 励

《道路交通安全法》规定,对遵守道路交通安全法律、法规,在 1 年内无累积记分的机动车驾驶人,可以延长机动车驾驶证的审验期。具体办法由国务院公安部门规定。

思考题

一、简答题

1. 机动车驾驶人道路交通违法行为一次记分的分值，依据违章行为的严重程度，可分为哪几种？

2. 我国对机动车驾驶证的审验主要是哪几个方面？

3. 我国机动车驾驶证的换证有哪些规定？

4. 我国机动车驾驶人驾驶车型的年龄有哪些具体规定？

二、选择题(单项选择)

1. 公安机关交通管理部门对累积记分达到规定分值的机动车驾驶人，扣留驾驶证，对其(　　)。

A. 进行道路交通安全法律、法规教育

B. 予以扣留机动车的处理

C. 予以吊销行驶证的处理

D. 依法进行行政拘留

2. 允许收缴、扣留机动车驾驶证的机构是(　　)。

A. 道路运输管理部门　　B. 公安机关交通管理部门

C. 工商部门　　D. 税务部门

3. 机动车驾驶人初次申领机动车驾驶证后的(　　)为实习期。

A. 3 个月　　B. 6 个月　　C. 12 个月　　D. 24 个月

4. 机动车驾驶证有效期分为(　　)、10 年和长期。

A. 1 年　　B. 2 年　　C. 5 年　　D. 6 年

5. 道路交通安全违法行为累积记分周期为(　　)。

A. 3 个月　　B. 6 个月　　C. 12 个月　　D. 24 个月

三、判断题(正确的在括号内打"✓"、错误的在括号内打"×")

1. 机动车驾驶人不得在患有妨碍安全驾驶的疾病或者过度疲劳的情况下,仍继续驾驶车辆。 (   )

2. 未取得机动车驾驶证或者驾驶证被吊销、暂扣期间驾驶机动车的,将被处相关责任人员1000元罚款。 (   )

3. 公安机关交通管理部门及其交通警察发现机动车有未处理的违法行为记录的,应当按照车辆管理档案中记录的联系方式及时告知机动车所有人和驾驶人。 (   )

四、案例分析

黄×驾驶一辆小货车在浑江路上行驶,由于打电话聊天,没有仔细注意前方的路况,前方一辆出租汽车突然紧急制动,致使自己的货车与出租汽车发生追尾。但出租汽车属于突然紧急制动,且制动灯损坏不能正常显示,请分析:

①在这种情况下出租汽车是否应当承担一定责任?

②你认为应当如何处理这起道路交通事故?

第五章 道路交通事故处理

第一节 道路交通事故处理概述

道路交通事故伴随着道路交通同时产生,是人类社会发展到一定阶段的产物。自1886年德国人卡尔·本茨发明第一辆汽车以来,道路交通事故日益成为全球性危害并受到全社会的关注。100多年间,约2 500多万人死于交通事故,远远高于第一次世界大战的死亡人数1 700万,交通事故成为“无休止的战争”。在当今社会里,交通事故与战争、疾病、自然灾害一样,严重地危害着人类的生命和财产安全,成为现代文明的三大公害(战争、瘟疫、交通事故)之一。

随着社会生产力水平的迅速提高,我国的道路交通运输事业飞速发展。道路交通运输事业的发展也使道路交通事故频发,尤其是1991年后,国内机动车数量急剧增加,驾驶人人数激增,道路里程延长,道路交通事故及死亡人数也持续增长。2007年全国发生道路交通事故327 209起,造成81 649人死亡、380 442人受伤,直接财产损失12亿元。我国已经成为道路交通事故发生频率最高的国家之一，道路交通事故已经成为一个严重的社会问题，它不仅给国家和民众造成了严重的经济损失，给很多家庭带来了痛苦和不幸，影响了社会的安定，而且破坏了正常的交通秩序，使交通运输受到阻碍，影响了国民经济的发展，因此道路交通事故处理在道路交通安全管理中的地位越来越重要。

道路交通事故处理是指公安机关交通管理部门依据道路交通安全法及有关行政法规、规章的规定，对发生的交通事故进行现场勘查、收集证据、认定责任、处罚责任人、对损害赔偿进行调解的过程。道路交通事故处理作为交通管理工作的重要组成部分，是以保护自然人、法人和其他组织的合法权益和国家集体财产不受侵害为目的，依照国家法律、法规来调整人们的道路交通关系，保护遵纪守法者，处罚违法肇事者。正确处理道路交通事故可以加强交通管理，提高人们遵守交通法规、维护交通秩序的自觉性，保障道路交通安全与畅通，促进社会经济的发展。为了规范道路交通事故处理程序，保障公安机关交通管理部门依法履行职责，保护道路交通事故当事人的合法权益，公安部于 2008 年 7 月 11 日制定颁布《道路交通事故处理程序规定》，该规定自 2009 年 1 月 1 日起施行。

一、道路交通事故的概念及构成要件

根据《道路交通安全法》第一百一十九条第 5 款的规定，道路交通事故是指车辆在道路上因过错或者意外造成的人身伤亡或者财产损失的事件。从上述定义可以看出，构成道路交通事故必须具备以下几个条件：

(1)道路交通事故必须是在道路上发生的。我国《道路交通安全法》中所说的道路是指公用道路，包括公路、城市道路和虽然在单位管辖范围但允许社会机动车通行的地方，如广场、公共停车场等用于公众通行的场所。在公用道路上发生的车辆事故可能属于交通事故,而在非公用性质的道路上和其他地点发生的车辆事故则不属于交通事故,这样的道路和地点包括矿区、厂区、林区、农场等单位自建的不通行社会车辆的专用路、乡间小路、田野机耕道以及机关、学校、住宅小区内的甬道等。

(2)道路交通事故限于车辆造成的人身伤亡或者财产损失的事件,这里所说的车辆包括机动车和非机动车,因此,从交通事故的发生形态上,可以分为机动车与机动车、机动车与非机动车、机动车与行人或者乘车人以及非机动车与非机动车、非机动车与行人或乘车人之间发生的事故。

(3)行为人因过错或者意外造成损害。道路交通事故并不以违反道路交通管理法律法规作为构成要件,就算事故不是因为行为人违反法律法规而引起的,而是因为其他意外原因引起的人员伤害和车辆损失,例如是由于地震、台风、山洪、雷击等不可抗拒的自然灾害造成的,也属于交通事故。

(4)道路交通事故必须要有人身伤亡、财产损失的后果,如果既没有人员伤亡,也没有造成财产损失,则不属于交通事故。道路交通事故必须同时具备这四个条件,缺一不可。

二、道路交通事故的管辖与受理

1. 道路交通事故的管辖

处理道路交通事故是公安机关交通管理部门的一项职责,既是权利也是义务。道路交通事故的管辖是指公安机关交通管理部门受理道路交通事故案件的权限分工。《道路交通事故处理程序规定》第二章就事故处理的权限分工作出了明确规定:

(1)道路交通事故由发生地的县级公安机关交通管理部门管辖。未设立县级公安机关交通管理部门的,由设区市公安机关交通管理部门管辖。这是我国在处理交通事故中的区域管辖原则，不论任何单位和个人的车辆，若发生交通事故都应当在发生地进行处理。

(2)道路交通事故发生在两个以上管辖区域的，由事故起始点所在地公安机关交通管理部门管辖。对管辖权有争议的，由共同的上一级公安机关交通管理部门指定管辖。指定管辖前，最先发现或者最先接到报警的公安机关交通管理部门应当先行救助受伤人员，进行现场前期处理。

(3)上级公安机关交通管理部门在必要的时候，可以处理下级公安机关交通管理部门管辖的交通事故，或者指定下级公安机关交通管理部门限时将案件移送其他下级公安机关交通管理部门处理。案件管辖发生转移的，处理时限从移送案件之日起计算。

(4)军队、武警部队人员、车辆发生道路交通事故的，同样按照《道路交通事故处理程序规定》处理。如果需要对现役军人给予行政处罚或者追究刑事责任的，则要将案件移送给军队、武警部队有关部门。

2. 道路交通事故的受理

道路交通事故的受理是指公安机关交通管理部门接受案件并予以处理的行为。公安机关及其交通管理部门接到道路交通事故报警，接警人员应当记录报警方式、报警时间、报警人姓名、联系方式、发生道路交通事故的时间、地点、车辆类型、车辆牌号、是否载有危险物品、人员伤亡等简要情况，电话报警的，还应当记录报警电话。涉嫌交通肇事逃逸的，还应当详细询问并记录肇事车辆的车型、颜色、特征及其逃逸方向、逃逸驾驶人的体貌特征等有关情况。报警人不报姓名的，应当记录在案。报警人不愿意公开姓名的，应当为其保密。

公安机关交通管理部门接到道路交通事故报警或者出警指令

后，应当按照规定立即派交通警察赶赴现场进行现场前期处理。如有人员伤亡，还应迅速救助受伤人员并及时通知急救、医疗、消防等有关部门。然后迅速审查是否属于自己管辖。如不属于自己管辖，应主动与有管辖权的公安机关交通管理部门联系，以便案件能及时交由有管辖权的公安机关交通管理部门处理。发生一次死亡3人以上或者有重大影响的交通事故，应当立即向上一级公安机关交通管理部门报告，并通过所属公安机关报告当地人民政府；涉及营运车辆的，同时通知当地人民政府有关行政管理部门；涉及爆炸物品、易燃易爆化学物品以及毒害性、放射性、腐蚀性、传染病病源体等危险物品的，应当立即通过所属公安机关报告当地人民政府，并通报有关部门及时处理；造成道路、供电、通信等设施损毁的，应当通报有关部门及时处理。在具体实践中，有重大影响的交通事故主要是指造成重要首长、外宾人身伤亡，政治影响恶劣；或者危及副部长级以上干部、外宾、知名人士的安全，政治影响很大的交通事故。为了妥善处理此类事故，上级公安机关交通管理部门应当进行必要的指导，同时，及时将事故信息通报当地政府及各有关部门，以加强工作协作和互动，在各级党委、政府的领导下，积极稳妥地处理事故，消除影响。

当事人未在道路交通事故现场报警，事后请示公安机关交通管理部门处理的，公安机关交通管理部门也应当按照规定记录相关内容，并在3日内作出是否受理的决定。经核查道路交通事故事实存在的，公安机关交通管理部门应当受理，并告知当事人；经核查无法证明道路交通事故事实存在，或者不属于公安机关交通管理部门管辖的，应当书面告知当事人，并说明理由。

对于道路外交通事故，一般不属于公安机关交通管理部门的管辖和职责范围。发生道路外交通事故，通常是由国家有关部门依法进行处理，例如属于车辆、行人与火车发生的交通事故，应由铁路管理部门依照国家有关规定处理；车辆在渡口坠河事故、军队演习中的车辆事故则分别由水运管理部门和军队按照有关规定处理等。但是根据《道路交通安全法》第七十七条及《道路交通安全法实施条例》第九十七条的规定，车辆在道路以外发生交通事故，公安机关交通管理部门接到报案的，不能不管，须按照《道路交通安全法》及《道路交通安全法实施条例》的规定处理，即履行以下职责：

(1)公安机关交通管理部门接到报案后，应当立即派交通警察赶赴现场，救助伤者，并及时通知急救、医疗、消防等有关部门以及主管部门。

(2)勘查现场或协助有关部门勘查现场，收集证据，以确定事故性质。

(3)出具文书。对非道路交通事故，不能进行责任认定，只可以形成公安机关的调查结论，调查结论可对事故进行成因分析，并告知当事人，其损害赔偿应向人民法院提起民事诉讼。在主管部门或人民法院需要有关材料时，按程序向有关部门或法院转递事故有关的材料。

第二节　道路交通事故处理程序

依照法定程序处理道路交通事故是提高道路交通事故处理办案质量的根本保证，程序违法也是一种违法行为，应当承担相应的法律责任。道路交通事故处理程序是指公安机关交通管理部门在依法处理道路交通事故的过程中，由办案人员的处理道路交通事故的方法、形式、步骤、权限、时限和顺序构成的交通事故处理过程。交通事故处理工作离不开交通事故处理程序。根据《道路交通事故处理程序规定》，发生道路交通事故时根据不同情况可以采取自行协商、适用简易程序和适用一般程序进行处理。

一、道路交通事故自行协商处理程序

近年来,我国的道路交通事故每年都呈上升趋势,而交通事故也是造成道路堵塞的重要原因之一,在发生的交通事故中,仅造成轻微财产损失的事故占很大比例,特别是在城区及各主干道上,此类事故比例可高达70%~80%,这就要求对一些情节简单、责任明确、损失轻微的道路交通事故自行协商处理,以减少堵塞,加快道路通行。当事人自行协商处理交通事故就是我们俗称的"私了"。《道路交通安全法》第七十条第2款规定:"在道路上发生交通事故,未造成人员伤亡,当事人对事实及成因无争议的,可以即行撤离现场,恢复交通,自行协商处理损害赔偿事宜;不即行撤离现场的,应迅速报告执勤的交通警察或者公安机关交通管理部门"。第七十条第3款规定:"在道路上发生交通事故,仅造成轻微财产损失,并且基本事实清楚的,当事人应当先撤离现场再进行协商处理。"由此可见,"当事人自行处理交通事故"既是法律赋予交通事故当事人的权利,也是当事人应当履行的义务。在《道路交通安全法》实施以前,法律法规不允许当事人自行处理交通事故,而是必须由公安机关交通管理部门来处理。

2009年1月1日开始实施的《道路交通事故处理程序规定》第13条也明确规定了"自行协商"程序,这一规定为交通事故当事人自主解决自己事情提供了法律上的支持和依据。根据《道路交通事故处理程序规定》规定,机动车与机动车、机动车与非机动车发生财产损失事故,当事人对事实及成因无争议的,可自行协商处理损害赔偿事宜。自行协商时,车辆可移动的,当事人应当在确保安全的原则下对现场拍照或标划事故车辆现场位置后,立即撤离现场,将车辆移至不妨碍交通的地点。非机动车与非机动车或行人发生财产损失事故,基本事实及成因清楚的,当事人应当先撤离现场。对应当自行撤离现场而未撤离的,交通警察应当责令当事人撤离现场;造成交通堵塞的,对驾驶人处以200元罚款。允许当事人自行协商是为提高道路交通事故处理效率,减少因道路交通事故造成的交通拥堵和延误。

当事人自行协商达成协议的,填写道路交通事故损害赔偿协议书,并共同签名。损害赔偿协议书内容包括事故发生的时间、地点、天气、当事人姓名、机动车驾驶证号、联系方式、机动车种类和号牌、保险凭证号、事故形态、碰撞部位、赔偿责任等内容。

二、道路交通事故处理简易程序

道路交通事故的简易处理程序是指公安机关交通管理部门对发生了财产损失但没有交通肇事犯罪嫌疑的交通事故或者仅造成人员轻微伤害的交通事故,办案人员在现场处理完结的交通事故处理程序。对一些对案情简单,因果关系明确,当事人争议不大的轻微和一般道路交通事故适用简易处理程序,这是为了适应我国道路交通发展的需要,在道路交通事故处理体制上进行的重大改革。实行交通事故快速处理,从接警、出警直到事故认定等都可以当场完成,简化了处理事故的各种烦琐手续,节省了当事人的精力和时间,极大地方便了人民群众。

简易程序与一般程序相比,具有事故处理速度快,效率高且可以由一名符合条件的交通警察处理的特点。根据《道路交通事故处理程序规定》,可以适用这种简易处理程序的情形有以下两类:

(1)仅造成人员轻微伤害的道路交通事故。

(2)有以下情形的财产损失事故,但有交通肇事犯罪嫌疑的除外:①发生财产损失事故,当事人对事实或者成因有争议的,以及虽然对事实或者成因无争议,但协商损害赔偿未达成协议的;②机动车无号牌、无检验合格标志、无保险标志的;③载运爆炸物品、易燃易爆化学物品以及毒害性、放射性、腐蚀性、传染病病源体等危险物品车辆的;④碰撞建筑物、公共设施或者其他设施的;⑤驾驶人无有效机动车驾驶证的;⑥驾驶人有饮酒、服用国家管制的精神药品或者麻醉药品嫌疑的;⑦当事人不能自行移动车辆的。这些情形中有些属于严重违反交通安全法的违法行为,并且这些违法行为中有些还可能与刑事案件存在联系,尽管事故没有造成人身伤亡和大的财产损失,但也不能姑息迁就。

另外当事人对事实或者成因有争议的,也不能适用自行协商程序处理。这是因为,当事人对事故的基本事实尚存有争议,如果一旦离开事故现场,证据灭失,就很难再对事故的成因做出正确的认定,从而也就很难分清各方当事人的责任,这会给损害赔偿的调解或者人民法院的诉讼带来不利的影响。

《道路交通事故处理程序规定》第16条规定,交通警察适用简易程序处理道路交通事故时,应当在固定现场证据后,责令当事人撤离现场,恢复交通。拒不撤离现场的,予以强制撤离;对当事人不能自行移动车辆的,交通警察应当将车辆移至不妨碍交通的地点。如果驾驶人无有效机动车驾驶证或者驾驶人有饮酒、服用国家管制的精神药品或者麻醉药品嫌疑,并且无其他机动车驾驶人即时替代驾驶的,公安机关交通管理部门可以将其驾驶的机动车移至不妨碍交通的地点或者有关部门指定的地点停放。

撤离现场后,交通警察应当根据现场固定的证据和当事人、证人叙述等,认定并记录道路交通事故发生的时间、地点、天气、当事人姓名、机动车驾驶证号、联系方式、机动车种类和号牌、保险凭证号、交通事故形态、碰撞部位等,并根据当事人的行为对发生道路交通事故所起的作用以及过错的严重程度,确定当事人的责任,制作道路交通事故认定书,由当事人签名。

适用简易处理程序，如果当事人共同请求调解的，交通警察应当当场进行调解，并在事故认定书上记录调解结果，由当事人签名后，当场送达当事人。同时，《道路交通事故处理程序规定》第18条的规定，有下列情形之一的，交通警察不适用调解，可以在事故认定书上载明有关情况后，将事故认定书交付当事人：

a. 当事人对道路交通事故认定有异议的；

b. 当事人拒绝在道路交通事故认定书上签名的；

c. 当事人不同意调解的。

三、交通事故一般处理程序

交通事故的一般处理程序是指除法律特别规定应当适用简易程序以外，公安机关交通管理部门处理交通事故时通常所适用的程序。根据《道路交通事故处理程序规定》规定，公安机关交通管理部门应当对造成人员死亡、重伤、轻伤的道路交通事故或有交通肇事犯罪嫌疑的财产损失交通事故按照一般处理程序进行处理。

公安机关交通管理部门对道路交通事故进行调查时，交通警察不得少于2人。交通警察调查时应当向被调查人员表明执法身份，告知被调查人依法享有的权利和义务，向当事人发送联系卡。联系卡载明交通警察姓名、办公地址、联系方式、监督电话等内容。

交通事故一般处理程序主要包括以下环节和步骤：

1. 受理

受理是指公安机关交通管理部门接受案件并予以处理。公安机关交通管理部门对当事人、目击者以及其他人员报告的交通事故案件均应接受，做好必要的报案记录，属于自己管辖范围的应立即开展调查，不属于自己管辖的，应主动移送主管部门，并通知当事人。

2. 立案

立案是交通事故调查处理的第一步，也是确定损害性质的关键性工作。经现场调查,属于交通事故,不适用简易程序的,填写《交通事故立案登记表》予以立案。对经过调查,不属于道路交通事故的,书面通知当事人,并将案件移送有关部门或者告知当事人处理途径。

3. 调查(侦查)取证

调查包括现场处理、现场勘查、讯问当事人、询问证人、收集物证、对痕迹、物证、人体损伤、尸体等进行技术检验、鉴定等。对于治安性质的交通事故,由公安机关交通管理部门进行调查;对刑事性质的交通事故,适用《中华人民共和国刑事诉讼法》的规定,可对案件实施侦查。

4. 责任认定

公安交通管理部门通过调查取证,在事实清楚、证据确实充分的基础上,对当事人应负的交通事故责任进行认定,对不应负的法律责任也作出认定。

5. 处罚

对当事人负有交通事故责任,尚不够刑事处罚的,公安交通管理机关按照其事故类别和所负责任大小,依法作出交通管理行政处罚决定,并执行处罚。

6. 损害赔偿调解

道路交通事故当事人一致请求公安机关交通管理部门调解损害赔偿的,由交通事故处理人员依法对当事人之间的事故损害赔偿进行调解。根据《道路交通事故处理程序规定》,当事人达成调解协议的,制作道路交通事故损害赔偿调解书;在规定时限内未达成调解协议的,制作道路交通事故损害赔偿调解终结书,道路交通事故损害赔偿调解终结书应当载明未达成协议的原因。当事人无正当理由不参加调解或者调解过程中放弃的,公安机关交通管理部门应当终止调解。有关损害赔偿调解的具体规定我们将在本章

第五节中作详细介绍。

第三节 道路交通事故现场处理

道路交通事故现场是指发生道路交通事故后，与事故有关的道路、车辆、物体、人员、牲畜以及各种物证等所组成的空间范畴。道路交通事故现场的客观存在，是判定事故发生过程的依据，它对分析事故原因，认定事故责任，进而依法正确处理道路交通事故，都具有十分重要的意义。道路交通事故现场处理是指道路交通事故当事人或者事故办案人员在事故发生后、认定事故责任以前对事故现场采取的一系列处理措施。道路交通事故现场处理得如何，直接关系到道路交通事故能否正确处理。根据《道路交通安全法》的规定，现场处理分为当事人现场处理和公安机关交通管理部门现场处理两种情况。

一、道路交通事故当事人的现场处理责任

道路交通事故现场存在着大量的事故痕迹和物证，是公安机关交通管理部门勘验现场、分析原因、认定责任和处理事故的关键所在，如果道路交通事故现场没有得到很好的保护，一旦受到人为或者自然因素的破坏，就很难复原，也会给现场勘验带来困难，并可能影响到道路交通事故的准确处理。所以《道路交通安全法》对发生道路交通事故后当事人的现场义务以及无人身伤亡事故和轻微财产损失事故当事人的现场处理措施作出了规定。

《道路交通安全法》第七十条第1款规定，在道路上发生道路交通事故，车辆驾驶人必须立即停车，保护现场；造成人员伤亡的，车辆驾驶人应当立即抢救受伤人员，并迅速报告执勤的交通警察或者公安机关交通管理部门。因抢救受伤人员变动现场的，应当

标明位置。乘车人、过往车辆驾驶人、过往行人应当予以协助。这一规定针对的是发生道路交通事故的所有车辆驾驶人，不论是有人身伤亡的事故，还是单纯财产损失的事故，发生道路交通事故的车辆驾驶人首先应当立即停车，并保护现场，对受伤人员进行抢救。车辆驾驶人一旦发现或者怀疑自己发生了道路交通事故，就应该立即采取紧急制动措施，把车停下来，并保持发生道路交通事故时现场的原始状态，保持现场的连续性。停车后应按有关规定，拉紧手制动，切断电源，开启危险信号灯，夜间还需开示宽灯、尾灯。车辆驾驶人下车后应首先查看现场，确认事故是否已经发生，受害人和有关车辆、物品的损害情况，待确认后应在车后设置警告标志。设置警告标志一方面可以保护现场，另一方面，也可以避免新的危险发生，这一措施对高等级道路发生的道路交通事故尤其重要。如果当事人主观认为事故与己无关，擅自驶离现场或者明知发生了事故，仍故意逃避责任，驾车逃跑，这类当事人除应对道路交通事故承担事实责任外，还应承担因情节恶劣或逃跑导致的其他后果的法律责任，对其处罚也会因此加重。

车辆驾驶人停车确认事故发生后，应当立即采取措施对现场的范围、车辆行驶轨迹、制动痕迹、其他物品形成的痕迹、散落物、血迹等痕迹、物品进行保护，以免受到过往车辆、人员及自然条件的破坏，影响道路交通事故的进一步调查处理。如果当事人故意移动现场的车辆和物体或者故意仿造现场，就必须对此引起的后果负全部责任。因此，作为驾驶人的一方，在事故发生后，在自己未受到太大伤害时，一定要想办法保护住现场不被破坏，乘车人、过往车辆驾驶人、过往行人也有责任和义务予以协助和保护好现场。发生道路交通事故后，驾驶人必须在确保安全的原则下，立即组织车上人员疏散到路外安全地点，避免发生次生事故。驾驶人已因道路交通事故死亡或者受伤无法行动的，车上其他人员应当自行组织疏散。

对造成人身伤亡的,车辆驾驶人应当根据情况,立即采取相应的抢救措施,抢救受伤人员。伤者如果得不到及时抢救,轻伤有可能转为重伤,重伤则可能会导致死亡,因此,作为当事人一定要尽快抢救伤者,不得无故拖延时间。研究证明,抢救受伤人员的黄金时间是伤后30分钟,而发生事故后能够在30分钟内开展抢救工作的往往不是医务人员,而是车辆驾驶人、乘车人和过往的车辆驾驶人、乘车人、行人、现场目击人员等。车辆驾驶人是最先发现受伤人员的人,也是最有条件采取措施抢救受伤人员的人。车辆驾驶人在考领驾驶证时就已经接受过救护知识培训,在抢救受伤人员时应当按照医疗救护科学知识进行救护,以免加重受伤人员的损伤。对消极抢救受伤人员或者不抢救受伤人员的车辆驾驶人,应当承担相应的法律责任。对抢救受伤人员需要移动现场物品、人体躺卧位置,或者需要使用事故车辆运送受伤人员等而变动现场的,应当采取措施,明显、准确、有效标明原物品、人体、车辆等的位置和相互关系。如果因抢救受伤人员而未有效标明位置和相互关系的,驾驶人应当承担由此产生不良后果的责任。

车辆驾驶人在停车保护现场、抢救受伤人员的同时,还应当及时将事故发生的时间、地点、肇事车辆及伤亡情况用电话向交通警察或者公安机关交通管理部门报告,在警察到来之前不得随便离开现场。迅速报告一方面可以使交通警察或者公安机关交通管理部门及时了解情况,迅速勘查道路交通事故现场,尽快恢复交通;另一方面对伤亡较大的现场,也可以迅速组织相关人员对现场进行抢救,减轻伤亡和财产损失。车辆驾驶人可以自己向交通警察或者公安机关交通管理部门报告,也可以委托现场目击者、车上乘客、司乘人员、过往车辆驾驶人、过往行人等向交通警察或者公安机关交通管理部门报告。在保护现场、抢救受伤人员过程中,车上乘客、司乘人员、过往车辆驾驶人、过往行人等应当积极协助车辆驾驶人,参与现场保护和抢救受伤人员,包括维护现场秩序、救护伤员、协助报案等。

《道路交通安全法》第七十条第2款规定,在道路上发生道路交通事故,未造成人身伤亡,当事人对事实及成因无争议的,可以即行撤离现场,恢复交通,自行协商处理损害赔偿事宜;不即行撤离现场的,应当迅速报告执勤的交通警察或者公安机关交通管理部门。这一规定赋予了当事人自行决定撤离道路交通事故现场、自行协商处理损害赔偿的权利。对无人身伤亡的道路交通事故,当事人对事故的事实及造成事故的成因无争议的,当事人可以自己决定立即撤离现场,离开道路或者将车辆移至不妨碍交通的地方,先行恢复道路交通,然后再自行协商处理损害赔偿有关事宜。对不愿自行撤离现场的,才由交通警察予以处理。另外《道路交通事故处理程序规定》也对应当报警的道路交通事故作了具体规定,有下列情形之一的,当事人应当保护现场并立即报警:

(1)造成人员死亡、受伤的。

(2)发生财产损失事故,当事人对事实或者成因有争议的,以及虽然对事实或者成因无争议,但协商损害赔偿未达成协议的。

(3)机动车无号牌、无检验合格标志、无保险标志的。

(4)载运爆炸物品、易燃易爆化学物品以及毒害性、放射性、腐蚀性、传染病病源体等危险物品车辆的。

(5)碰撞建筑物、公共设施或者其他设施的。

(6)驾驶人无有效机动车驾驶证的。

(7)驾驶人有饮酒、服用国家管制的精神药品或者麻醉药品嫌疑的。

(8)当事人不能自行移动车辆的。发生财产损失事故,并具有上述第2项至第5项情形之一,车辆可以移动的,当事人可以在报警后，在确保安全的原则下对现场拍照或者标画停车位置，将车辆移至不妨碍交通的地点等候处理。

《道路交通安全法》第七十条第3款规定，在道路上发生道路交通事故，仅造成轻微财产损失，并且基本事实清楚的，当事人应当先撤离现场再进行协商处理。根据这一规定对道路交通事故仅造成轻微财产损失，发生事故的车辆、车辆驾驶人、损坏部位等均明确的，当事人必须首先撤离现场，离开道路或者将车辆移至不妨碍交通的地方，再协商处理损害赔偿事宜。如果当事人不履行这一义务，将承担由此引起不良后果的法律责任。

二、公安机关交通管理部门的现场处理责任

前面我们介绍了道路交通事故当事人在事故发生后应当履行的义务，即当事人应当按照《道路交通安全法》的规定保护现场，抢救受伤人员，并迅速报告执勤的交通警察或者公安机关交通管理部门。根据《道路交通安全法》第七十二条第1款的规定，公安机关交通管理部门在接到道路交通事故报警后应当及时派交通警察到达道路交通事故现场。这是公安机关交通管理部门接到报案后应当采取的措施，处置道路交通事故现场是公安机关交通管理部门的职责和义务，它要求事故处理人员本着对人民生命财产和国家财产高度负责的精神，及时迅速、全面细致、客观真实、依法进行事故现场处理。根据《道路交通事故处理程序规定》的规定，交通警察到达现场后应当根据需要立即进行下列工作：

1. 保护现场，维护道路通行秩序

公安机关交通管理部门接到报警后必须立即派员赶赴现场，做好现场的保护工作。在首先根据实际情况划定现场警戒保护范围，设置警戒线，还应当在距现场来车方向50～150米外设置发光或者反光的交通标志，引导车辆、行人绕行；允许车辆通行的，应派

交通警察专门负责现场警戒、疏导交通，指挥其他车辆减速慢行通过；指挥驾驶人、乘客等人员在路边安全地带等候；引导勘查、指挥等车辆依次停放在警戒线外来车方向的道路右侧，车辆应当开启警灯，夜间还应当开启危险报警闪光灯和示廓灯。遇到刮风、下雨、下雪天气，则需要用塑料布、木板或者其他遮盖物将痕迹等易遭破坏的物证保护起来。因道路交通事故导致交通中断或者现场处置、勘查需要采取封闭道路等交通管制措施的，还应当在事故现场来车方向提前组织分流，放置绕行提示标志，避免发生交通堵塞。

2. 组织抢救伤员和财物，消除危险因素

对于有人员受伤的道路交通事故，事故处理人员到达现场后，应尽快组织抢救受伤人员，对道路交通事故伤员进行必要的现场抢救，对重伤者迅速送往医院抢救、治疗，或者在接到报案时就马上组织医疗救护单位迅速前往事发地点进行急救。例如，发生群死群伤的特大道路交通事故时，除组织人员赶赴现场、报告上级公安机关外，还应当及时通报医疗卫生部门，尽快组织卫生急救人员赶赴现场，参加现场抢救。道路交通事故造成人员死亡的，应当经急救、医疗人员确认，并由医疗机构出具死亡证明。尸体应当存放在殡葬服务单位或者有停尸条件的医疗机构。

对正在受损的财产也应当及时抢救，以尽量减少财产的损失。对载运爆炸物品、易燃易爆化学物品以及毒害性、放射性、腐蚀性、感染性物质等危险物品的车辆发生的道路交通事故，应当报告当地人民政府，通报有关部门及时处理，采取封闭道路等交通管制措施；协同有关部门划定隔离区，疏散往来车辆、人员，以防止其他事故的发生。对造成道路、供电、通信等设施损毁的道路交通事故，应通报有关部门及时处理。

3. 现场勘查，寻找证人，收集证据

现场勘查是指运用专门的科学知识和方法，对道路交通事故涉及的人体、物体及其在时间和空间上的相互关系进行实地勘验、检查、固定、记录的过程。现场勘查的目的是查清事故发生的全过程和事实真相,为正确处理道路交通事故提供合法、科学、真实、有效的依据。勘查道路交通事故现场是交通警察的现场责任之一,是道路交通事故证据收集的第一道环节,也是道路交通事故证据最核心、最基础的来源,其真实、全面、可靠的程度直接影响到事故处理的正确性。

交通警察应当对事故现场进行调查。交通警察调查道路交通事故现场时,应当全面、及时、合法地收集有关证据。交通警察对事故现场进行调查时主要要做好下列工作:勘查事故现场,查明事故车辆、当事人、道路及其空间关系和事故发生时的天气情况;固定、提取或者保全现场证据材料;查找当事人、证人进行询问,制作询问笔录等。勘查道路交通事故现场,主要是通过实地观察、检查、测量等方法,客观记录道路交通事故现场的道路状况、肇事车辆状况、人体状况、物品及有关痕迹、物证和相互关系;采用专门技术,如拍照、绘图、摄像、制模等方式提取、固定有关痕迹、物证。对可能因时间、地点、气象等原因,会导致痕迹或者证据灭失的,应当及时进行固定、提取或保全。车辆驾驶人有饮酒或者服用国家管制的精神药品、麻醉药品嫌疑的,公安机关交通管理部门应当按照《道路交通安全违法行为处理程序规定》及时抽血或者提取尿样,送交有检验资格的机构进行检验;车辆驾驶人当场死亡的,应当及时抽血检验。

事故处理人员到达现场后,应当注意寻找目击者和知情人,控制肇事嫌疑人;勘查结束后应当及时按规定询问或讯问肇事人、其他当事人和证人。询问或者讯问时,应当根据需要问明交通方式、驾驶人和机动车所有人、管理人的基本情况和机动车驾驶证号码、准驾车型、领取驾驶证日期、实际驾驶经历,驾车前活动、休息、餐饮情况、驾驶时身体状况，所驾车辆状况、保险情况，行驶路线、驾驶时间、行驶速度，道路交通事故发生经过，临危采取的措施及主观心态等与道路交通事故有关的情况。

交通警察应当检查当事人的身份证件、机动车驾驶证、机动车行驶证、保险标志等，以验明当事人身份；对当场难以查实身份的肇事嫌疑人，交通警察可以依法传唤。交通警察还可以对肇事车辆、道路交通事故当事人及其随身携带的物品进行检查。

4. 制作勘查材料

交通警察勘查道路交通事故现场，应按照有关法规和技术标准的规定，拍摄现场照片，采集、提取痕迹、物证，绘制现场图，制作现场勘查笔录。一次死亡3人以上的道路交通事故应当进行现场摄像。现场图和现场勘查笔录应当由参加勘查的交通警察、当事人或者见证人签名。当事人拒绝签名或者无法签名以及无见证人的，应当记录在案。

5. 清点现场遗留物，消除障碍，通知相关部门，恢复交通

现场勘查结束后，经确认现场无需继续保留时，事故处理人员对现场遗留物品和财物进行清点，之后应当迅速组织清理现场，消除障碍，尽快恢复交通。

公安机关管理部门对道路交通事故现场遗留的物品，除物证暂予保留外，其他财物及时发还当事人；暂时无人认领的，进行登记造册，妥善保管。

因收集证据需要扣留事故车辆和机动车行驶证的，公安机关交通管理部门应当开具行政强制措施凭证，将车辆移至指定的地点并妥善保管。

公安机关交通管理部门不得扣留事故车辆所载货物。对所载货物在核实重量、体积及货物损失后，通知机动车驾驶人或者货物所有人自行处理。无法通知当事人或当事人不自行处理的，按照《公安机关办理行政案件程序规定》有关涉案财物的处理规定处理。

因收集证据的需要,公安机关交通管理部门可以扣押与事故有关的物品,并开具扣押物品清单一式两份,一份交给被扣押物品的持有人,一份附卷。扣押的物品应当妥善保管。扣押期限不得超过30日,案情重大、复杂的,经本级公安机关负责人或者上一级公安机关交通管理部门负责人批准可以延长30日;法律、法规另有规定的除外。

公安机关交通管理部门在调查过程中,发现当事人有交通肇事犯罪嫌疑的,公安机关交通管理部门应当按照有关规定立案侦查,并对当事人采取强制措施。发现当事人有其他违法犯罪嫌疑的,应当及时移送公安机关有关部门。

投保机动车交通事故责任强制保险的车辆发生道路交通事故,因抢救受伤人员需要保险公司支付抢救费用的,公安机关交通管理部门书面通知保险公司。抢救受伤人员需要道路交通事故社会救助基金垫付费用的,公安机关交通管理部门书面通知道路交通事故社会救助基金管理机构。

6. 检验、鉴定

道路交通事故中的检验、鉴定是指在处理道路交通事故时,为了查明案情、获取证据,对案件中的某些专门性问题进行鉴别和判断的一种活动,它是公安机关交通管理部门在处理道路交通事故时经常采用的一种调查手段。在道路交通事故中需要进行科学技术鉴定的主要有道路状况、车辆的安全技术状况、死亡人员的死亡原因、当事人的生理状态和精神状况、有关现场痕迹、物证的同一鉴定、财产损失的评估等,对这些与案件真实性直接相关的内容,公安机关交通管理部门应当委托专门的技术机构进行鉴定。检验、鉴定应当依法进行,鉴定机构只有在依法接到公安机关交通管理部门的委托后,才能开展对委托事项的检验、鉴定工作。检验、鉴定、评估的结果确定后,必须出具书面结论,由检验、鉴定人签名并加盖机构印章,以保证检验、鉴定的严肃性、权威性。

根据《道路交通事故处理程序规定》的规定,对需要进行检验、鉴定的,公安机关交通管理部门应当自事故现场调查结束之日起3日内委托具备资格的鉴定机构进行检验、鉴定。尸体检验应当在死亡之日起3日内委托。对现场调查结束之日起3日后需要检验、鉴定的,应当报经上一级公安机关交通管理部门批准。公安机关交通管理部门应当与检验、鉴定机构约定检验、鉴定完成的期限,约定的期限不得超过20日。超过20日的,应当报经上一级公安机关交通管理部门批准,但最长不得超过60日。

公安机关交通管理部门应当在收到检验、鉴定报告之日起2日内将检验、鉴定报告复印件送达当事人。当事人对检验、鉴定结论有异议的,可以在接到检验、鉴定结论复印件之日起3日内提出重新检验、鉴定的申请。经县级公安机关交通管理部门负责人批准后,应当另行指派或者委托专业技术人员、有资格的鉴定机构进行重新检验、鉴定。重新检验、鉴定以一次为限。

第四节　道路交通事故责任认定

一、道路交通事故责任认定的概念

道路交通事故责任认定是公安机关交通管理部门在道路交通事故处理过程中,根据道路交通事故案件事实,依法对事故当事人有无事故责任或所负事故责任的大小进行确认的行为。公安机关交通管理部门对道路交通事故的责任认定是对道路交通事故因果关系的分析,是对造成道路交通事故原因的确认,它只是道路交通事故责任者是否应当承担道路交通事故行政责任或刑事责任,以及确定道路交通事故损害赔偿责任的参考依据。

道路交通事故责任认定的目的是为了分清事故责任,以便对交通肇事者准确地进行行政处罚、刑事处罚及解决民事赔偿问题,同时也可以从道路交通事故中吸取教训,了解道路交通事故发生的规律,为国家立法机关依照法律程序制定和修改交通法律法规提供可靠的依据。准确认定道路交通事故责任不仅是关系到保护交通参与者的合法权益和当事人的切身利益,同时也关系到公安机关维护交通安全和社会治安职能的实现。

二、道路交通事故责任的构成要件

构成道路交通事故责任必须同时具备3个条件:

1. 具有道路交通事故责任的主体

道路交通事故责任的主体,绝大多数是自然人,就是我们通常说的道路交通事故当事人。在个别情况下,法人也可以成为交道事故责任的主体。具有交通行为能力的自然人,均可成为道路交通事故责任的主体。法人成为道路交通事故责任主体的情况通常是因道路原因和车辆原因造成的事故,这时道路建设部门和车辆制造部门的法人就成为道路交通事故责任的主体。

2. 道路交通事故责任的主体有过错

主体的过错表现为故意和过失两种形式。故意是指行为人预见到自己行为的结果,仍然希望或放任结果的发生的心理状态。例如酒后驾车、强行超车、超速行驶等造成道路交通事故,就是道路交通事故责任者的故意违法行为造成的。过失是指行为人对自己行为的结果应当预见而没有预见,或者虽然预见到了却轻信此种后果可以避免,导致危害后果发生的心理状态。它分为疏忽大意的过失和过于自信的过失。例如跟车太近造成追尾、不注意观察情况接人而撞伤他人等就是因为过失造成的事故。道路交通事故中,当事人的过错主要表现为道路交通安全违法行为,但是,不构成道路交通安全违法的过失行为也属于过错的范畴,也是承担道路交通事故责任的依据。

3. 行为人的过错和道路交通事故之间存在因果关系

所谓因果关系就是由于一定的原因必然会引起一定的后果的联系。行为人的过错并不一定都会导致事故的发生。例如未经年度检验的车辆在路上等信号时被追尾,未年检和被追尾之间就没有因果关系。行为人的过错和道路交通事故之间存在因果关系是构成道路交通事故责任的决定性要件。也就是说道路交通事故当事人虽有过错,但其过错与事故无因果关系的,不构成道路交通事故责任。

三、道路交通事故责任的分类及认定的原则

公安机关交通管理部门经过调查后,应当根据当事人的行为对发生交通事故所起的作用以及过错的严重程度,确定当事人的责任。根据《道路交通事故处理程序规定》,道路交通事故责任分为全部责任、主要责任、同等责任、次要责任和无责任五种。根据《道路交通事故处理程序规定》规定,公安机关交通管理部门应当根据具体情况来确定当事人的责任:

(1)因一方当事人的过错导致道路交通事故的,承担全部责任。

(2)因两方或者两方以上当事人的过错发生道路交通事故的,根据其行为对事故发生的作用以及过错的严重程度,分别承担主要责任、同等责任和次要责任。

(3)各方均无导致道路交通事故的过错,属于交通意外事故的,各方均无责任。一方当事人故意造成道路交通事故的,他方无责任。

省级公安机关可以根据有关法律、法规制定具体的道路交通事故责任确定细则或者标准。

四、道路交通事故认定书

道路交通事故认定书是指公安机关交通管理部门根据道路交通事故现场勘查、检查、调查情况和有关的检验、鉴定结论制作出来的能反映道路交通事故的基本事实、成因和当事人责任的法律文书。道路交通事故认定书是公安机关交通管理部门对当事人发生道路交通事故基本事实和证据的集中体现,是公安机关交通管理部门对道路交通事故案件进行勘查、调查后的专业性极强的科学结论,它只是证明当事人发生道路交通事故的事实本身,不是对道路交通事故案件的处理决定,其性质是证据,是当事人保护自己合法、正当权利的一种依据,是处理道路交通事故的重要证据。

为了快速、妥善地处理道路交通事故,《道路交通事故处理程序规定》对公安机关交通管理部门制作事故认定书的期限作了规定。对于按一般程序处理的道路交通事故,公安机关交通管理部门自勘查现场之日起 10 日内制作道路交通事故认定书。交通肇事逃逸的,在查获交通肇事车辆和驾驶人后 10 日内制作道路交通事故认定书。对需要进行检验、鉴定的,应当在检验、鉴定结论确定之日起 5 日内制作道路交通事故认定书。

发生死亡事故,公安机关交通管理部门应当在制作道路交通事故认定书前,召集各方当事人到场,公开调查取得证据。证人要求保密或者涉及国家秘密、商业秘密以及个人隐私的证据不得公开。当事人不到场的,公安机关交通管理部门应当予以记录。

道路交通事故认定书应当载明以下内容:①道路交通事故当事人、车辆、道路和交通环境等基本情况;②道路交通事故发生经过;③道路交通事故证据及事故形成原因的分析;④当事人导致道路交通事故的过错及责任或者意外原因;⑤作出道路交通事故认定的公安机关交通管理部门名称和日期。

道路交通事故认定书应当由办案民警签名或者盖章,加盖公安机关交通管理部门道路交通事故处理专用章,分别送达当事人,并告知当事人向公安机关交通管理部门申请复核、调解和直接向人民法院提起民事诉讼的权利、期限。

逃逸交通事故尚未侦破,受害一方当事人要求出具道路交通事故认定书的,公安机关交通管理部门应当在接到当事人书面申请后10日内制作道路交通事故认定书,并送达受害一方当事人。道路交通事故认定书应当载明事故发生的时间、地点、受害人情况及调查得到的事实,有证据证明受害人有过错的,确定受害人的责任;无证据证明受害人有过错的,确定受害人无责任。

对于道路交通事故成因无法查清的,公安机关交通管理部门也应当出具道路交通事故证明,道路交通事故证明中载明道路交通事故发生的时间、地点、当事人情况及调查得到的事实,然后分别送达当事人。

五、道路交通事故责任认定的复核

根据《道路交通事故处理程序规定》,当事人对道路交通事故认定有异议的,可在认定书送达之日起的3日内,向上一级公安交管部门提出书面复核申请,复核申请应当写明复核请求及其理由和主要证据,上级交管部门收到当事人书面复核申请后的5日内,应当做出是否受理的决定,受理后还要书面通知各方当事人。上级交管部门受理复核申请后的30日内,将对道路交通事故事实是否清楚、证据是否确实充分、适用法律是否正确、道路交通事故责任划分是否公正、道路交通事故调查及认定程序是否合法等环节进行审查,并作出复核结论。复核原则上采取书面审查的办法,但是当事人提出要求或者公安机关交通管理部门认为有必要时，可以召集各方当事人到场，听取各方当事人的意见。复核审查期间，任何一方当事人就该事故向人民法院提起诉讼并经法院受理的，公安机关交通管理部门应当终止复核。

上一级公安机关交通管理部门经审查认为原道路交通事故认定事实不清、证据不确实充分、责任划分不公正或者调查及认定违反法定程序的，应当作出复核结论，责令原办案单位重新调查、认定。如果认为原道路交通事故认定事实清楚、证据确实充分、适用法律正确、责任划分公正、调查程序合法的，应当作出维持原道路交通事故认定的复核结论。

复核后需重新调查的，原办案单位应当在10日内重新调查，重新制作道路交通事故认定书，撤销原道路交通事故认定书；需要检验、鉴定的，原办案单位应当在检验、鉴定结论确定之日起的5日内，重新制作道路交通事故认定书，撤销原道路交通事故认定书。上一级公安机关交通管理部门复核以一次为限，如果事故当事人对复核后的责任认定依然不服，还可以向法院提起诉讼。

当然并不是所有道路交通事故都能申请复核，如果道路交通事故有以下四种情形之一的，相关部门将不予受理复核申请：①任何一方当事人向法院提起诉讼并经法院受理；②检察院对交通肇事犯罪嫌疑人批准逮捕；③适用简易程序处理的道路交通事故；④车辆在道路以外通行时发生的事故。

第五节 道路交通事故损害赔偿调解

一、损害赔偿调解的概念

发生道路交通事故后，当事人经常会因事故损害赔偿问题发生争议。道路交通事故损害赔偿有争议的,当事人可以选择自行协商处理、请公安机关交通管理部门调解或者直接向人民法院提起民事诉讼的方式解决。

道路交通事故损害赔偿调解是指在公安机关交通管理部门的主持下,依据法律法规的有关规定,通过说服教育的方法,促使事故各方当事人互谅互让,自愿达成协议,解决事故损害赔偿纠纷的诉讼外调解活动。调解并不是公安机关交通管理部门职责范围内的工作,考虑到公安机关交通管理部门处理道路交通事故的实际经验和当事人的要求,由公安机关交通管理部门对未构成交通肇事犯罪的损害赔偿进行调解,可以促成当事人尽快解决问题,方便群众迅速解决纠纷,同时也有利于减少诉讼,减轻法院办理道路交通事故损害赔偿案件的压力。

公安机关交通管理部门对道路交通事故损害赔偿的调解属于行政调解,不具有法律上的强制性。经公安机关交通管理部门调解,当事人未达成协议或调解书生效后不履行的,当事人仍然可以人民法院提出民事诉讼。

二、调解的条件

1. 调解必须是各方当事人完全自愿

道路交通事故损害赔偿调解不是损害赔偿的必经阶段,当事人对道路交通事故损害赔偿发生争议,各方当事人一致请求公安机关交通管理部门调解的,公安机关交通管理部门才予以调解。各方当事人一致请求的标志是各方均提出书面申请。道路交通事故损害赔偿权利人、义务人可以在收到道路交通事故认定书或者上一级公安机关交通管理部门维持原道路交通事故认定的复核结论之日起 10 日内,向公安机关交通管理部门提出书面调解申请。

损害赔偿调解的目的是要让事故各方当事人能够互相谅解让

步，自愿协商达成协议，从而解决当事人的矛盾。如果有一方当事人不同意调解而办案人员强行调解，往往达不成协议，即使勉强达成协议，当事人也随时可能反悔，而不履行协议。这样做与调解的目的是相违背的，所以调解必须是各方一致要求才能进行。

2. 调解

调解必须是在查明道路交通事故的基本事实、成因、明确各方当事人的责任、确定道路交通事故造成的损失情况后才能进行。这是调解的前提条件和事实依据，缺一不可。因为事实清楚、责任明确，才能抓住双方争议的关键，有针对性地进行法制教育和思想教育，使有争议的各方统一到事故事实的基础上，有比较一致的认识，才能促使事故各方当事人互相调解让步，达成调解协议。

3. 符合法律、法规的规定

事故损害赔偿调解是在道路交通事故办案人员的主持下进行，调解必须符合《道路交通事故处理程序规定》中规定的程序。赔偿的项目和计算标准也应严格遵守相关的法律规定，赔偿范围以外的内容和不属于调解范围内的要求，不予调解。

三、调解的程序

道路交通事故损害赔偿调解的程序有两种，即简易程序和一般程序。对适用简易程序处理的道路交通事故，公安机关交通管理部门对损害赔偿调解也适用简易程序。当事人对交通警察的道路交通事故认定没有异议并共同请求调解的，交通警察应当当场进行调解，并在事故认定书上记录调解结果，由当事人签名，交付当事人。对按照一般程序处理的道路交通事故，公安机关交通管理部门调解损害赔偿也按照一般程序进行。《道路交通事故处理程序规定》对调解的方式、时间、参加人、法律文书等都作出了比较明确的规定。

1. 道路交通事故调解参加人

参加道路交通事故损害赔偿调解的人员除了办案人员外，还应包括道路交通事故当事人及其代理人、道路交通事故车辆所有人或者管理人、公安机关交通管理部门认为有必要参加的其他人员。当事人委托的代理人参加调解应当向办案人员出具由委托人签名或者盖章的授权委托书。授权委托书应当载明委托事项和权限。参加调解时当事一方人数不得超过3人。

2. 调解的方式

公安机关交通管理部门应当按照合法、公正、自愿、及时的原则，并采取公开方式进行道路交通事故损害赔偿调解。调解时允许旁听，但是当事人要求不予公开的除外。

3. 调解的期限

为了保证事故处理能够及时结案，使受害人及时得到赔偿，避免调解长期进行而无结果，《道路交通事故处理程序规定》明确规定公安机关交通管理部门调解道路交通事故损害赔偿的期限为10日，并且根据道路交通事故造成的不同后果，确定了调解期限开始的日期：造成人员死亡的，从规定的办理丧葬事宜时间结束之日起开始；造成人员受伤的，从治疗终结之日起开始；因伤致残的，从定残之日起开始；造成财产损失的，从确定损失之日起开始。在调解期限内不管调解是否达成协议，公安机关交通管理部门制作调解书或者调解终结书，送达当事人，调解即告结束。

公安机关交通管理部门应当与当事人约定调解的时间、地点，并于调解时间3日前通知当事人。口头通知的应当记入调解记录。调解参加人因故不能按期参加调解的，应当在预定调解时间1日前通知承办的交通警察，请求变更调解时间。

4. 调解的程序

公安机关交通管理部门调解道路交通事故损害赔偿争议，按照下列程序进行：

(1)告知道路交通事故各方当事人的权利、义务。

(2)听取当事人各方的请求。

(3)根据道路交通事故认定书认定的事实以及《中华人民共和国道路交通安全法》第七十六条的规定，确定当事人承担的损害赔偿责任。

(4)计算损害赔偿的数额，确定各方当事人各自承担的比例，人身损害赔偿的标准按照《最高人民法院关于审理人身损害赔偿案件适用法律若干问题的解释》规定执行，财产损失的修复费用、折价赔偿费用按照实际价值或者评估机构的评估结论计算。

(5)确定赔偿履行方式及期限。

道路交通事故损害赔偿的归责原则及赔偿的项目和标准将在本书第七章第三节中予以具体阐述。

四、道路交通事故损害赔偿调解书

1.调解书

道路交通事故损害赔偿调解书是指公安机关交通管理部门对事故损害赔偿进行调解后，当事各方达成协议所形成的文字材料。它反映公民或法人的民事法律行为，是当事各方作出承诺、履行权利和义务的凭证。道路交通事故损害赔偿争议经调解达成协议的，公安机关交通管理部门应当制作调解书，然后由各方当事人签名，分别送交各方当事人。调解书应当载明以下内容：

(1)调解依据。

(2)道路交通事故认定书认定的基本事实和损失情况。

(3)损害赔偿的项目和数额。

(4)各方的损害赔偿责任及比例。

(5)赔偿履行方式和期限。

(6)调解日期。

赔付款由当事人自行交接,当事人要求交通警察转交的,交通警察可以转交,并在调解书上附记。

调解书生效后,赔偿义务人不履行义务的,当事人还可以向人民法院提起民事诉讼。

2. 调解终结书

道路交通事故损害赔偿调解终结书是公安机关交通管理部门按照规定期限,对事故损害赔偿调解达不成协议的,通知被调解人调解终结的文书。道路交通事故损害赔偿争议经调解未达成协议的,公安机关交通管理部门应当公安机关交通管理部门应当终止调解,制作道路交通事故损害赔偿调解终结书送达各方当事人,调解终结书应当载明未达成协议的原因。

当事人有下列情形之一的,公安机关交通管理部门应当终止调解,并记录在案:①在调解期间有一方当事人向人民法院提起民事诉讼的;②一方当事人无正当理由不参加调解的;③一方当事人调解过程中退出调解的。

第六节　涉外道路交通事故处理

涉外道路交通事故处理是公安机关交通管理部门代表国家行使对外国人的交通管辖权,是国家行政管理的一部分。根据国家主权原则,任何一个独立的主权国家都有对于在其领域内的一切人和物以及领域外的本国人实施管辖的权利,这就是国际法上通常所说的属地管辖原则和属人管辖原则。属地管辖原则就是一个国家对其领域范围内的一切人和物及行为有权按本国的法律和政策实施管辖,享有外交特权和豁免权的按国际公约和专门规定办理。我们必须要根据这一原则正确处理涉外道路交通事故,这是道路交通安全管理的需要，也是维护国家主权的需要。

一、涉外道路交通事故的概念

涉外道路交通事故是指在我国道路上发生的涉及外国人、车辆和财产的道路交通事故。涉外道路交通事故除了具有国内道路交通事故构成的要素外，还应具有涉外因素。道路交通事故中的涉外因素有以下几个方面：

(1)当事人是外国人，只要当事人中有外国人均具有涉外因素，不管其在事故中有无责任。

(2)使馆和外国人的机动车，也就是指产权属于使馆或外国人所有的机动车。

(3)道路交通事故造成的直接经济损失涉及外国人。

这里所说的外国人是指不具有中国国籍的人，包括具有他国国籍的人和无国籍的人。一国境内的外国人，从其法律地位上可以分为两类，即享有外交特权与豁免权的外国人和不享有外交特权与豁免权的外国人。享有外交特权与豁免权的外国人包括国家元首、政府首脑、外国政府代表团成员，使领馆人员、联合国官员等。这些人代表本国政府或国际组织在驻在国行使职务，根据国际法和有关国际公约，他们享有外交特权的刑事、民事、行政管辖的豁免权，具有特殊的法律地位。不享有外交特权与豁免权的外国人，具有居留国所规定的一般法律地位，接受居留国的管辖，在国际习惯上称为一般外国人或普通外国人。

二、涉外道路交通事故处理的法律依据和原则

处理涉外道路交通事故的法律依据、处理程序与国内道路交通事故都有所区别，涉外道路交通事故的处理依据包括两方面：①我国的法律、法规和规章；②国际条约和公约。

涉外道路交通事故处理的原则是在处理涉外道路交通事故工作的主要问题上起指导作用的准则。掌握这些原则可以保证涉外道路交通事故得到正确的处理,有利于维护我国的主权和民族尊严,有利于处理好国与国之间的关系,也有利于维护当事人的合法权益。处理好涉外道路交通事故应坚持以下基本原则:

1. 坚持国家主权原则

主权原则是我们处理一切涉外案件包括涉外道路交通事故案件的根本原则。根据这一国际法基本原则,我们在处理涉外道路交通事故中,就要维护我国的主权、安全和利益。

2. 遵守国际条约原则

遵守国际条约是国际交往的一项基本原则。我国政府一贯信守这一国际法的基本原则,并在有关的国内法中作了关于遵守国际条约的明确规定。例如:我国《民法通则》第一百四十二条规定:"中华人民共和国缔结或者参加的国际条约同中华人民共和国的民事法律有不同规定的,适用国际条约的规定,但中华人民共和国声明保留的条款除外。"根据这一原则,在处理涉外道路交通事故时,必须按照我国缔结或参加的有关条约的规定执行。

3. 当事人在民事权利义务上一律平等的原则

涉外道路交通事故不仅涉及我国当事人,还涉及外国当事人。根据国际公约和我国的法律规定,侵权损害适用侵权行为地法,所以既然道路交通事故发生在我国,就应当适用我国的法律法规处理。而本国人、外国人和无国籍人在适用法律上一律平等已经是一种国际惯例,因此在处理涉外道路交通事故时,应该对各方当事人平等地适用法律,不因国籍不同而有所歧视。

对于享有外交特权和豁免权的外国人,尽管不受刑事、行政、民事管辖,但在民事权利义务上,根据国际惯例是平等的,应当按照我国法律确定其在事故损害赔偿中的份额,按有关规定解决。

4. 原则性和灵活性相结合的原则

原则性与灵活性相结合的原则是外交工作中应当遵循的原则。由于涉外道路交通事故处理涉及外国当事人的权利，在处理中必须维护我国的主权。处理涉外道路交通事故时要依照国际条约、公约、我国的法律及有关规定进行，这是原则性的问题。但是涉外道路交通事故处理还涉及国与国之间的关系，还必须要有灵活性。这种灵活性是在总的原则约束下，采取灵活政策，实行互谅互让。

5. 有理、有利、有节的原则

有理、有利、有节原则是涉外道路交通事故处理工作中的具体原则。有理是指在涉外事故处理中的结论意见，要建立在确凿的证据基础上，符合国际惯例和我国的法律法规，具有充分的说服力；有利是指涉外事故处理工作要有利于交通管理工作的需要，有利于国家对外关系、对外政策的需要；有节是在处理涉外事故过程中，对某些问题的处理要适可而止，留有回旋的余地，避免出现僵局，不宜穷追不舍，因小失大。

三、涉外道路交通事故的处理方法

涉外道路交通事故的处理方法与国内道路交通事故相比有很大区别，在具体事故处理工作中，必须根据不同的情况采用不同的程序和方式、方法。

1. 履行告知义务

依据《道路交通事故处理程序规定》的相关规定，公安机关交通管理部门处理境外来华人员、车辆发生的道路交通事故，应当将我国法律、法规规定的当事人在处理道路交通事故中的权利和义务告知当事人。境外临时来华人员发生道路交通事故并承担全部责任或者主要责任的，公安机关交通管理部门应当告知道路交通事故损害赔偿权利人可以向人民法院提出采取诉前保全措施的请求。这是因为境外临时来华人员一旦离境,有关民事责任的追究就难以保障。外国人发生道路交通事故,在未处理完毕前,公安机关可以依法不准其出境。

公安机关交通管理部门在处理道路交通事故过程中,使用中华人民共和国通用的语言文字。对不通晓我国语言文字的,应当为其提供翻译;当事人通晓我国语言文字而不需要他人翻译的,应当出具书面声明。经公安机关交通管理部门批准,外国籍当事人可以自己聘请翻译,翻译费由当事人承担。

2. 某些事宜需通过外交途径解决

依据《道路交通事故处理程序规定》,外国驻华领事机构、国际组织、国际组织驻华代表机构享有特权与豁免的人员发生道路交通事故的,公安机关交通管理部门参照本规定第73条、第74条规定办理,但《中华人民共和国领事特权与豁免条例》、中国已参加的国际公约以及我国与有关国家或者国际组织缔结的协议有不同规定的除外。

根据有关的国际公约和我国的法律规定,外交人员、使领馆行政、技术人员及其家属等享有刑事、民事和行政管辖豁免权,公安机关交通管理部门在处理涉及享有外交特权及豁免权的外国人的道路交通事故时,要根据具体情况采取不同的方式、方法,对一些具体问题可通过外交途径解决。享有外交特权与豁免的外国人拒绝接受调查或者检验、鉴定的,其损害赔偿事宜通过外交途径解决。

3. 对享有外交特权和豁免权的外国人的案情调查以会谈方式进行

根据《道路交通事故处理程序规定》,公安机关交通管理部门需要对享有外交特权和豁免权的外国人进行调查的,可以约谈;本人不接受调查的,记录在案。公安机关交通管理部门可以直接通知使、领馆当事人前来会谈核实事故情况,如果使馆另派人员前来会谈或提出书面申述,公安机关交通管理部门也应受理。在使、领馆当事人一方不提任何申述,也不参加会谈的情况下,公安机关交通管理部门可以根据自己调查的情况提出结案书。

4. 对享有外交特权和豁免权的外国人的处理

对肇事的使、领馆当事人构成犯罪或需要拘留处罚的,应当通过有关渠道向我国外交部报告,按照有关国际条约和国际惯例处理,不允许司法机关直接采取措施;应当给予罚款或者吊销、吊扣驾驶证等行政处罚的,亦应向外事部门请示。如肇事的使、领馆人员拒不执行的,办案人员不能强制执行。

享有外交特权和豁免权的外国人发生道路交通事故,交通警察认为应当给予暂扣或者吊销机动车驾驶证处罚的,可以扣留其机动车驾驶证。需要检验、鉴定车辆的,公安机关交通管理部门应当在检验、鉴定后立即发还;其不同意检验、鉴定的,记录在案,不得强行检验、鉴定。

5. 死亡事故处理

公安机关交通管理部门处理享有外交特权与豁免的外国人发生人员死亡事故的,应当将其身份、证件及事故经过、损害后果等基本情况记录在案,并将有关情况迅速通报省级人民政府外事部门和该外国人所属国家的驻华使馆或者领馆。

外国人因道路交通事故死亡,需要解剖的,应当征得该国驻华使、领馆或其亲属的同意;其尸体需要火化的,应由该国使、领馆或其亲属提出书面申请后,方可进行;如其尸体需运出境外的,应按我国有关规定办理。

6. 涉外法律文书的制作

涉外道路交通事故在法律文书的制作上具有自己的特点。由于享有外交特权和豁免权的外国人不受我国行政管辖和刑事管辖,对于涉外当事人不能适用讯问程序,所以在事故会谈时不能用讯问或询问笔录纸进行记录,应当使用谈话笔录纸记录,即只能制作谈话笔录,不能制作讯问笔录。

涉外道路交通事故调查结束后,公安机关交通管理部门应当根据所收集的证据,制作道路交通事故认定书送达当事人,当事人拒绝接收的,送达至其所在机构。

思考题

一、简答题

1. 什么是道路交通事故？道路交通事故的构成要件有哪些？

2. 道路交通事故简易处理程序与一般处理程序有何区别？

3. 道路交通事故当事人对事故现场处理应承担哪些责任？

4. 涉外道路交通事故处理的原则有哪些？涉外道路交通事故处理过程中应注意哪些问题？

二、选择题(单项选择)

1.《道路交通安全法》所称的车辆,是指在道路上行驶的(　　)。

A. 机动车　　B. 非机动车

C. 机动车和非机动车　　D. 机动车、非机动车和行人

2. 道路交通事故当事人有如下情节的,应承担全部责任:(　　)。

A. 造成重大财产损失的

B. 有交通违法行为的

C. 造成人员伤亡的

D. 因一方当事人的过错导致道路交通事故的

3. 道路交通事故责任分为(　　)。

A. 全部责任、主要责任和同等责任

B. 主要责任、同等责任和次要责任

C. 全部责任、主要责任、同等责任、次要责任和无责任

D. 全部责任、主要责任和次要责任

三、判断题(正确的在括号内打"✓"、错误的在括号内打"×")

1. 只有公安机关才有权力扣留道路交通事故中的车辆、车辆牌证和当事人的有关证件。(　　)

2. 在道路上发生道路交通事故,车辆驾驶人应当立即停车,保护现场,任何情况下不准移动现场,等候处理。(　　)

3. 经公安机关交通管理部门调解,当事人未达成协议或者调解书生效后不履行的,当事人可以向人民法院提起民事诉讼。(　　)

四、案例分析

1. 黄×驾驶一辆小货车在浑江路上行驶,由于打电话聊天,没有仔细注意前方的路况,前方一辆出租汽车突然采取紧急制动,致使自己的货车与出租汽车发生追尾。但出租汽车属于突然采取紧急制动,且制动灯损坏不能正常显示,请分析:

①在这样情况下出租汽车是否应当承担一定责任?

②你认为应当如何处理这起道路交通事故?

2. 甲(17 岁)偷开他人摩托车兜风。在路上超过一辆铲车,突见乙,慌张之下将其撞倒在丙正在驾驶的铲车前方,铲车将乙碾压,导致乙死亡。

经查，甲无证驾驶未按期安检的他人车辆，缺乏操作技能，遇情况未能及时采取措施，是事故原因一；

乙横过马路未走斑马线，亦是原因二；

丙驾驶的铲车实为重型轮式机械，不允许在马路上行使，只可在工地使用，工地之间按有关规定应由其他车辆装载运送。该车无登记无保险，丙18岁，无操作证，驾驶不该上路的机械上路是原因三。

有目击者陈述：乙被撞倒后未动，距车前位置不详，4～5米或7～8米，但铲车速度很慢，未刹车，匀速开，据称，铲车重10吨，制动难。

请问：甲、丙谁承担主要责任？

第六章 道路交通违法法律责任

第一节 道路交通违法法律责任概述

一、道路交通违法行为概述

道路交通违法行为是指违反《道路交通安全法》及其他道路交通管理法律法规,妨碍交通秩序,影响交通安全的行为。道路交通违法行为可以从不同的角度按一定的条件进行分类,主要有以下几种分类:

(1)按违法的主体来分,可分为自然人违法、法人违法和其他组织违法三大类。

(2)按违法行为人实施违法行为时的主观心态来分,可分为故意违法和过失违法两大类。

(3)按道路交通行为的类型来分,可分为车辆行驶违法、车辆设备违法、车辆装载违法、行人违法、占用道路违法等五大类。

(4)按照违法程度的轻重来分,可分为轻微违法、严重违法和重大违法。

二、道路交通违法法律责任的概念

法律责任，是指法律关系的主体由于违反法律、法规的具体规定，应承受的某种不利的法律后果。道路交通违法法律责任是指行为人违反道路交通安全法律、法规所应当承担的法律后果。

因道路交通违法引起的法律责任可分为3种，即行政责任、民事责任和刑事责任。道路交通违法的行政责任，是公安机关根据当事人违反道路交通管理法律法规的行为，以及交通安全违法行为与道路交通事故之间的因果关系，依照相关法律法规的规定，对责任者作出的警告、罚款、吊销机动车驾驶证、拘留等行政处罚。道路交通违法的民事责任，是指行为人因交通违法造成他人人身和财产损害，依照相关法律法规的规定应当承担的赔偿责任。道路交通违法的刑事责任是指违反交通安全法律、法规，因而发生重大事故，致人重伤、死亡或者公私财产重大损失，构成交通肇事罪，应承担的法律后果。刑事责任是道路交通违法最为严重的责任形式。

《道路交通安全法》全面准确地规定了各种道路交通违法行为，并规定了不同违法行为应承担的相应法律责任，《道路交通安全法》的实施，客观上要求以这部法律规定的违法行为种类构建新的法律责任体系，做到行政责任、民事责任和刑事责任相互衔接，相互沟通，防止出现法律责任体系漏洞。

第二节 道路交通违法的行政责任

道路交通违法的行政责任，也就是道路交通违法行政处罚，是公安机关根据当事人违反道路交通管理法律法规的行为，以及交通安全违法行为与道路交通事故之间的因果关系，依照相关法律法规的规定,对责任者作出的行政处罚。行政处罚是指国家行政机关依法对违反行政管理法规的行为人给予的行政制裁措施。在我国,行政处罚是行政机关实施行政管理活动的重要手段。行政处罚的主体是国家行政管理机关,行政处罚的对象是行政管理相对人,包括自然人、法人和其他社会组织,处罚的原因是行政相对人违反了行政法律规范。

一、道路交通违法行政处罚的构成要件

道路交通违法行政处罚的构成要件是指道路交通违法行政处罚必须具备的、必不可少的条件。道路交通违法行政处罚的构成要件有四个:

1. 行政相对人实施了违反道路交通安全管理法律、法规的行为

违反道路交通安全法律法规的行为在客观上有作为和不作为两种形式。作为违法是指行为人实施了道路交通管理法律法规禁止的行为,如酒后驾车、超载等都属于作为违法。不作为违法则是指道路交通管理法律法规要求履行的义务,行为人消极地不去履行。如驾驶二轮摩托车不戴安全头盔,就属于一种不作为的违法行为。

2. 违法行为人主观上必须有过错

过错是指行为人主观上的责任,也就是指行为人对其实施的违法行为所具有的故意或过失的心理态度。它包括故意和过失两种形式。故意是指行为人明知实施某种行为是违反交通法律法规的,并且实施了这种行为,因而构成了违法。如某机动车驾驶人明知饮酒后不准驾驶车辆,但他仍在酒后驾驶了车辆,这就是一种故意。过失是指行为人应当知道实施某种行为是违反交通法律法规的,但因行为人疏忽大意而没有预见到,或者已经预见到自己的行

为有可能违法，但轻信自己能够避免从而构成违法。例如，某驾驶人驾驶一辆轿车跟在大客车后面通过路口，由于视线被遮挡，未看清信号灯在大客车通过停止线后已转为红灯，因而闯了红灯。这就属于过失违法行为。

行为人在主观上必须具有故意或过失的心态才能予以行政处罚。如果行为人客观上虽然实施了道路交通违法行为，但不是出于故意或过失，而是由于不可抗拒或不能预见的原因引起的，就不能对其进行行政处罚。

3. 违法行为主体是达到法定责任年龄、具有责任能力的自然人、法人或者其他组织

根据《行政处罚法》的规定，不满 14 周岁的人有违法行为的，不予行政处罚。这就表明承担行政责任的年龄是年满 14 周岁。当然，一个人要承担行政责任，除了达到法律规定的年龄，还要求精神和智力正常，要在健全的辨认和控制自己行为的能力，这就是责任能力。《行政处罚法》规定，精神病人在不能辨认或者不能控制自己行为时有违法行为的，不予行政处罚，但应当责令其监护人严加看管和治疗。间歇性精神病人在精神正常时有违法行为的，应当给予行政处罚。

4. 违法行为侵犯的客体是交通行政管理秩序

行为人只有违反道路交通安全管理法律法规才会构成道路交通违法，而交通安全管理法律法规所保护的是交通秩序、交通安全和公民的交通权益。因此道路交通违法行为所侵犯必须是道路交通社会关系。违法行为人只有对国家交通行政管理秩序造成实际危害或者构成严重威胁，才会受到交通违法行政处罚。例如盗窃他人的自行车也是一种违法行为，但这种行为侵犯的是他人的财产权利，而不是交通行政管理秩序，因此不属于交通违法行为。

这四个方面的条件是有机统一的整体,道路交通违法行为只有同时具备这四个条件,才受到行政处罚。四个要件中有一个不具备的,公安机关及其交通管理部门都不能给予行政处罚决定。

二、道路交通违法行政处罚的原则

对违反道路交通安全管理法律法规的相对人给予行政处罚,是公安机关及其交通管理部门依法管理交通的重要手段之一,能否处理妥当,不仅直接影响到相对人的权利,也直接关系到公安机关交通管理部门及其交通警察的形象。因此,为了保护自然人、法人或者其他组织的合法权益,规范对道路交通违法行为的处理,保障公安机关交通管理部门及其交通警察正确履行职责,实施违法行为行政处罚必须坚持以下几项原则。

1. 行政处罚法定原则

这是道路交通违法行政处罚的最基本原则,这一原则包含以下几层含义:

(1)处罚的主体必须是法定的行政主体,即处罚权来自于法律规定。依照《道路交通安全法》的规定,只有公安机关交通管理部门才有权对道路交通违法行为实施行政处罚。

(2)法律无明文规定的不处罚。道路交通违法行为是否要受到行政处罚,必须要有法律、法规的明文规定,不能超越法律的规定任意设立行政处罚。

(3)实施处罚必须遵守法定的程序。也就是说道路交通违法行政处罚不但要在实体上合法,程序上也要合法。

2. 教育与处罚相结合的原则

教育与处罚是处理违法行为的两个方面,对违法者既要教育,又要处罚,两者相辅相成。教育是处罚的目的和基础,处罚是教育的手段和措施。就道路交通违法的性质而言,违法的对象一般是人民群众,如果只罚不教,势必脱离群众,收不到理想的效果,也达不到预防和减少违法行为的目的。当然处罚也是必不可少的,对违法行为特别是较严重的危害交通秩序和安全、畅通的行为不处罚,就会损害大多数人的交通利益,挫伤自觉遵守交通法律法规者的积极性,助长蔑视法律的不良现象。只教不罚不仅会失去道路交通安全管理的严肃性,也不足以教育大多数人,因此,要维护法律的尊严,制止违法行为,必须坚持教育与处罚相结合的原则。

3. 公正、公开的原则

行政处罚应当遵循公正的原则。这一原则要求交通执法人员在处理道路交通违法行为时,必须坚持公正性,做到公平、正直,没有偏私。具体来说,也就是要做到以事实为依据,以法律为准绳,实施的处罚与违法行为的事实、性质、情节以及社会危害程度相当。

行政处罚还应当遵循公开的原则。为了保证处罚的公正,就必须将行政处罚的依据、行政处罚的过程、处罚的程序及处罚的结果公开,增强执法工作的透明度。只有坚持公开原则,才能真正做到公正。

4. 一事不再罚原则

这一原则要求,对于违法行为人的同一个违法行为,不得以同一事实和同一理由,给予两次以上同一种类的行政处罚。

5. 处罚与纠正违法行为并重的原则

交通警察发现违法行为时必须予以纠正,对违法行为人决定处罚时,必须责令当事人停止正在实施的违法行为并予以改正。不能重罚轻纠、只罚不纠。例如目前在实际执法中面临较多的违法超载问题,交通警察发现后,除依照规定的程序予以处罚外,还应当责令当事人立即消除违法状态,否则有可能造成严重后果。

三、道路交通违法行政处罚的种类

根据《道路交通安全法》第八十八条的规定,对道路交通违法行为的处罚种类有警告、罚款、暂扣机动车驾驶证、吊销机动车驾驶证和拘留五种。

1. 警告

警告是公安机关交通管理部门对违法行为人给予严厉谴责和警戒的一种制裁措施。其作用在于指出违法行为的危害,责令改正,促使当事人认识错误,不致再犯。它的特点在于对违法行为人实施的是精神上或者名誉方面的惩戒,它既没有对违法当事人进行经济制裁,更没有限制违法当事人的人身自由,是道路交通违法行政处罚中最轻的一种,一般适用于情节比较轻微、危害后果较小的违法行为。

警告不同于批评教育。警告处罚与批评教育在形式和内容上都有一定的相似之处,两者都是摆事实、讲道理,指出当事人行为的危害性,告诫今后不再重犯,但是两者的性质不同。警告是一种行政处罚,带有强制性,比一般的批评教育更严厉;而批评教育只是一种思想教育,本身不带有强制性。

2. 罚款

罚款是公安机关交通管理部门依法强制违法行为人在一定期限内缴纳一定数额的金钱的行政处罚。它是对违法行为人实施经济制裁的一种处罚方式。这种财产罚不影响违法行为人的人身自由和其他活动,是目前道路交通违法中适用最广泛的一种行政处罚。罚款的目的在于强化教育效果,对违法者处以罚款,使其经济损失成为他们违法的直接后果,才有可能有效地促使违法者认识错误,改正错误,吸取教训,不再违法,以达到教育的目的。在实施罚款处罚时,要根据违法行为的情节、违法程度、危害后果等具体情况，在法定的处罚幅度内裁量罚款的数额。

罚款与刑事处罚中的罚金不同。罚金是人民法院依法判处犯罪分子向国家缴纳一定数额的金钱的刑罚手段。两者的区别主要表现在：①性质不同，前者是行政处罚，后者是刑事处罚；②适用的机关不同，前者由公安机关适用，后者由人民法院适用；③适用的对象不同，前者适用的对象是尚不够刑事处罚的交通违法者，后者则适用于犯罪分子；④数额限制不同，前者在金额上有上限和下限，后者的金额则没有限制，而是视犯罪分子的犯罪情节和财产状况而定。

对于罚款的限额，《道路交通安全法》采取了两种方式予以规定：①明确规定了罚款的最低和最高限额，对于道路交通安全违法行为人所实施的单项道路交通安全违法行为最高的罚款限额为5000元，最低罚款限额为5元；②规定了罚款额为行为人违法所得的倍数，最高罚款限额为行为人违法所得的10倍，最低罚款限额为行为人违法所得的2倍。当一个道路交通安全违法行为人实施了不同的道路交通安全违法行为时，依据分别裁决、合并执行的原则，罚款的数额可以越过上述最高限额的限制。同时根据道路交通安全违法行为危害性的大小，《道路交通安全法》分别为不同类型的道路交通安全违法行为设定了不同的罚款幅度。具体规定如下：

(1)对一般违反道路通行规定的罚款处罚

①对行人、乘车人、非机动车驾驶人违反道路交通安全法律、法规关于道路通行规定的，可以处5元以上50元以下罚款(第八十九条)；

②对机动车驾驶人违反道路交通安全法律、法规关于道路通行规定的，可以处20元以上200元以下罚款(第九十条)。

(2)对严重危害道路交通安全行为的罚款处罚：

①对饮酒后驾驶机动车的，并处1000元以上2000元以下罚款（第九十一条第1款）；

②对饮酒后驾驶营运机动车的，并处5000元罚款（第九十一条第3款）；

③对公路客运车辆超载的，处200元以上500元以下罚款；超载20%或者违反规定载货的，处500元以上2000元以下罚款（第九十二条第1款）。

④货运机动车超载的，处200元以上500元以下罚款；超载30%或者违反规定载客的，处500元以上2000元以下罚款（第九十二条第2款）；

⑤运输单位的车辆超载，经处罚不改的，对直接负责的主管人员处2000元以上5000元以下罚款（第九十二条第4款）；

⑥机动车安全技术检验机构不按照国家安全技术标准进行检验，出具虚假检验结果的，处检验费用5倍以上10倍以下罚款（第九十四条第2款）；

⑦伪造、变造或者使用伪造、变造的登记证书、号牌、行驶证、检验合格标志、保险标志、驾驶证或者使用其他车辆的上述牌证、标志的，并处200元以上2000元以下罚款（第九十七条）；

⑧非法安装警报器、标志灯具的，并处200元以上2000元以下罚款（第九十七条）；

⑨机动车所有人、管理人未投保机动车第三者责任强制保险的，并处投保最低责任限额应缴纳的保费的2倍罚款（第九十八条第1款）；

⑩对无证驾驶，将机动车交给无证人或驾照被吊销、暂扣的人驾驶，造成交通事故后逃逸尚不构成犯罪的，机动车超过规定时速50%的，驾驶无牌无证机动车等严重违法行为，处200元以上2000以下罚款（第九十九条）；

⑪驾驶拼装或者已达报废标准的机动车的，处 200 元以上 2000 元以下罚款（第一百条）；

⑫在道路两侧及绿化带种植植物或者设置物件，遮挡路灯、交通信号灯、交通标志，妨碍安全视距，经公安机关交通管理部门责令排除妨碍，拒不执行的，处 200 元以上 2000 元以下罚款（第一百零六条）。

3. 暂扣机动车驾驶证

暂扣机动车驾驶证是公安机关交通管理部门对违法的机动车驾驶人在一定期限内停止其驾驶资格的处罚。《道路交通安全法》规定，饮酒后驾驶机动车的，处暂扣 6 个月机动车驾驶证。执行职务的交通警察认为应当对道路交通违法行为人给予暂扣机动车驾驶证处罚的，可以先予扣留机动车驾驶证，并在 24 小时内将案件移交公安机关交通管理部门处理。暂扣机动车驾驶证的期限从处罚决定生效之日起计算，处罚决定生效前先予扣留机动车驾驶证的，扣留 1 日折抵暂扣期限 1 日。

被先予扣留机动车驾驶证的道路交通违法行为人，应当在 15 日内到公安机关交通管理部门接受处理。无正当理由逾期未接受处理的，吊销机动车驾驶证。

4. 吊销机动车驾驶证

吊销机动车驾驶证是将机动车驾驶人的驾驶资格予以取消的一种行政处罚。这是对当事人驾驶资格最严厉的一种处罚，这种处罚方式一般适用于实施了严重道路交通安全违法行为的机动车驾驶人。根据《道路交通安全法》，机动车驾驶人有下列情形之一的，吊销机动车驾驶证：

①因饮酒后驾驶机动车被处罚，再次饮酒后驾驶机动车的；

②醉酒驾驶机动车的；

③饮酒后驾驶营运机动车的；

④将机动车交由未取得机动车驾驶证或者机动车驾驶证被吊销、暂扣的人驾驶的；

⑤机动车行驶超过规定时速的百分之五十的；

⑥饮酒后或者醉酒驾驶机动车发生重大交通事故，构成犯罪的；

⑦违反道路交通安全法律、法规；

⑧发生事故后逃逸的；

⑨机动车驾驶证被公安机关交通管理部门依法先予扣留，违法行为人无正当理由未在 15 日内到公安机关交通管理部门接收处理的；

⑩驾驶拼装车或者已达到报废标准的机动车上路行驶的。

驾驶证被吊销后，一般情况，当事人在两年内不准重新申请领取新驾驶证。醉酒驾驶机动车的、饮酒后驾驶营运机动车的，驾驶证被吊销后，5 年内不得重新取得机动车驾驶证。醉酒驾驶营运机动车的，驾驶证被吊销后，10 年内不得重新取得机动车驾驶证，重新取得机动车驾驶证后，不得驾驶营运机动车。如果是由于造成道路交通事故后逃逸而被吊销机动车驾驶证的、饮酒后或者醉酒驾驶机动车发生重大交通事故而构成犯罪的，行为人终生不得再次申请领取机动车驾驶证。

吊销驾驶证与注销驾驶证有相同点也有不同点。吊销驾驶证、注销驾驶证都表明驾驶证已失去法律效力，驾驶资格不复存在，但吊销驾驶证属于行政处罚，驾驶证被吊销后，一般情况 2 年后才能重新学习考试申领新驾驶证；特殊情况依法若干年后才能重新申请取得机动车驾驶证（规定终生不得再次申请领取的除外）。注销驾驶证一般是指驾驶人因身体健康、年龄到限或超过有效期一年没有换证等原因而被车辆管理部门依法注销其驾驶证档案。驾驶证被注销后，如果符合条件的可随时重新学习考试申领驾驶证。如某驾驶人因患有妨碍安全行车的疾病被注销驾驶证，经治愈后，仍可随时重新申请，经考试合格后领取驾驶证。吊销驾驶证与撤销驾驶证也不相同，撤销驾驶证实际上是对以欺骗、贿赂等不正当手段取得的驾驶许可予以撤销。机动车驾驶证一旦被公告撤销，原驾驶人在3年内不能重新申请领取新的驾驶证。

5. 拘留

本节所说的拘留指的是行政拘留，是公安机关交通管理部门对交通违法者实施短时间拘禁，限制其人身自由的一种行政处罚。行政拘留的内容是短期剥夺违法者的人身自由，它是行政处罚中最严厉的一种。根据法律规定，拘留的期限为1日以上15日以下。对道路交通安全违法行为人需要予以拘留处罚的，由县、市公安局、公安分局或者相当于县一级的公安机关裁决。行政拘留的目的是促使违法者认识自己行为的严重性和体现法律的严肃性，这种处罚只适用于严重危害道路交通安全的违法行为人。

（1）根据《道路交通安全法》规定，对于以下交通违法行为可处以行政拘留：

①因饮酒后驾驶机动车被处罚，再次饮酒后驾驶机动车的，处10日以下拘留。醉酒后驾驶机动车或营运机动车的；

②伪造、变造或者使用伪造、变造的检验合格标志、保险标志的，处10日以下拘留。

③有下列行为之一的，可以并处15日以下拘留：

a. 未取得机动车驾驶证、机动车驾驶证被吊销或者被暂扣期间驾驶机动车的；

b. 造成交通事故后逃逸，尚不构成犯罪的；

c. 强迫机动车驾驶人员违反道路安全法律、法规和机动车安全驾驶要求驾驶机动车，造成交通事故，尚不构成犯罪的；

d. 非法拦截、扣留机动车辆，不听劝阻，造成交通严重阻塞或

者较大财产损失的;

e. 伪造、变造或者使用伪造、变造的机动车登记证书、号牌、行驶证、驾驶证的。

④饮酒后驾驶营运机动车的,处15日拘留。

(2)根据《治安管理处罚法》,对于下列人员不适用行政拘留处罚:

①已满14周岁不满16周岁的;

②已满16周岁不满18周岁,初次违反治安管理的;

③70周岁以上的;

④怀孕或者哺乳自己不满1周岁婴儿的。

对交通违法者适用的拘留是行政拘留,它不同于刑事拘留和司法拘留。刑事拘留是对刑事犯罪嫌疑人采取的一种强制措施;司法拘留是人民法院在诉讼过程中,对妨害诉讼秩序的人作出的在一定期限内限制其人身自由的一种处罚方式。这3种拘留虽然都是在短时间内剥夺行为人的人身自由,但它们在处罚性质、适用对象、所依据的法律、目的等方面都有着严格的区别,三者不能混淆,也不能互相代替。

四、道路交通违法行政处罚的程序

道路交通违法行政处罚程序是指公安机关交通管理部门在处理交通违法案件,对行政管理相对人实施处罚时所应遵循的方法和步骤。严格执行行政处罚程序,可以保证行政处罚的公正性和合法性,防止滥用行政处罚权,维护当事人的合法权益,同时也能保障公安机关交通管理部门正确、及时实施行政处罚,提高办案效率。

对于道路交通违法行为人的行政处罚程序,一般应当适用《中华人民共和国行政处罚法》(以下简称《行政处罚法》)的规定,考虑到交通执法行为的即时性,以及交通违法行为流动性强、数量大等特点,《道路交通安全法》对交通违法行为的处罚程序作出了一些具体规定,公安部还专门制定了《道路交通安全违法行为处理程序规定》,该规定于2004年5月1日起施行。该规定的制定和贯彻实施,对于保护当事人的合法权益,促进公安机关依法行政,维护道路交通秩序,都具有重要意义。根据《道路交通安全法》和《道路交通安全违法行为处理程序规定》,道路交通违法行政处罚程序分为简易程序和一般程序两种。

1. 简易程序

道路交通违法行政处罚的简易程序是指对于违法事实确凿并有法定依据且处罚轻微的违法行为,由交通警察在处罚的种类和幅度内,当场裁决处罚时所适用的程序,因此也称作当场处罚程序或者现场处罚程序。它具有作出处罚决定速度快、效率高、处罚的种类和幅度受到严格限制的特点。

根据简易程序的概念,适用简易程序必须具备3个条件:①违法事实确凿,不用再进行调查;②有明确的法律依据;③必须符合《道路交通安全法》规定的种类和幅度。根据《道路交通安全法》第一百零七条的规定,对道路交通违法行为人予以警告或者200元以下罚款的,交通警察可以当场作出处罚决定,并出具行政处罚决定书。当场处罚决定的作出所适用的程序即为简易程序。

适用简易程序处罚的,可由交通警察1人作出行政处罚决定。交通警察在利用简易程序当场作出罚款处罚决定时,应按下列程序实施:

(1)出示执法身份证件,口头告知其拟作出行政处罚的事实、理由、依据及其依法享有的权利。

(2)听取违法行为人的陈述和申辩,违法行为人提出的事实、理由或证据成立的,予以采纳。

(3)按规定制作简易程序处罚决定书。

(4)简易程序处罚决定书应当由被处罚人签名、交通警察签名或者盖章、公安机关交通管理部门盖章。当事人拒绝签名的,交通警察应当在简易程序处罚决定书上注明。

(5)将简易程序处罚决定书当场交付被处罚人;当事人拒收的,交通警察应当在简易程序处罚决定书上注明。

(6)除当场收缴罚款的以外,应当告知被处罚人在规定期限内到指定的银行缴纳罚款。

(7)存档。交通警察应当在2日内将简易程序处罚决定书(一式三联)存档联交所属公安机关交通管理部门存档。

对违法行为处以警告处罚的,口头告知其违法行为的基本事实、依据,向违法行为人提出警告,纠正违法行为后放行。

2. 一般程序

交通违法行政处罚的一般程序,是指除法律特别规定应当适用简易程序和听证程序以外行政处罚通常所适用的程序。根据《道路交通安全法》和《行政处罚法》等有关法律的规定,对交通违法行为人作出200元(不含)以上罚款、暂扣或者吊销机动车驾驶证、拘留行政处罚的,以及对单位处以罚款的,应当按一般程序进行处罚。一般程序包括以下几个步骤:

(1)立案。公安机关交通管理部门对于接到报案的交通违法案件或者发现的违法线索,认为有调查处理必要的,决定进行查处的活动。根据《道路交通安全违法行为处理程序规定》第9条的规定,现场执勤执法的交通警察对于当场发现的违法行为,认为应当对违法行为人按照一般程序进行处罚的,应当按照下列程序制发道路交通安全违法行为处理通知书:

①口头告知其违法行为的基本事实、拟作出的处罚、依据及其依法享有的权利;

②听取违法行为人的陈述和申辩，违法行为人提出的事实、理由或者证据成立的，应当采纳；

③制作道路交通安全违法行为处理通知书；

④道路交通安全违法行为处理通知书应当由违法行为人签名、交通警察签名或者盖章、公安机关交通管理部门盖章。当事人拒绝签名的，交通警察应当在道路交通安全违法行为处理通知书上注明；

⑤将道路交通安全违法行为处理通知书当场交付当事人；当事人拒收的，交通警察应当在道路交通安全违法行为处理通知书上注明。

制发道路交通安全违法行为处理通知书，可以由一名交通警察实施。

交通警察应当在24小时内将道路交通安全违法行为处理通知书（一式二联）存档联交所属公安机关交通管理部门。

(2)调查取证。对交通违法行为人按一般程序进行处罚的，应当进行调查，收集证据。公安机关交通管理部门在调查或者进行检查时，办案人员不得少于两人，并应当向当事人或者有关人员表明执法身份。需要调查的案件事实包括：违法行为人的基本情况；违法行为是否存在，违法行为是否为其实施；实施违法行为的时间、地点、过程、情节；与案件有关的其他事实。

当事人或者有关人员应当如实回答讯问或者询问，并协助调查或者检查，不得阻挠。交通警察询问或讯问当事人及有关人员后，应制作笔录，将笔录交付当事人或者证人核对无误后，由当事人或者证人在笔录上签名或盖章，当事人拒绝接受询问、签名或者盖章的，应在笔录上注明情况。

(3)告知当事人处罚事实、理由、依据和有关权利。公安机关交通管理部门对违法行为人适用一般程序作出行政处罚之前，应当采用书面形式通知违法行为人或者机动车所有人、管理人按照规定的时间到指定地点接受处罚,并告知违法行为人违法行为的基本事实、依据及其依法享有的权利。

(4)听取当事人的陈述、申辩或举行听证。违法行为人有权进行陈述和申辩。当事人接到通知书后,认为执法交通警察可能影响公正处理的,有权要求回避。需要回避的,由公安机关交通管理部门另派两名交通警察听取当事人的陈述、申辩,同时制作笔录,由当事人和执法民警签名或盖章,也可以由当事人提交书面陈述、申辩。执法民警对当事人陈述的理由、申辩的事实应逐一核对,申辩理由成立的应当予以采纳,不得因申辩而加重处罚。复核后也应按规定制作复核笔录,由当事人和执法民警签名或者盖章,作为处理依据,当事人拒绝签名和盖章的,在笔录上注明情况。

公安机关交通管理部门在作出吊销驾驶证或较大数额罚款处罚之前,应当告知违法行为人有要求举行听证的权利,违法行为人要求听证的,公安机关交通管理部门应当受理。公安机关交通管理部门不得因违法行为人提出听证要求而加重处罚。

(5)作出处罚决定。公安机关交通管理部门经过调查取证,并听取当事人陈述、申辩或者举行听证会以后,根据所调查的事实按照规定制作公安交通管理行政处罚决定书,公安交通管理行政处罚决定书应当由当事人签名、公安机关交通管理部门盖章,当事人拒绝签名的,交通警察应当当场在公安交通管理行政处罚决定书上注明。

公安交通管理行政处罚决定书应当在宣告后当场交付当事人。当事人不在场的,应当在 7 日内依照《公安机关办理行政案件程序规定》的有关规定,将公安交通管理行政处罚决定书送达当事人。

一人有两种以上违法行为的,分别裁决,合并执行,可以制作一份公安交通管理行政处罚决定书。但处罚主体不一致的,应当分别制作公安交通管理行政处罚决定书。

一人只有一种违法行为,同时并处两个以上处罚种类且涉及两个处罚主体的,应当分别制作公安交通管理行政处罚决定书。

《道路交通安全违法行为处理程序规定》第31条还对按照一般程序作出处罚决定的时限作出了规定:①对违法行为事实清楚,需要按照一般程序处以罚款的,应当自处理之时起24小时内作出处罚决定;②处以暂扣机动车驾驶证的,应当自处理之日起3日内作出处罚决定;③处以吊销机动车驾驶证的,应当自处理之日起7日内作出处罚决定。

五、交通违法处罚的行政强制措施

行政强制措施是指行政机关为制止、预防违法行为或者在紧急情况下依法采取的对有关对象的人身、财产和行为自由加以暂时性限制,使其保持一定状态的各种方式和手段。为了纠正、处罚交通违法行为,对当事人采取一些行政强制措施,对于约束当事人履行处罚决定,保证交通法律法规的贯彻实施,是非常必要和有效的。它既可以保证违法处罚的实现,又可以防止违法者继续违法或者连续违法。根据《道路交通安全法》及《道路交通安全违法行为处理程序规定》的有关规定,公安机关交通管理部门及其交通警察在执法过程中,因制止违法行为、避免危害发生、防止证据灭失的需要或者机动车驾驶人累积记分满12分的,可以采取扣留车辆、扣留机动车驾驶证、拖移机动车、收缴非法装置和检验体内酒精、国家管制的精神药品、麻醉药品含量等行政强制措施。

1. 扣留车辆

有下列情形之一的,因无其他机动车驾驶人代替驾驶、违法行为尚未消除、需要调查或者证据保全等原因不能立即放行的,可以扣留车辆：

①公路客运车辆或者货运机动车超载的；

②上道路行驶的机动车未悬挂机动车号牌，未放置检验合格标志、保险标志，或者未随车携带行驶证、机动车驾驶证的；

③具有使用伪造、变造或者其他机动车登记证书、号牌、行驶证、检验合格标志、保险标志嫌疑的；

④机动车所有人、管理人未按规定投保机动车第三者责任强制保险的；

⑤机动车具有被盗抢嫌疑的；

⑥机动车属于拼装或者已达到报废标准的；

⑦非机动车驾驶人拒绝接受罚款处罚的。

交通警察应当在实施行政强制措施后24小时内，将被扣留车辆交到所属公安机关交通管理部门。公安机关交通管理部门扣留车辆的，不得扣留车辆所载货物。对车辆所载货物应当通知当事人自行处理，当事人无法自行处理或者不自行处理的，应当记录并防止灭失。对容易腐烂、灭损或者不具备保管条件的其他物品，经县级以上公安机关交通管理部门负责人批准，可以在拍照或者录像后变卖，变卖所得按有关规定处理。需要对机动车来历证明进行调查核实的，扣留机动车时间不得超过15日；需要延长的，经县级以上公安机关交通管理部门负责人批准，可以延长至30日。但机动车驾驶人或者所有人、管理人在30日内没有提供被扣留机动车合法来历证明、没有补办相应手续，或者不去接受处理的除外。

2. 扣留机动车驾驶证

扣留机动车驾驶证的强制措施主要适用于以下情形：

①饮酒、醉酒后驾驶机动车；

②机动车驾驶人将机动车交由未取得机动车驾驶证或者机动

车驾驶证被吊销、暂扣的人驾驶；

③机动车行驶超过规定时速50%；

④驾驶拼装或者已达到报废标准的机动车；

⑤发生重大道路交通事故，构成犯罪；

⑥机动车驾驶人累积记分满12分。

交通警察应当在扣留机动车驾驶证后24小时内，将被扣留机动车驾驶证交到所属公安机关交通管理部门。有上述前五种情形的，扣留机动车驾驶证至作出处罚决定之日；只对违法行为人作出罚款处罚的，作出处罚决定后，应当立即发还机动车驾驶证。有第六种情形的，扣留机动车驾驶证至考试合格之日。

3. 拖移机动车

对违反道路交通安全法律、法规关于机动车停放、临时停车规定，机动车驾驶人不在现场或者虽在现场但拒绝立即驶离，妨碍其他车辆、行人通行的，除对当事人进行处罚外，公安机关交通管理部门可以采取将该机动车拖移至不妨碍交通的地点或者指定的地点停放的强制措施。公安机关交通管理部门应当公开拖车查询电话，并通过标志牌或者其他方式告知当事人。当事人可以通过电话查询接受处理的地点、期限和被拖移机动车的停放地点。

4. 收缴机动车、非法装置、牌证

该强制措施适用的情形主要有以下几种：

①驾驶拼装或者已经达到报废标准的机动车上道路行驶的，除对驾驶人进行处罚外，予以收缴机动车，强制报废；

②收缴伪造、变造的机动车登记证书、号牌、行驶证、检验合格标志、保险标志；

③收缴非法安装的警报器、标志灯具；

④收缴自行车、三轮车加装的动力装置。

交通警察收缴非法装置的,应当在24小时内,将被收缴的非法装置交到所属公安机关交通管理部门。对收缴的非法装置除作为证据保存外,经县级以上公安机关交通管理部门批准后,予以销毁。

5. 血液检测

(1)机动车驾驶人有下列情形之一的,公安机关交通管理部门可以对其采取检验体内酒精、国家管制的精神药品、麻醉药品含量的强制措施:

①对酒精呼吸测试的酒精含量有异议的;

②拒绝配合酒精呼气测试等方式的;

③涉嫌酒后驾驶车辆发生道路交通事故的;

④涉嫌服用国家管制的精神药品、麻醉药品后驾驶机动车的。

(2)检验违法行为人体内酒精、国家管制的精神药品、麻醉药品含量的,应当按照下列程序实施:

①由交通警察将违法行为人带到医疗机构进行抽血或者提取尿液;

②对酒后行为失控的,可以使用约束带或者警绳等约束性警械;

③公安机关交通管理部门应当将抽取的血液或者提取的尿液及时送交有检验资格的机构进行检测,并将检测结果书面告知违法行为人。检验违法行为人体内酒精、国家管制的精神药品、麻醉药品含量的,应当通知其家属。但无法通知的除外。

6. 强制排除妨碍

在道路两侧及隔离带上种植树木、其他植物或者设置广告牌、管线等,遮挡路灯、交通信号灯、交通标志,妨碍安全视距的,由公安机关交通管理部门责令行为人排除妨碍,所需费用由行为人负担。

行政强制措施直接涉及自然人、法人和其他组织的财产和行为权利，为了防止公安机关交通管理部门及其交通警察随意滥用行政措施，保护当事人的合法权益，法律对实施这些强制措施的范围、程序、时限等都作了严格规定，同时还规定，当事人对行政强制措施不服的，可以依法申请行政复议或者提起行政诉讼。

第三节　道路交通违法的民事责任

道路交通违法的民事责任在这里指道路交通事故赔偿责任，也就是事故责任者的违法行为侵犯了他人的财产权或人身权而造成损害时，对受害人进行赔偿的民事责任。在道路交通系统中，每一个交通参与者都依法享有财产权和人身权。发生道路交通事故，造成了人员伤害和财产损失，事故责任人侵犯了受害人的财产权或人身权，形成了民法上的侵权损害事实，根据《民法通则》的规定，责任人应当赔偿受害人的损失，承担相应的民事责任。民事责任主要是一种财产责任，因为违反民事义务的结果，往往带来的是财产上的损失，即使侵犯人身权利所造成损害最后往往也表现为财产上的损失，因此赔偿财产损失就成为民事责任的最基本、最普遍的形式。

一、民事赔偿责任的归责原则

道路交通事故损害赔偿责任属于一种侵权民事责任，我国民法规定侵权损害赔偿中过错责任原则为一般原则，同时也规定了无过错责任原则，这些原则均适用于道路交通损害赔偿。

1. 过错责任原则

过错责任原则是以事故责任者的过错为承担民事责任的基本条件。过错责任原则是侵权民事责任的基本原则，在司法实践中多适用于一般侵权责任。道路交通事故属于一种民事侵权行为，绝大多数道路交通事故都是由于当事人的违法行为造成的，因此这种情况下当事人有着主观过错。根据我国《民法通则》第一百零六条规定，“公民、法人由于过错侵害国家的、集体的财产，侵害他人财产、人身的，应该承担民事责任。”《道路交通安全法》第七十六条第1款第1项规定：“机动车发生交通事故造成人身伤亡、财产损失的，由保险公司在机动车第三者责任强制保险责任限额范围内予以赔偿；不足的部分，按照下列规定承担赔偿责任：机动车之间发生交通事故的，由有过错的一方承担赔偿责任；双方都有过错的，按照各自过错的比例分担责任。”根据这一规定，机动车与机动车之间发生的道路交通事故适用过错责任原则，即在机动车第三者责任强制保险责任限额之外，其民事赔偿责任由有过错的一方承担民事责任；当事人各方都有过错的，按照各自过错的大小比例，分别承担与其过错相当的民事责任。

2. 无过错责任原则

无过错责任，是指行为人无论是否有过错都应当依法承担赔偿责任。适用此原则，只要有损害结果发生，并能证明损害结果与行为人的行为有因果关系，行为人就要承担民事赔偿责任。道路交通事故的性质是一种特殊类型的民事侵权行为，我国《民法通则》第一百二十三条规定：“从事高空、高压、易燃、易爆、剧毒、放射性、高速运输工具等对周围环境有高度危险的作业造成他人损害的，应当承担民事责任；如果能够证明是由受害人故意造成的，不承担民事责任。”根据这一规定，高速运输工具造成人身损害属于一种特殊侵权行为，适用无过错责任原则，即不以加害人的过错为责任成立要件，只要造成人身损害，就成立民事损害赔偿责任。《道路交通安全法》第七十六条第1款第2项规定，“机动车与非机动车驾驶人、行人之间发生交通事故，非机动车驾驶人、行人没有过错的，由机动车一方承担赔偿责任；有证据证明非机动车驾驶人、行人有过错的，根据过错程度适当减轻机动车一方的赔偿责任；机动车一方没有过错的，承担不超过10%的赔偿责任。”根据以上规定，民法上的无过错责任原则也适用于道路交通事故民事损害赔偿。这一规定既侧重保护道路交通事故受害人的合法权益，又较好地体现了公平原则，在实践中具有较强的可操作性。

《道路交通安全法》第七十六条第2款同时还规定：“交通事故的损失是由非机动车驾驶人、行人故意碰撞机动车造成的，机动车一方不承担赔偿责任。”这是机动车一方免除民事赔偿责任的条件，即非机动车驾驶人、行人故意碰撞机动车造成的事故，可以免除机动车一方的民事赔偿责任。例如，非机动车驾驶人或者行人出于自杀或者故意制造道路交通事故敲诈勒索而故意碰撞机动车的，机动车一方完全免责，一切后果均由造成该道路交通事故的非机动车驾驶人、行人承担。这也是与《民法通则》中规定的原则相一致的。

《道路交通安全法》对道路交通事故损害赔偿责任的归责原则和损失赔偿方式上作出了规定，首先由保险公司在机动车第三者责任强制保险投保金额的范围内予以赔偿，其次由当事人之间按照过错责任和无过错责任原则，分别承担超过投保金额部分的民事赔偿责任，这些规定为当事人的损害赔偿提供了保障，也保证了道路交通事故当事人各方的合法权益。

二、人身损害赔偿的项目和标准

1. 人身损害赔偿的项目

《民法通则》规定，公民享有生命健康权；侵害公民身体造成伤害的，应当赔偿医疗费、因误工减少的收入、残疾者生活补助费等费用；造成死亡的，并应当支付丧葬费、死者生前扶养的人必要的生活费等费用。最高人民法院根据《民法通则》等有关法律的规定,结合审判实践,制定了《审理人身损害赔偿案件适用法律若干问题的解释》,这一解释具体规定了人身损害赔偿的项目:

(1)受害人遭受人身损害,因就医治疗支出的各项费用以及因误工减少的收入,包括医疗费、误工费、护理费、交通费、住宿费、住院伙食补助费、必要的营养费,赔偿义务人应当予以赔偿。

(2)受害人因伤致残的,其因增加生活上需要所支出的必要费用以及因丧失劳动能力导致的收入损失,包括残疾赔偿金、残疾辅助器具费、被扶养人生活费,以及因康复护理、继续治疗实际发生的必要的康复费、护理费、后续治疗费,赔偿义务人也应当予以赔偿。

(3)受害人死亡的,赔偿义务人除应当根据抢救治疗情况赔偿第一项所列的医疗费等相关费用外,还应当赔偿丧葬费、被扶养人生活费、死亡补偿费以及受害人亲属办理丧葬事宜支出的交通费、住宿费和误工损失等其他合理费用。

(4)受害人或者死者近亲属遭受精神损害,赔偿权利人向人民法院请求赔偿精神损害抚慰金的,适用《最高人民法院关于确定民事侵权精神损害赔偿责任若干问题的解释》予以确定。

2. 人身损害赔偿标准

(1)医疗费。医疗费是指因治疗在道路交通事故中所受创伤,使身体复原所必需的医药费和治疗费,包括挂号费、检验费、手术费、治疗费、住院费和药费等。医疗费根据医疗机构出具的医药费、住院费等收款凭证,结合病历和诊断证明等相关证据确定。医疗费的赔偿数额,按结案时实际发生的数额确定。结案后受害人身体尚未康复确需继续治疗的,所发生的器官功能恢复训练所必需的康复费、适当的整容费以及其他后续治疗费,赔偿权利人可以待实际发生后另行向法院起诉。但根据医疗证明或者鉴定结论确定必然发生的费用,可以与已经发生的医疗费一并予以赔偿。

(2)误工费。误工费是指事故受害人抢救治疗期间因误工减少的收入。误工费根据受害人的误工时间和收入状况确定。误工时间根据受害人接受治疗的医疗机构出具的证明确定。受害人因伤残持续误工的,误工时间可以计算至定残日前1天。

误工费的计算分为两种情况,即有固定收入的误工费和无固定收入的误工费。有固定收入的误工费,按照本人因误工减少的固定收入计算,其收入包括工资、奖金及国家规定的补贴、津贴。工资收入的情况由单位劳资部门提供。受害人无固定收入的,按照其最近3年的平均收入计算,受害人不能证明其最近3年的平均收入状况的,则参照受诉法院所在地相同或者相近行业上1年度职工的平均工资计算。

(3)护理费。护理费是指伤势严重生活不能自理的伤残者使用护理人员而开支的费用。护理费根据护理人员的收入状况和护理人数、护理期限确定。护理人员有收入的,参照误工费的规定计算;护理人员没有收入或者雇佣护工的,参照当地护工从事同等级别护理的劳务报酬标准计算。护理人员原则上为一人,但医疗机构或者鉴定机构有明确意见的,可以参照确定护理人员人数。护理期限应计算至受害人恢复生活自理能力时止。受害人因残疾不能恢复生活自理能力的,可以根据其年龄、健康状况等因素确定合理期限,但最长不超过20年。受害人定残后的护理,应当根据护理依赖程度并结合配制残疾辅助器具的情况确定护理级别。

(4)交通费。交通费是指事故伤、残者就医、配制残疾用具等实际必需的车、船票费用。交通费根据受害人及其必要的陪护人员因就医或者转院治疗实际发生的费用计算。交通费应当以正式票据作为凭证;有关凭据应当与就医地点、时间、人数、次数相符合。

(5)住院伙食补助费。住院伙食补助费可以参照当地国家机关一般工作人员的出差伙食补助标准予以确定。受害人确有必要到外地治疗,因客观原因不能住院,受害人本人及其陪护人员实际发生的住宿费和伙食费,其合理部分应予赔偿。

(6)营养费。营养费根据受害人伤残情况参照医疗机构的意见确定。

(7)残疾赔偿金。残疾赔偿金是指给予残疾者伤残评定结束以后一段时期内的生活补偿费。残疾赔偿金根据受害人丧失劳动能力程度或者伤残等级,按照受诉法院所在地上 1 年度城镇居民人均可支配收入或者农村居民人均纯收入标准,自定残之日起按 20 年计算。但 60 周岁以上的,年龄每增加 1 岁减少 1 年;75 周岁以上的,按 5 年计算。残疾赔偿金是根据受害人丧失劳动能力程度或者伤残等级进行计算的,也就是说“程度”或“等级”不同,残疾赔偿金也不同。司法实践中一般将伤残等级作为赔偿标准的系数,即一至十级对应百分比系数分别为 100% 至 10%,具体计算方式如下:一级伤残为上一年度城镇居民人均可支配收入或者农村居民人均纯收入标准乘以 20 年再乘以 100%,二级伤残则乘以 90%,依此类推,十级伤残乘以 10%。受害人的伤残程度越严重,残疾赔偿金也就越高。

受害人因伤致残但实际收入没有减少,或者伤残等级较轻但造成职业妨害严重影响其劳动就业的,可以对残疾赔偿金作相应调整。

(8)残疾辅助器具费。残疾辅助器具费是指残疾者因残疾需要配制补偿功能的器具费用。残疾辅助器具费按照普通适用器具的合理费用标准计算。伤情有特殊需要的,可以参照辅助器具配制机构的意见确定相应的合理费用标准。

辅助器具的更换周期和赔偿期限参照配制机构的意见确定。

(9)丧葬费。丧葬费是办理丧葬事宜所必需的费用。丧葬费赔偿的标准按照受诉法院所在地上1年度职工月平均工资标准,以六个月总额计算。

(10)死亡赔偿金。死亡赔偿金是指对死者家属的抚慰金以及对死者家庭受到经济损失的补偿金。死亡赔偿金按照受诉法院所在地上1年度城镇居民人均可支配收入或者农村居民人均纯收入标准,按20年计算。但60周岁以上的,年龄每增加1岁减少1年;75周岁以上的,按5年计算。

(11)被扶养人生活费。被扶养人生活费是指事故死者生前或者残疾者丧失劳动能力前实际扶养的,没有其他生活来源的人必要的生活费用。被扶养人是指受害人依法应当承担扶养义务的未成年人或者丧失劳动能力又无其他生活来源的成年近亲属,包括配偶、子女、父母、祖父母、外祖父母、孙子女、外孙子女、兄弟姐妹等。

被扶养人生活费根据扶养人丧失劳动能力程度,按照受诉法院所在地上1年度城镇居民人均消费性支出和农村居民人均年生活消费支出标准计算。被扶养人为未成年人的,计算至18周岁;被扶养人无劳动能力又无其他生活来源的,计算20年。但60周岁以上的,年龄每增加1岁减少1年;75周岁以上的,按5年计算。

被扶养人还有其他扶养人的,赔偿义务人只赔偿受害人依法应当负担的部分。被扶养人有数人的,年赔偿总额累计不超过上1年度城镇居民人均消费性支出额或者农村居民人均年生活消费支出额。

对于在侵害行为发生时正被孕育的胎儿,其一旦出生为活体的人,即可行使扶养损害赔偿请求权。这是因为,胎儿既已存在,出生后肯定需要受害人承担扶养义务。

(12)精神损害抚慰金。道路交通事故致人伤残或死亡,受害者或其近亲属可以提起精神损害赔偿。这是因为,生命健康权是人格权中最基本的权利,它是公民其他权利的基础。侵害他人生命健康权不但使权利人身体受到损伤,而且还会给权利人带来心理上和精神上的极大痛苦和创伤。因此,侵害生命健康权,除赔偿经济损失外,死亡者的亲属及伤残者本人有权要求精神损害赔偿。2004年9月13日14时,驾驶人刘×驾驶某出租车公司的轿车沿新民路北向南行驶至南宁市新民路南宁市某中学附近时,轿车车尾与学生张×驾驶的无牌号自行车发生碰撞,造成学生张×右胫腓骨螺旋骨折的道路交通事故。事故发生后,驾驶人刘×因将原告张×送至医院抢救,未保护现场。刘×单方过错造成事故事实无法查证,交警认定驾驶人刘×负事故全部责任。后来张×诉至法院,请求被告支付医疗费和精神损失费。广西南宁市青秀区人民法院作出判决,支持了该中学生精神损失费的诉讼请求。

最高人民法院《关于确定民事侵权精神损害赔偿责任若干问题的解释》对精神损害赔偿数额的数额作了原则性的规定,该解释第10条规定,精神损害赔偿的数额由以下因素确定:①侵权人的过错程度;②侵权的手段、场合、行为方式等具体情节;③侵权行为所造成的后果;④侵权人的获利情况;⑤侵权人承担责任的经济能力;⑥受诉法院所在地平均生活水平。

另外,金钱赔偿不是抚慰精神损害的唯一方式,抚慰精神损害还有赔礼道歉、恢复名誉、消除影响等一系列的法律责任形式。对因侵权致人精神损害,但未造成严重后果,受害人请求赔偿精神损害抚慰金的,法院一般不予支持。

三、道路交通事故财产损害赔偿

道路交通事故造成的财产损失,主要是指道路交通事故直接造成车辆、财产、道路、设施等财物的损毁。道路交通事故造成财产损失的,根据《民法通则》第一百一十七条规定,应当恢复原状或者折价赔偿。按照这一规定的精神,对道路交通事故造成财产损失的赔偿主要包含以下内容：

(1)损坏道路、道路安全设施以及道路上及其附近的其他设施，如房屋、电力和水力设施、树木和花卉等，只赔偿直接损失，对于间接损失，如电力、水力设施损坏引起的停电、停水而造成的生产、生活损失等，则不予赔偿。

(2)车辆、物品等遭受损失，赔偿方式是修复或者折价赔偿。是修复还是折价赔偿要根据实际情况来确定，必要时可请有关部门进行评估。确定为修复的，一般以就地修复为主，当地无修复条件或当事人自己有修复条件的，也可以在有修复条件的地方修复。牲畜因伤未失去价值的，也应以就地治疗为主。确定为折价赔偿的，一般是由于损坏的财物不能修复，或者修复的费用高，超出了原物价值。折价赔偿费用按照实际价值或者评估机构的评估结论计算。折价时应考虑原物的折旧、原物的新旧市场价等因素。道路交通事故造成牲畜受伤失去使用价值或死亡的，凭区、县级兽医院或牲畜交易管理机关开具的证明或鉴定，折价赔偿。

(3)经双方协商，可以部分修复、部分折价，或者以同类同质量的实物予以赔偿。

(4)根据最高人民法院有关司法解释规定，在道路交通事故损害赔偿案件中，如果受害人被损车辆正用于货物运输或旅客运输经营活动，要求赔偿被损车辆修复期间的停运损失的，道路交通事故责任者应当予以赔偿。

第四节　道路交通违法的刑事责任

道路交通违法的刑事责任指的是违反道路交通安全法律、法规的规定，发生重大道路交通事故，构成犯罪，依法应当承担的法律后果。违反道路交通安全法律、法规的规定，发生重大道路交通事故,构成犯罪的,即触犯了《刑法》第一百三十三条,构成交通肇事罪。

一、交通肇事罪的构成要件

根据《刑法》第一百三十三条的规定,交通肇事罪是指违反交通运输管理法规,因而发生重大事故,致人重伤、死亡或者使公私财产遭受重大损失的行为。构成交通肇事罪应具备以下四个要件:

(1)交通肇事罪的主体为一般主体。即年满 16 周岁、具有刑事责任能力的自然人均可构成交通肇事罪。在实践中以从事交通运输人员为主,但非机动车驾驶员和行人也能成为交通肇事罪的主体。

(2)交通肇事罪的主观方面是出于过失。过失是指行为人对自己行为的严重后果应当预见,由于疏忽大意而未预见,或者虽然已经预见,但轻信能够避免,以致发生严重后果的心理态度。如果行为人对违反交通管理法规行为所造成的严重后果持故意态度,就不能定为交通肇事罪。这里的过失是对道路交通事故损害后果所持的心理态度,但行为人在实施违反交通管理行为时,则可以是过失,也可以是故意。这不影响交通肇事罪的成立。

(3)交通肇事罪侵害的客体是国家的交通运输安全和公民的人身权利。通过给不特定多人造成死伤结果,使公私财产遭受重大损失等具体的、有形的危害结果表现出来。

(4)交通肇事罪的客观方面表现为违反道路交通安全法律、法规,发生重大道路交通事故,致人重伤、死亡或者使公私财产遭受重大损失。客观方面具体来讲,应具备三个要素:

①当事人实施了违反道路交通安全法律、法规的行为;

②必须发生重大事故,有致人重伤、死亡或者使公私财产遭受重大损失的严重后果;

③严重后果必须由违反道路交通安全法律、法规的行为引起，二者之间存在因果关系。

二、交通肇事罪的立案标准和量刑标准

道路交通违法行为关系到肇事者事故责任的大小，事故后果关系到事故造成的危害的严重程度。这两个方面构成交通肇事罪与非罪的标准。在一般情况下，交通肇事罪与非罪的界限也就是对这个危害后果程度的把握。构成交通肇事罪必须发生重大事故，致人重伤、死亡或者使公私财产遭受重大损失，最高人民法院《关于审理交通肇事刑事案件具体应用法律若干问题的解释》对重大事故的标准作了具体界定，该解释第二条规定，交通肇事具有下列情形之一的，处3年以下有期徒刑或者拘役：

①死亡1人或者重伤3人以上，负事故全部或者主要责任的；

②死亡3人以上，负事故同等责任的；

③造成公共财产或者他人财产直接损失，负事故全部或者主要责任，无能力赔偿数额在30万元以上的。

交通肇事致1人以上重伤，负事故全部或者主要责任，并具有下列情形之一的，以交通肇事罪定罪处罚：

①酒后、吸食毒品后驾驶机动车辆的；

②无驾驶资格驾驶机动车辆的；

③明知是安全装置不全或者安全机件失灵的机动车辆而驾驶的；

④明知是无牌证或者已报废的机动车辆而驾驶的；

⑤严重超载驾驶的；

⑥为逃避法律追究逃离事故现场的。

根据这个规定，道路交通安全违法行为是否构成犯罪，除了要看道路交通事故的类型是否是重大道路交通事故，另外的关键就

是看当事人的道路交通事故责任。因此说对于构成交通肇事罪的刑事处罚,取决于当事人的道路交通事故责任。

对于构成交通肇事罪的,应依照《刑法》追究其刑事责任。《刑法》第一百三十三条规定:“违反交通运输管理法规,因而发生重大事故,致人重伤、死亡或者使公私财产遭受重大损失的,处3年以下有期徒刑或者拘役;交通运输肇事后逃逸或者有其他特别恶劣情节的,处3年以上7年以下有期徒刑;因逃逸致人死亡的,处7年以上有期徒刑。”

第一百三十三条之一规定:“在道路上驾驶机动车,有下列情形之一的,处拘役,并处罚金:

(一)追逐竞驶,情节恶劣的;(二)醉酒驾驶机动车的;(三)从事校车业务或者旅客运输,严重超过额定乘员载客,或者严重超过规定时速行驶的;(四)违反危险化学品安全管理规定运输危险化学品,危及公共安全的。”

《关于审理交通肇事刑事案件具体应用法律若干问题的解释》中规定,交通肇事具有下列情形之一的,属于“有其他特别恶劣情节”,处3年以上7年以下有期徒刑:

①死亡2人以上或者重伤5人以上,负事故全部或者主要责任的;

②死亡6人以上,负事故同等责任的;

③造成公共财产或者他人财产直接损失,负事故全部或者主要责任,无能力赔偿数额在60万元以上的。

“交通运输肇事后逃逸”,是指行为人在发生道路交通事故后,为逃避法律追究而逃跑的行为。“因逃逸致人死亡”,是指行为人在交通肇事后为逃避法律追究而逃跑,致使被害人因得不到救助而死亡的情形。

交通肇事后,单位主管人员、机动车辆所有人、承包人或者乘车人指使肇事人逃逸,致使被害人因得不到救助而死亡的,以交通肇事罪的共犯论处。

行为人在交通肇事后为逃避法律追究,将被害人带离事故现场后隐藏或者遗弃,致使被害人无法得到救助而死亡或者严重残疾的,应当分别依照刑法第二百三十二条、第二百三十四条第2款的规定,以故意杀人罪或者故意伤害罪定罪处罚。

单位主管人员、机动车辆所有人或者机动车辆承包人指使、强令他人违章驾驶造成重大道路交通事故,达到交通肇事罪标准的,以交通肇事罪定罪处罚。

三、交通肇事刑事案件的办理程序

道路交通事故发生后,一般是由公安机关交通管理部门来处理。根据《公安部刑事案件管辖分工规定》,交通肇事罪由公安机关交通管理部门负责侦查,这也是公安交通管理部门负责侦查的唯一一项刑事案件。根据《刑事诉讼法》的规定,公安机关交通管理部门在追究交通肇事罪中的职责主要是立案侦查,具体来说就是通过现场勘查、调查取证和技术鉴定确认事实依据,查明事故原因,分清责任,对造成重大事故、致人重伤、死亡或者使公私财产遭受重大损失,负事故主要或全部责任构成交通肇事罪的责任者,依法按照法定程序追究其刑事责任。交通肇事刑事案件按照以下程序进行处理:

1. 受理

道路交通事故处理工作中,在责任认定之后,才能确定是否追究肇事者的刑事责任。确定对肇事者进行刑事处罚时,办案人员应在事故报案、立案登记基础上,补办报案受理法定手续,即填制《受理刑事案件登记表》,这是公安机关交通管理部门参与刑事诉讼活动的第一道法律程序。

2. 立案

对经过调查的交通肇事案，符合交通肇事刑事案件立案标准且归自己管辖的，应当立即转为刑事案件，按照公安机关办理刑事案件程序规定进行，制作刑事案件立案报告表，报经县级以上公安机关公安机关领导批准，予以立案。

3. 侦查

道路交通肇事案的侦查工作包括：现场勘查、调查访问、讯问与询问、检验与鉴定、收集物证和书证等。

4. 采取强制措施

在交通肇事刑事案件侦查过程中，对交通肇事者可以采取强制措施，所采取的刑事强制措施共 5 种：拘传、取保候审、监视居住、刑事拘留、逮捕。

5. 破案

在追究交通肇事者的刑事责任时，破案是公安机关交通管理部门侦查任务完成的标志。公安机关在立案后，经过侦查、查明了肇事者和主要事故事实，并取得了确实证据后，办案部门应当制作破案报告，报县级以上公安机关负责人批准。破案应当具备下列条件：①犯罪事实已有证据证明；②有证据证明犯罪事实是犯罪嫌疑人实施；③犯罪嫌疑人或者主要犯罪嫌疑人已经归案。

6. 侦查终结

侦查终结的案件，侦查人员应当制作结案报告。结案报告应当包括以下内容：①犯罪嫌疑人的基本情况；②是否采取了强制措施及其理由；③案件的事实和证据；④法律依据和处理意见。侦查终结后，对于犯罪事实清楚，证据确凿、充分，犯罪性质和罪名认定正确，法律手续完备，依法应当追究刑事责任的案件，应当制作《起诉意见书》，经县级以上公安机关负责人批准后，连同案卷材料、证据，一并移送同级人民检察院审查起诉。

人民检察院经过对案件的审查,认为肇事者的犯罪事实已经清楚,证据确实充分,依法应追究刑事责任的,即作出起诉的决定,按审判管辖的规定,向人民法院提起公诉。

构成交通肇事罪,使国家、集体财产遭受损失的,由公安机关根据肇事者造成的损害事实提出赔偿意见,随同案件移送人民检察院,依法提起附带民事诉讼;公民因他人犯交通肇事罪遭受物质损失的,可以依法提起附带民事诉讼。

思考题

一、简答题

1. 简述交通违法行政处罚的原则。

2. 道路交通事故民事赔偿责任的归责原则有哪些?

3. 公安机关交通管理部门采取的行政强制措施与行政处罚种类有何区别?

4. 交通肇事罪的立案标准是什么?

二、选择题(单项选择)

1. 对道路交通违法行为人处以(　　)元以下罚款或者警告的,交通警察可以当场作出处罚决定,并出具行政处罚决定书。

A. 500　　B. 200　　C. 100　　D. 50

2. 下列情形可以暂扣车辆(　　)。

A. 机动车属于拼装或已达到报废标准的

B. 当场不能缴纳罚款的

C. 非法安装警报器、标志灯具的

D. 机动车行驶超过规定时速 50% 的

3. 造成道路交通事故后逃逸的,由公安机关交通管理部门吊销机动车驾驶证,且(　　)不得重新取得机动车驾驶证。

A.2 年　　B.3 年

C.5 年　　D.终生

4.行为人有下列情形的,吊销机动车驾驶证。

A.将机动车交由机动车驾驶证被暂扣的人驾驶的

B.醉酒后驾驶营运机动车的

C.驾驶拼装的机动车或者已达到报废标准的机动车上道路行驶的

D.使用其他车辆的机动车登记证书、号牌、行驶证

三、判断题(正确的在括号内打"√",错误的在括号内打"×")

1.交通肇事只要造成死亡一人或者重伤三人以上的,就构成了犯罪。　　(　　)

2.一人同时有两种以上道路交通违法行为的,应分别处罚,合并执行。　　(　　)

四、案例分析题

1.李×饮酒后驾驶一辆摩托车(附载陆×、谢×)在某公路由北向南行驶至A桥时,因摩托车与桥面围栏相撞,造成谢某被抛下桥底地上,当场死亡,陆×与李×不同程度受伤及摩托车损坏的道路交通事故。

问:李×的行为是否构成交通肇事罪?如果谢×和陆×要求李×承担民事赔偿责任,赔偿的范围应包括哪些?

2.张×和陈×、朱×、赵×四人乘坐由刘×驾驶的一辆黄色欧曼重型自卸车,行驶至某市经济技术开发区时,与同方向行驶的由王×所驾驶的二轮摩托车相撞,致使王×重伤,刘×在明知撞车的情况下以自己没有驾驶证

为由，将车交给张×驾驶，张×在明知撞车的情况下仍驾驶车辆前行，在行驶 100 米后，张×感觉车子行驶困难，遂将车子停下，经下车检查，发现被害人王×被卡在货车左前轮下，其腿部已血肉模糊。见此情况，张×即刻打电话报警，并积极协助救人。王×后经抢救无效死亡。

(1)张×在他人肇事后替他人开车逃走的行为是否构成交通肇事罪？

(2)交通肇事逃逸行为本身造成他人死亡是否属于法律规定的交通肇事罪的加重情节？应承担何种刑事责任？

3. 何×驾驶无牌照农用车拉了一车黄泥欲卖给某水泥厂，该厂以黄泥太黑为由拒收，何×便将黄泥倒在水泥厂门前的公路上，人为制造了一个长 5 米，宽 3.3 米，高 0.77 米的路障。2000 年 10 月 2 日凌晨 4 时 50 分，被告人陈×驾驶一辆三东牌卧铺客车经过此路段，在行驶中绕过路障后，没有及时回复已方行驶路线继续侵占对方行驶路线，与个体驾驶人谢×驾驶的无牌照拼装东风货车会车时相互刮撞，造成卧铺车上乘客 4 人死亡，9 人受伤，直接经济损失达 30 余万元的特大道路交通事故。经交警大队认定，在这次事故中，陈×负主要责任，谢×负次要责任。

问：谢×的行为是否构成犯罪？他应承担什么责任？

4. 甲到乙的汽车销售店去买车，乙明知甲无驾驶证，在甲要求试车时，乙为了卖车，答应让甲试车，在路上，甲开车撞上了一辆停在路边的丙的车，造成乙的车和丙的车的损坏，当时三方都没有报案，商议协商解决，乙维修汽车花了 8 000 元，丙维修汽车花了 6 000 元，后因 3 人协商不成，乙诉至法院，要求甲承担全部责任。此案应如何认定？

第七章 道路交通安全管理执法监督

第一节 道路交通安全管理执法监督概述

一、道路交通安全管理执法监督的概念、特征和分类

1. 道路交通安全管理执法监督的概念

道路交通安全管理执法监督有广义和狭义之分。

广义的道路交通安全执法监督是指对道路交通安全管理立法、司法、执法活动所进行的检查和监督。其主体是法律授权的国家机关及社会组织和公民个人，他们基于宪法和法律赋予的权利对道路交通管理的立法、司法和执法活动进行全面的监督。其中，对交通管理的立法、司法活动的监督过程主要由全国人大及其常委会和有立法权的地方人大及其常委会、国务院、人民检察院和人民法院实行。

狭义的道路交通安全管理执法监督，是指有关国家机关、社会组织和公民个人，依法对公安机关及其人民警察的道路交通安全管理行政立法、执法活动和遵守纪律的情况所实施的监督活动。

本章所指的道路交通安全管理执法监督,如无特别说明即为这种意义上的狭义的道路交通安全管理执法监督。

2. 道路交通安全管理执法监督的特征

道路交通安全管理执法监督作为执法监督机制的一部分,有其自身的特点,这些特点主要表现在:

(1)监督的主体具有广泛性。根据有关法律、法规的规定,道路交通安全管理执法监督的主体十分广泛,既有公安机关和公安交通管理部门的内部监督,也有法律授权的其他国家机关和社会组织、公民个人的外部监督。这些来自不同方面的监督主体,形成了完整的公安执法监督体系。内部执法监督的权限是基于上下级和行政隶属关系或者业务指导、领导关系。外部监督的法律依据是基于宪法和法律的相关规定。

(2)监督对象具有特定性。道路交通安全管理执法监督的对象是公安机关以及公安交通管理部门及其道路交通管理执法人员,监督对象具有特定性。

道路交通安全管理执法监督是对公安机关以及公安交通管理部门及其人民交通警察执行职务行为进行的监督,监督公安机关及其人民警察在执行职务活动中是否依法履行职责、行使职权,是否严格遵守和执行人民警察的义务和纪律。各级公安机关是道路交通安全管理部门的领导机关,负有立法或执法的法律责任,道路交通安全管理部门直接负责交通安全管理立法或执法工作,交通民警是具体执法人员,负责依法维护道路交通安全,他们的执法活动依法必须接受执法监督。

(3)监督的形式具有多样性。道路交通安全管理执法监督,是通过多种途径和形式进行的。监督主体的性质、地位不同,监督的形式、程序也不相同。权力机关、人民政府以及上级公安机关和公安交通管理部门,可以通过检查、审查、调查、听证等监督形式进行监督;检察机关可以通过法定程序对侦查、执行刑罚等活动进行监督;行政监察机关可以通过检查、调查等行政监察程序监督;监督机构则依照专门的督察程序进行监督;其他社会监督主体可以通过批评、建议、申诉、控告、复议等监督形式进行监督。

(4)监督过程的持续性。道路交通安全管理执法监督贯穿于整个道路交通安全管理立法、执法过程中,具有持续性。按我国道路交通安全管理执法监督机制,道路交通安全管理执法监督既有立法过程监督,也有执法过程监督,如立法审批、备案制度,执法现场检查、督查,以及执法过程完成后的各种监督,如行政复议、司法监督等。可见道路交通安全管理执法监督贯穿于整个道路交通安全管理立法、执法活动之中,具有持续性的特点。

3. 道路交通安全管理执法监督的分类

依据不同的标准,道路交通安全管理执法监督可以划分为不同的类别。

(1)按监督主体进行划分。根据监督主体的不同,道路交通安全管理执法监督可以分为国家权力机关的监督、检察机关的监督、审判机关的监督、行政监察机关的监督、公安机关内部的监督、公民和其他社会组织的监督等。

(2)按监督主体与监督对象的隶属关系进行划分。根据监督主体与监督对象的隶属关系不同,道路交通安全管理执法监督可以分为外部监督和内部监督。外部监督是指监督主体与监督对象之间不具有直接的行政隶属关系,这种监督主体是公安机关以外的其他机关、组织和公民个人,主要有国家权力机关的监督、行政监察监督、检察监督、行政诉讼监督、社会监督等;内部监督是指监督主体与监督对象之间有着直接的行政隶属关系,即上级公安机关对下级公安机关,上级业务部门对下级业务部门,本级公安机关对所属道路交通安全管理业务部门及其人民警察的各项执法活动实施的监督。这种监督主体是公安机关自身，主要有督察监督、法制部门监督以及行政复议和国家赔偿制度等。

(3)按实施监督的时间进行划分。根据实施监督的时间不同，道路交通安全管理执法监督可以分为事前监督、事中监督和事后监督。事前监督是指监督主体在公安机关及其道路交通安全管理部门和人民警察实施执法行为之前依法进行的监督。上级公安机关和道路交通安全管理部门对下级公安机关和道路交通安全管理部门执法工作方案事前的审核、检察机关对公安机关提请逮捕犯罪嫌疑人的审查批准等就是事前监督。事中监督是指监督主体在公安机关及其道路交通安全管理部门和人民警察执法过程中进行的监督。检察机关对公安交通安全管理部门侦查过程中存在的违法行为发出纠正违法通知书，督察机构对人民警察的执法活动进行现场督察等。事后监督是指监督主体在公安机关及其道路交通安全管理部门和人民警察执法行为终结之后进行的监督，行政复议、行政诉讼、行政赔偿等就是事后监督。

(4)按监督行为是否具有法律效力进行划分。根据监督主体的监督行为是否具有法律效力，道路交通安全管理执法监督可以分为直接监督和间接监督。直接监督是指监督主体的监督行为能直接产生法律效力的监督。检察机关作出的批准或不批准逮捕的决定，人民法院作出的撤销公安机关及其道路交通安全管理部门的具体行政行为的判决，公安机关及其道路交通安全管理部门必须执行，这些都是直接监督。间接监督是指不直接具有法律效力的监督，社会组织、公民的监督和新闻媒体的舆论监督都是间接监督，不具有直接法律效力，但他们可以按照法定条件向有关国家机关提出，通过有关国家机关对公安机关及其道路交通安全管理部门和人民警察的违法违纪行为予以纠正和处理。

二、道路交通安全管理执法监督的原则

道路交通安全管理执法监督的原则,是指在进行道路交通安全管理执法监督活动中应当遵循的基本思想和准则。道路交通安全管理执法监督应当遵循以下原则:

1. 有法必依,执法必严,违法必纠的原则

"有法必依,执法必严,违法必纠"是道路交通安全管理执法监督的一项最基本的原则。

有法必依,即要求作为法律授权的道路交通安全管理执法监督主体,在对公安机关及其公安交通安全管理部门以及交通民警的行政执法活动进行执法监督过程中,要依法要求交通行政执法主体依照法律、法规和规章规定行使职权、履行职责,杜绝随意执法;执法必严,即要求法律授权的道路交通安全管理执法监督主体,必须严格按照法律、法规和规章规定进行执法监督活动,不得有姑息、放纵违法执法行为的事件发生;违法必究,表现在执法监督活动中,更多地就是要求道路交通安全管理执法监督主体,对一切违反道路交通安全管理法律、法规和规章的违法执法行为,都应一一加以纠正、不得疏漏,并依法追究当事人的法律责任,以维护法律的尊严。

2. 内部监督与外部监督相结合的原则

道路交通安全管理执法工作是行政执法的一部分,同处于国家整个监督机制的监督之下,除公安机关和及其交通安全管理部门的内部执法监督之外,还必须接受人大、政府、司法机关,其他组织和个人对执法工作的监督。监督主体不同,其监督行为的法律效力也有所区别。政府、公安机关及其交通管理部门的内部执法监督是直接监督,是最为直接有效的执法监督形式之一;其他行政执法监督和立法、司法监督也是一种直接监督,但与公安机关及其

交通安全管理部门的内部监督比较,在效率和灵活性方面稍显欠缺。其他组织和个人的监督,属于间接监督,其监督作用和效果依其影响力的大小而有所不同,但仍然是非常有力和非常重要的监督形式。特别是由于中国共产党的执政地位,决定了它在执法监督中的作用是任何其他组织都无法与之相比的;此外,新闻舆论监督也是一种非常有效的监督,由于其广泛的社会影响力,在我国当前的情况下显得更为重要。

道路交通安全管理执法工作依法应该接受全社会的监督,以不断提高依法行政的执法水平,更好地服务于国家和人民。

三、道路交通安全管理执法监督的意义和作用

1. 道路交通安全管理执法监督的意义

(1)道路交通安全管理执法监督是实现公安机关职能的重要条件。公安机关及其交通安全管理部门是武装性质的国家治安行政机关和刑事执法机关。“维护道路交通秩序,预防和减少交通事故,保护人身安全,保护公民、法人和其他组织的财产安全及其他合法权益,提高通行效率,”是公安机关及其交通安全管理部门的基本职能之一。公安机关及其交通安全管理部门在国家生活中的重要作用,决定了公安机关及其交通管理部门必须依法履行职责、行使职权。只有在国家有效的监督和控制之下,公安机关及其交通安全管理部门才能发挥好其职能作用,因此道路交通安全管理执法监督是实现公安机关及其交通安全管理部门职能的必要条件。

(2)道路交通安全管理执法监督是保障公安机关及其交通安全管理部门和人民警察依法行使职权的重要手段,对公安机关及其交通安全管理部门和人民警察行使职权活动合法性的监督是道路交通安全管理执法监督的核心。公安机关及其交通安全管理部

门和人民警察必须依法执法，这是由公安机关的性质、地位决定的。

(3)道路交通安全管理执法监督是加强公安队伍建设的重要方式。道路交通安全管理执法监督，是加强公安队伍建设，落实“从严治警，依法治警”方针的重要措施和重要方式，是严格公安队伍管理的内在要求。

(4)道路交通安全管理执法监督是维护公民合法权益的重要保障。《人民警察法》规定，人民警察的任务是保护公民人身安全、人身自由和合法财产，维护交通安全和交通秩序，这就决定了公安机关及其交通管理部门和人民警察执法活动直接涉及公民的人身权利和财产权利。为了防止权力滥用，发生侵犯公民合法权益的行为，保证公安机关及其交通管理部门和人民警察依法执法，就要通过采取相应的监督措施，完善执法监督制度，以更好保护公民合法权益。

2. 道路交通安全管理执法监督的作用

执法监督的根本目的是保证立法初衷的实现。道路交通安全管理执法监督在整个道路交通法治过程的重要作用，主要表现在以下几个方面：

(1)在道路交通安全立法过程中依法实施执法监督，维护一国法律体系的统一性和协调性。我国的道路交通安全法规有全国人民代表大会及其常务委员会制定的，如《道路交通安全法》、《中华人民共和国行政处罚法》中有关处罚程序规定，《中华人民共和国治安管理处罚法》第三十七条中对道路交通管理的具体规定，《中华人民共和国刑法》第一百一十六条、第一百一十七条、第一百一十九条，《中华人民共和国国家赔偿法》关于行政赔偿的相关规定等；有国务院各部委，如公安部、交通部制定的许多行政法规、规章；各省、市、自治区制定的有关道路交通安全管理的法规、规章更多。它们是我国法律体系的一个有机组成部分,其效力依其制定主体不同而不同。

为维护我国法律制度形式上的统一性和各种法律法规具体规定内容上的协调性,对道路交通安全法规的制定过程实施法律监督是十分必要的。立法监督的法律依据是《中华人民共和国立法法》。该法对立法权限、立法程序和立法监督等作出了明确规定,"立法应当依照法定的权限和程序,从国家整体利益出发,维护社会主义法制的统一和尊严。""立法应当从实际出发,科学合理地规定公民、法人和其他组织的权利与义务、国家机关的权力与责任。"该法规定,各级立法机关是立法监督的主体,应当依法实施立法监督,并为此规定了审查、撤销和备案制度,以维护宪法、法律的尊严和一国法制的高度统一与各种法律法规具体规定的协调性。这样,就能有效地避免道路交通安全管理出现政出多门、相互冲突的混乱局面,保证道路交通安全管理的根本目的的顺利实现。

(2)在道路交通安全管理执法过程中实施执法监督,维护法律法规的严肃性和交通参与者的合法权益。道路交通安全法规的贯彻执行最终需要执法者落实,由于执法者的执法水平不尽相同,而且孟德斯鸠在其《论法的精神》中写道:"一切行使权力的人都会滥用权力,这是一条万古不易的经验。"道路交通执法监督,就是通过一系列具体制度来监督、制约和纠正执法部门和警察的执法偏差,杜绝执法的随意性,保证享有权利的主体完满地实现自己的权利,有义务的主体严格履行自己的义务,以维护法律法规的严肃性和交通参与者的合法权益。

(3)对道路交通安全管理执法活动的结果实施执法监督和监控,有利于及时纠正执法偏差和道路交通法律法规的改进与更新。通过国家权力机关、政府(包括监察、审计等机关)、司法机关对交通执法活动的法律监督不但可以纠正违法执法所造成的不良后果,还可以发现一些立法、执法中被疏忽的或者新出现的问题。此外行政执法监督机构在对交通执法过程和结果实施监督、监控的过程中,通过对执法效果的分析,不仅能及时纠正执法偏差,有利于交通执法工作的改善,也能发现道路交通安全法规的不足之处,根据实际情况道路交通安全法规提出改进意见,促进道路交通安全的完善和发展。

第二节　道路交通安全管理执法监督的主体、范围和内容

一、道路交通安全管理执法监督的主体

如前所述,道路交通安全管理执法监督可分为内部监督和外部监督。内部监督的主体是指公安机关及其交通安全管理部门;外部监督的主体是指其他国家机关,中国共产党的各级组织,社会组织和人民群众。

1. 公安机关及其交通安全管理部门

公安交通管理部门作为公安机关的职能部门,不仅在行政上隶属各级公安机关领导,而且在执法活动中也有着业务上的关联;而各级公安交通管理部门是业务上的从属关系,上级公安交通管理部门负责指导、监督下级公安交通管理部门的业务工作。根据《道路交通安全法》规定,"公安机关督察部门应当对公安机关交通管理部门及其交通警察执行法律、法规和遵守纪律的情况依法进行监督。""上级公安机关交通管理部门应当对下级公安机关交通管理部门的执法活动进行监督。"

由于人事和业务上管理关系,公安机关及其交通管理部门的内部监督是所有道路交通安全执法监督中最为直接有效的监督形

式之一,其监督成本小,效率高,见效快,对违法执法者威慑极大。

2. 其他国家机关

主要是指各级国家权力机关,其他行政管理机关和司法机关,即各级人民代表大会及其常务委员会,各级人民政府及其监察、审计等依法负有监督职责的行政部门,各级人民法院和检察院。它们的监督权限在法律中都有明确的规定,并且有严格的保障措施。这些法律依据分布在《中华人民共和国宪法》、《中华人民共和国行政复议法》等法律之中,如《道路交通安全法》第八十四条第一款规定,"公安机关交通管理部门及其交通警察的行政执法活动,应当接受行政监察机关依法实施的监督。"

国家机关对道路交通安全管理执法监督授权于法律,因此具有法律强制力,被监督对象依法必须接受并按其指令和建议做出相应行为。这些监督机关通过对公安机关及其交通安全管理部门以及交通民警的执法行为的立法、执法、司法监督,达到控制、纠正、惩治违法执法的不法行为的目的,是我国道路交通安全管理执法监督的核心。没有国家机关的执法监督,其他监督就会失去赖以发挥作用的基本保证。

3. 中国共产党的各级组织

我国是工人阶级领导的,以工农联盟为基础的人民民主专政的社会主义国家,我国宪法确立了中国共产党在我国的执政地位。因此,中国共产党的各级组织享有对道路交通执法的领导和监督权,通过对国家行政活动的领导和管理,实施对道路交通执法活动的监督,实际上也是一种直接监督,交通执法者必须接受党的监督,服从党的决定。所以中国共产党的各级组织是具有特殊地位的监督主体之一。

4. 其他社会组织和人民群众

主要指人民政协、各民主党派、依法成立的各种群众团体,以及一切新闻媒体和人民群众。它们是我国道路交通安全管理执法监督体系中的重要力量，起着不可或缺重要的作用。社会监督具有以下特点：

(1)监督作用的间接性。它们的法律监督不具有法律强制力，无权撤销或变更行政行为，不能直接产生法律后果，最终需通过国家行政机关才能发生作用。

(2)监督形式的多样性。人民政协、社会团体、人民群众和新闻媒体可以通过提建议、意见、批评或申述、控告、检举、报道、宣传等方式，对道路交通执法活动进行监督，其形式具有多样性的特点。

(3)社会影响的广泛性。各地人民政协、各民主党派、各群众团体，人民群众，特别是新闻媒体的监督虽不具有强制性，但这类监督有广泛的群众基础和社会影响，尤其是新闻媒体的公开报道或曝光，可以产生巨大的社会效应，因而也是非常有力的监督形式之一。

二、道路交通安全管理执法监督的范围

行政行为是国家行政机关依法实施行政管理，直接或间接产生法律后果的政府行为。根据行政行为的内容和对象是否特定，行政行为可分为具体行政行为和抽象行政行为。道路交通安全管理执法监督的范围，既包括具体的道路交通安全管理行政行为，也包括抽象的道路交通安全管理行政行为。

具体行政行为是指国家行政机关及其行政工作人员，在行政管理活动中依法对行政管理的具体事项或特定公民、法人、其他组织作出的有关他们的权利义务的单方行为。它包括作为和不作为两种形式。例如，道路交通安全管理部门依法对违反道路交通安全管理行为实施处罚，采取强制措施等；道路交通安全管理部门对

具体的行政许可事项或行政执法请求不予理会的行为。前者属于作为,后者属于不作为。行政机关及其行政工作人员的行政行为,无论是作为还是不作为,都必须依法作出,否则,就应该对由此产生的法律后果承担相应的行政责任。

抽象行政行为是指行政机关针对未来发生的不特定的事项制定和发布具有普遍性行为规则的行政行为。抽象行政行为以规范性文件作为表现形式,因此又称为"制定规范性文件的行为"。由于它并不针对具体的人和事,而是普遍适用于规范性文件所规范的所有人,在行政内容和对象上具有抽象性,因而称之为抽象行政行为。例如,国务院制定颁布的《道路交通安全法实施条例》,公安部制定颁布的《机动车登记规定》,以及行政机关制定其他非法规性质的一般规范性文件的行为,包括制定发布具有普遍约束力的决定、命令等都是抽象行政行为。

抽象行政行为与具体行政行为道路交通安全管理部门管理道路交通的两种主要手段。由于这两种行为在程序的差异和性质上的不同,我国行政诉讼法将具体行政行为作为法院审查对象,抽象行政行为则不属于行政诉讼的受案范围。但在道路交通执法监督中,这两类行为都属于监督的范畴。

三、道路交通安全管理执法与监督

道路交通安全执法监督的内容主要包括三个方面:一是对交通安全管理部门制定的规范性文件的合法性进行监督;二是对交通安全管理部门所作出的具体行政行为的合法性和适当性进行监督;三是对交通行政执法人员是否廉洁奉公、遵纪守法进行监督。

1. 对交通安全管理部门制定的规范性文件的合法性进行监督

"有法可依"是依法行政的前提条件。道路交通安全管理部门和交通民警在执法活动中,必须以法律、法规和行政规章为依据。

道路交通安全管理部门依法享有根据本行业、本地区特点制定规范性文件的权利,以此进一步规范道路交通安全管理部门及其交通民警的执法行为。而制定的规范性文件是否合法,直接关系到具体行政行为的合法与适当。因此对交通安全管理部门制定的规范性文件的合法性进行监督,是道路交通安全执法监督的首要工作。对道路交通安全管理规范性文件合法性审查,主要包括以下内容:

(1)审查制定的规范性文件是否有法律、法规和规章依据;

(2)审查制定的规范性文件是否与法律、法规和规章相抵触,例如是否有违反《中华人民共和国行政处罚法》规定,任意设定行政处罚的行为,一经发现应当撤销或责令修改;

(3)审查制定的规范性文件内容是否超越其职权范围,对超越职权的越权行为,应当予以撤销或责令修改。

2. 对交通安全管理部门所作出的具体行政行为的合法性和适当性进行监督

道路交通安全管理部门在实施管理中,必须作出大量的具体行政行为,包括行政许可、行政收费、行政措施和行政处罚等。这些具体的行政行为必须以法律、法规、行政规章为依据,坚持依法行政。因此,道路交通安全管理过程中的具体行政行为是否合法和适当就成为道路交通安全管理执法监督的一个重要内容。对这些具体行政行为的合法性适当性的监督检查主要包括以下内容:

(1)作出具体行政行为的主体是否具备合法有效的执法主体资格。根据道路交通安全法规定,合法的执法主体只可能是公安机关及其道路交通管理部门。

(2)道路交通安全管理部门及其执法人员作出具体行政行为是否符合法定的职责权限。无论是道路交通管理部门还是执法民警在执法工作中都必须依其职责分工依法行使职权,不能越权行政,否则直接导致具体行政行为的无效。

(3)作出具体行政行为的程序是否合法。依法管理道路交通安全活动,当然包括依照法律规定的程序行使管理职权,《中华人民共和国行政处罚法》、《中华人民共和国治安管理处罚法》、《道路交通安全法》以及《道路交通安全法实施条例》等法律法规对执法程序进行了明确规范,这就要求公安机关和各级道路交通管理部门在作出具体行政行为时必须依据法定程序进行,做到程序合法,否则也直接导致具体行政行为无效。

(4)作出具体行政行为所认定的事实是否真实准确。以事实为依据是道路交通管理执法工作的重要准则,道路交通安全管理部门及其执法人员在执法中不能主观臆断,要充分调查了解案件情况,在广泛收集及正确判断各种证据的基础上确定案件事实是否存在,以及存在事实的具体内容,确保作为具体行政行为所认定的事实真实准确。

(5)作出具体行政行为所适用的道路交通安全法规是否正确。道路交通安全管理执法工作必须以法律为准绳,准确适用法律是道路交通安全管理执法工作的基本要求。如果适用法律错误,将直接导致具体行政行为的无效。

(6)作出的行政处理决定是否适当。道路交通安全管理执法监督,对具体的行政行为而议言,既包括对其合法性的监督,也包括对其适当性的监督。一个合法、规范、有效的具体行政行为既应是合法的,同时也应是适当的。在执法监督过程中,发现公安机关已经办结的案件或者执法活动确有错误、不适当的,公安机关应在规定的时限内依法予以纠正。

3. 对道路交通安全行政执法人员是否廉洁奉公、遵纪守法进行监督

对道路交通安全管理执法人员在执法工作中是否廉洁奉公、

遵纪守法进行监督,也是道路交通安全管理执法监督的一项重要内容。执法活动是通过执法人员具体实施的,执法人员的素质高低和是否严格遵纪守法,会通过执法活动直接执法其所在部门的执法水平。对执法人员的监督,既要对其执法纪律进行监督,也要对其是否遵守道路交通安全管理执法职业道德、文明执法、礼貌服务等行为规范进行监督,以全面提高执法活动的执法水平和服务质量。

第三节 道路交通安全管理执法监督的方式

道路交通安全管理执法监督的方式是指开展道路交通安全执法监督工作的工作制度和具体方法。道路交通安全管理执法监督主体不同,执法监督的方式也会有所区别。

一、内部执法监督的方式

公安机关及其道路交通安全管理部门的内部执法监督,是行政监督的一部分,包括由公安机关督察机构、法制部门、审计机构、行政复议机构等一套完整的执法监督组织体系及其工作制度和具体方法。

1. 督察机构的监督

公安机关建立督察制度。公安机关督察机构对公安机关及其道路交通安全管理部门和人民警察依法履行职责、行使职权的活动和遵守纪律的情况进行监督检察。《公安机关督察条例》对督察机构的权限与督察方式作出了明确规定,即公安机关督察机构主要以现场督察和事后检察的方式行使下列职权:

(1)责令执行权、决定撤销或者变更权。对本级公安机关所属单位和下级公安机关拒不执行法律、法规和上级决定、命令的,可以责令执行;可以决定撤销或者变更本级公安机关所属单位或者下级公安机关作出的错误决定、命令。

(2)现场处置权。在现场督察中发现公安机关的人民警察违法违纪的,可以采取法规规定的相应措施当场处置。

(3)采取停止执行职务或禁闭措施权。督察机构认为公安机关的人民警察违反纪律需要采取停止执行职务、禁闭措施的,由督察机构作出决定,报本级公安机关批准后执行。

(4)提出督察建议给予行政处分或降低警衔,移送处理权。督察机构认为需要对公安机关的人民警察给予行政处分或者降低警衔、取消警衔的,可以提出建议,移送有关部门按照国家有关规定办理;发现公安机关的人民警察涉嫌犯罪的,移送司法机关依法处理。

(5)督察部门有指令督察权。县级以上地方各级人民政府公安机关督察机构查处违法违纪行为,应当向上一级公安机关督察机构报告查处情况;下级公安机关督察机构查处不力的,上级公安机关督察机构可以直接进行督察,也可以指令下级公安机关督察机构对专门事项进行督察。

2. 公安机关法制部门的监督

公安机关法制部门监督,是指公安机关的法制部门代表本级公安机关对下级公安机关、本级公安机关所属业务部门、派出机构及其人民警察的执法活动实施的监督。《公安机关内部执法监督工作规定》规定,公安机关法制部门监督的方式有:

(1)依照法律、法规和规章规定的执法程序和制度进行监督。

(2)对起草、制定的有关执法工作的规范性文件及制度、措施。进行法律审核。

(3)对疑难、有分歧、易出问题和各级公安机关决定需要专门监督的案件,进行案件审核。

(4)组织执法检查、评议。

(5)组织专项、专案调查。

(6)依照法律、法规进行听证、复议、复核。

(7)进行执法过错责任追究。

(8)各级公安机关依法决定采取的其他方式。

3. 公安行政复议机构的监督

公安行政复议,是指公民、法人或者其他组织认为公安机关的具体行政行为侵犯其合法权益,按照法定程序和条件提出申请,由受理申请的公安机关对该具体行政行为进行审查并作出复议决定的活动。

按《公安机关办理行政复议案件程序规定》,对县级以上地方各级人民政府公安机关内设的公安交通管理机构作出的具体行政行为不服的,向该公安机关申请行政复议。对公安交通管理机构下设的公安交通警察支队、大队(队)作出的具体行政行为不服的,可以向其上一级公安交通管理机构申请行政复议。

4. 公安机关内部审计机构的监督

公安内部审计机构在本单位主要负责人的直接领导下,依照《公安内部审计工作规定》独立行使审计监督权,不受其他部门和个人的干涉。

按实施审计的时间分类,可分为事后审计、事中审计和事前审计。按执行审计的地点分类,又可分为就地审计和报送审计。审计的基本工作方式是独立检查会计账目,监督公安机关及其交通安全管理部门资金使用和财务管理活动。

二、国家权力机关执法监督的方式

人民代表大会是我国立法机关和国家权力机关,它对公安机关及其道路交通管理部门和人民警察执法活动的监督,以宪法和法律为依据。这种监督是最高层次和效力的监督,是具有权威性

的国家监督,主要通过下列途径和方式进行:

(1)通过制定相应法律、法规对公安机关及其道路交通安全管理部门和人民警察行使职权的活动进行监督;

(2)全国人大常委会有权撤销国务院制定的同宪法、法律相抵触的有关公安及道路交通安全管理工作的行政法规、决定和命令,县级以上地方各级人大常委会有权撤销本级人民政府有关公安及道路交通安全管理工作的不适当的决定或者命令;

(3)各级人民代表大会通过听取公安机关及道路交通安全管理部门关于法律实施情况的报告,对法律实施情况进行检查,有权要求公安机关进行汇报,提出批评、意见、建议或者作出决定;

(4)通过对公安及道路交通安全管理工作中的违法违纪行为提出议案,要求公安机关及道路交通安全管理部门报告有关情况,改正错误的和不适当的行为;

(5)县级以上各级人大常委会,享有受理人民群众对公安机关及其道路交通安全管理部门和人民警察提出的申诉和意见的监督权。

三、其他国家机关执法监督的方式

1. 行政监察监督

行政监察监督,是指行政监察机关对公安机关及其道路交通安全管理部门、人民警察执行法律、法规、政策以及决定、命令的情况和违法违纪行为所实施的监督检察。监察机关监督道路交通安全行政管理活动主要通过以下方式进行:

(1)经常性检查。是指通过对监察对象执法、廉政建设等情况进行经常性的监督检查,促使监察对象严格执法。

(2)专项检查。专项检查是指在一定时期内针对公安机关及其道路交通安全管理部门存在的带有普遍性、倾向性的问题进行检查,以纠正监察对象工作中的偏差,揭露和查处各种违法违纪行为,提出改进意见。

(3)立案调查。立案调查是监察机关对在经常性检查、专项检查中发现的,单位或个人检举、控告的,以及本级政府和上级监察机关交办的违法违纪案件,经过立案程序进行的调查。

2. 检察监督

检察监督,是指人民检察院通过行使检察权依法对公安机关及其交通安全管理部门和人民警察遵守和执行法律的情况进行的法律监督。检察监督主要能以下途径和方式进行:

(1)立案监督。立案监督,是指人民检察院对公安交通安全管理部门道路交通事故处理中的刑事立案活动所进行的监督。

人民检察院认为公安机关对应当立案侦查的案件而不立案侦查的,或者被害人认为公安机关对应当立案侦查的案件而不立案侦查,向人民检察院提出的,人民检察院依法应当要求公安机关说明不立案的理由。人民检察院认为公安机关不立案理由不能成立的,应当通知公安机关立案,公安机关接到通知后应当立案。

(2)审查批捕。人民检察院通过行使审查批准逮捕权,依法作出批准逮捕或者不批准逮捕的决定,对公安道路交通管理部门在道路交通事故处理中的侦查活动实施法律监督。

(3)审查起诉。审查起诉,是指人民检察院依法对公安机关侦查终结移送起诉的案件进行审查,依法作出提起公诉或不起诉决定的活动。对于犯罪事实不清、证据不足的案件,有权退回公安机关补充侦查。

(4)侦查监督。侦查监督的内容主要是发现和纠正违法行为。对公安机关侦查活动中的违法行为,人民检察院有权根据情节和后果,分别采用口头、书面形式提出纠正意见。对人民检察院发出纠正违法的口头通知或纠正违法通知书的,公安机关应当及时纠正,并将纠正情况及时通知人民检察院。

3. 行政诉讼监督

行政诉讼监督,是指人民法院通过行使行政审判权,对公安机关及其道路交通安全管理部门和人民警察的具体行政行为的合法性进行审查,从而促使监督对象依法行政的监督形式。

在我国,法院对具体行政行为的合法性审查后可依法作出判决或者裁定。其中权除了可以判决撤销外,对于显失公正的行政处罚还可以变更。如果违法行政给相对人造成损失,受害人还可通过行政诉讼要求行政赔偿。人民法院通过行政诉讼审判活动实现保护私权,监督公安机关及其道路交通安全管理部门具体行政行为,以减少和纠正违法行政行为。

四、社会执法监督的方式

社会监督是非国家性质的监督,一般以人民群众或非国家机关的社会组织为监督主体,以公安机关及其道路交通安全管理部门和人民警察为监督对象,通过批评、建议、检举等方式来对行使道路交通管理的行为实施监督。社会监督是国家机关监督的重要来源和补充;是人民参与道路交通安全管理,行使人民当家作主权利的体现。

1. 中国共产党各级组织和人民政协

在我国,中国共产党是执政党,同时实行民主政治协商会议制度。因此,中国共产党和人民政协是国家道路交通安全管理活动的社会执法监督的重要主体之一。

(1)中国共产党的执法监督。坚持党对公安工作的绝对领导,是公安工作的根本原则,公安道路交通管理活动必须始终置于党委的绝对领导之下,并接受党组织的经常教育和有力监督。中国共产党主要通过政策指导、人事控制等方式对道路交通管理活动进行执法监督。因此党中央和各级党委及其党委组织部门在整个执法监督体系中占据重要位置,起着非常关键的作用。

(2)人民政协的执法监督。人民政协通过政治协商会议参政议政,主要通过批评、建议和提案评议等方式对道路交通安全管理活动进行执法监督。

2. 其他社会组织和人民群众

(1)人民团体、企事业单位等社会组织对公安机关及其道路交通安全管理部门和人民警察执法活动的监督。主要是通过批评、建议、控告、检举等方式进行。

(2)公民个人对公安机关及其道路交通安全管理部门和人民警察执法活动的监督。公民对公安机关及其道路交通安全管理部门和人民警察的违法或不当行为,通过检举和控告,要求对责任人进行惩处;对自己受到的不公正处理,通过提出申诉、申请复议、提起诉讼的方式,要求恢复自己的权利,补偿自己的损失。

(3)社会舆论的监督。社会舆论监督主要是通过新闻宣传和舆论曝光的方式,反映广大人民群众的意志和要求,揭发、检举和控告公安机关及其道路交通安全管理部门和人民警察的违法行为。

应该指出的是,我国社会监督制度还不健全,还存在监督渠道不畅,具体监督权利缺少法律和制度保障,监督主体在实施监督中和监督后自身合法权利得不到应有保护等问题。只有这些问题最终得到解决,才能充分发挥各民主党派、新闻舆论、其他社会组织、公民等社会监督主体对公安执法活动的监督作用。

思考题

一、简答题

1. 道路交通安全执法监督的原则有哪些?

2. 国家权力机关对公安机关及其道路交通安全管理部门和人民警察的监督途径有哪些?

3. 公安机关及其道路交通安全管理部门的内部执法监督有哪些方式?

4. 简述道路交通安全管理执法监督的间接监督方式?

5. 你认为道路交通安全管理执法活动需要社会监督吗?

二、选择题(单项选择)

1. 检察监督是(　　)通过行使检察权依法对公安机关及其道路交通安全管理部门和人民警察遵守和执行法律的情况进行的法律监督。

A. 纪律检查部门　　B. 人民检察院
C. 人民法院　　D. 行政监察部门

2. 事前监督是监督主体在公安机关及其道路交通安全管理部门和人民警察实施(　　)依法进行的监督。

A. 执法行为时
B. 履行职务行为之前
C. 行使警察权之前
D. 执法行为之前

3. (　　)是根据监督主体与监督对象的隶属关系划分的。

A. 国家权力机关监督　　B. 审判机关监督
C. 内部监督　　D. 社会监督

4. 行政诉讼监督是人民法院通过行使(　　),对公安机关及其道路交通安全管理部门和人民警察的具体行政行为的合法性进行审查。

A. 民事审判权　　B. 行政审判权
C. 刑事审判权　　D. 法律监督权

5. 国家权力机关的监督是(　　)对公安机关及其道路交通安全管理部门和人民警察执法活动的监督。

A. 中国共产党各级委员会

B. 各级人民代表大会

C. 各级人民代表大会及其常务委员会

D. 各级政府

6. 下列关于社会监督的哪种表述是正确的(　　)。

A. 社会监督是对公安机关及其道路交通安全管理部门采取的措施提出批评建议

B. 社会监督直接产生法律后果

C. 社会监督具有法律强制性

D. 社会监督是国家机关监督的主要形式

7. 公安行政复议是(　　)认为公安机关及其道路交通安全管理部门的具体行政行为侵犯其合法权益,依法提出申请,由受理的公安机关进行审查和决定的活动。

A. 公民　　　　B. 法人

C. 其他组织　　　　D. 公民、法人或其他组织

三、判断题(正确的在括号内打"√",错误的在括号内打"×")

1. 行政监察监督属于公安道路交通管理执法内部监督。(　　)

2. 公安机关各级党组织对道路交通安全管理部门的执法监督是直接监督。(　　)

3. 网络这个虚拟空间对道路交通安全管理执法活动也能发挥舆论监督作用。(　　)

四、案例分析题

1. 驾驶员就"高速路不高速"告陕西省交通运输厅

西安市民吴女士以“高速路不高速”为由，把陕西省交通运输厅告上了法庭。中秋节这天，西安市雁塔区人民法院开庭审理了此案。

2010年5月2日下午，吴女士驾车从连霍高速的潼关收费站回西安，但是一路上由于施工，有的路段车辆限速只有30千米，整个路段限速的路程将近90%。吴女士认为，从潼关到西安，总共交了65元钱，其中潼关到西安市临潼区一段由于修路一直跑不起来，但是收费站还是收了50元钱，并没有因为路况太差而少收费。根据收费票上印的“陕西省交通厅”字样，吴女士把陕西省交通运输厅告上了法庭，要求退还潼关至临潼段的车辆通行费50元钱。

在法庭上，陕西省交通厅是否应作为本案被告，成为双方争论的焦点。陕西省交通厅的代理律师认为，虽然吴女士出示的高速公路收费票据上印有“陕西省交通厅公路车辆通行费票证专用章”的字样，但交通厅只是收费票据的监制单位，而不是收费单位，收费单位应该是交通厅下属的陕西高速集团。

吴女士的代理律师则认为，根据国家税收有关法律规定，收款单位应该在收款凭据上写上自己的名称和盖章，如果上面盖有陕西高速集团的印章，他就会起诉高速集团。但票据上盖的是陕西省交通运输厅的印章，所以陕西省交通运输厅理应是本案的被告人。

问：(1)谁应当成为本案被告？

(2)被告收费是否合法？

2. 福建省漳州市芗城区人大在执法检查中“揪”出在逃杀人犯的案例：

20××年7月14日，漳州市芗城区发生一起严重的交通事故，一部“的士”与一辆自行车发生强烈碰撞，45岁的妇女黄×被撞出数米远，送往医院抢救后被确诊为脑挫伤、左锁骨骨折，致创伤失血性休克，后经法医鉴定为重伤七级伤残。同时造成“的士”乘客王×轻伤，车辆损失1 100元。肇事驾驶员张××弃车而逃，车主陈×便指使另一张××冒名顶替。

警方鉴于查不到张××的身份材料，又两次传唤不到陈×，即推定陈×为肇事者，认定其负事故主要责任。次年3月，经交警部门调解，由车主一次性赔偿被撞人黄×8.6万元，赔偿乘客王×2 000元，此案至此终结。

交通肇事仅赔偿了事？人大质疑，检察机关监督：

一起交通肇事致人重伤案仅作行政处罚处理？这引起福建省漳州市芗城区人大常委会的质疑。在对公安交警部门进行执法检查时，该区人大常委会要求检察机关对此案进行立案监督。岂料这一查，竟“揪”出了潜逃5年之久的杀人犯罪嫌疑人陈×（改名张××）。5月16日，陈×被芗城区法院判处死刑，缓期二年执行。至此，一起由人大执法监督“揪”出的杀人案终于画上了圆满的句号。

问：(1)人大为什么要通过检察机关对此案进行立案监督？是否可以直接责成交警立案侦查？

(2)如果公安机关说明不立案理由后而不予立案，还有哪些方式实施执法监督？

3. 违章未处理年检被拒市民告车管所

2011年2月15日，黄先生带着自己的鄂AUZ315小型机动车牌证申请表、行驶证、机动车交通事故责任强制保险凭证、机动车安全技术检验合格证明，来到武汉市交管局车辆管理所（下称“车管所”），申请核发该车检验合格标志。

车管所工作人员告诉黄先生，其小车有多起违章记录未处理，计算机登记系统拒绝为有交通违章行为未处理的车辆办理年检业务，拒绝为黄先生核发检验合格标志。

车管所：电脑系统拒绝是不可抗情形。

4月11日，黄先生向武昌区法院提起行政诉讼，认为车管所的行为违法，请求法院确认责令车管所限期为他的车办年检手续。

车管所答辩认为，黄先生提交的申请材料符合规定，但该车有交通违章行为还未处理，全国统一数据库标准和登记软件的计算机登记系统，拒绝为其车辆办理核发检验合格标志业务，无法打印相关证表。车管所无法为其车辆核发检验合格标志，是受车管所以外的不可抗情形所致。

问：(1)车管所拒绝为黄先生车辆年检的具体行政行为是否违法？

(2)人民法院应当如何判决？

附　录

中华人民共和国

道路交通安全法(2011 年第二次修正)

第一章　总　则

第一条　为了维护道路交通秩序,预防和减少交通事故,保护人身安全,保护公民、法人和其他组织的财产安全及其他合法权益,提高通行效率,制定本法。

第二条　中华人民共和国境内的车辆驾驶人、行人、乘车人以及与道路交通活动有关的单位和个人,都应当遵守本法。

第三条　道路交通安全工作,应当遵循依法管理、方便群众的原则,保障道路交通有序、安全、畅通。

第四条　各级人民政府应当保障道路交通安全管理工作与经济建设和社会发展相适应。

县级以上地方各级人民政府应当适应道路交通发展的需要,依据道路交通安全法律、法规和国家有关政策,制定道路交通安全管理规划,并组织实施。

第五条　国务院公安部门负责全国道路交通安全管理工作。县级以上地方各级人民政府公安机关交通管理部门负责本行政区域内的道路交通安全管理工作。

县级以上各级人民政府交通、建设管理部门依据各自职责,负责有关的道路交通工作。

第六条　各级人民政府应当经常进行道路交通安全教育,提高公民的道路交通安全意识。

公安机关交通管理部门及其交通警察执行职务时,应当加强道路交通安全法律、法规的宣传,并模范遵守道路交通安全法律、法规。

机关、部队、企业事业单位、社会团体以及其他组织,应当对本单位的人员进行道路交通安全教育。

教育行政部门、学校应当将道路交通安全教育纳入法制教育的内容。

新闻、出版、广播、电视等有关单位,有进行道路交通安全教育的义务。

第七条　对道路交通安全管理工作,应当加强科学研究,推广、使用先进的管理方法、技术、设备。

第二章　车辆和驾驶人

第一节　机动车、非机动车

第八条　国家对机动车实行登记制度。机动车经公安机关交通管理部门登记后,方可上道路行驶。尚未登记的机动车,需要临时上道路行驶的,应当取得临时通行牌证。

第九条　申请机动车登记,应当提交以下证明、凭证:

(一)机动车所有人的身份证明;

(二)机动车来历证明;

(三)机动车整车出厂合格证明或者进口机动车进口凭证;

(四)车辆购置税的完税证明或者免税凭证;

(五)法律、行政法规规定应当在机动车登记时提交的其他证明、凭证。

公安机关交通管理部门应当自受理申请之日起五个工作日内完成机动车登记审查工作,对符合前款规定条件的,应当发放机动车登记证书、号牌和行驶证;对不符合前款规定条件的,应当向申请人说明不予登记的理由。

公安机关交通管理部门以外的任何单位或者个人不得发放机动车号牌或者要求机动车悬挂其他号牌,本法另有规定的除外。

机动车登记证书、号牌、行驶证的式样由国务院公安部门规定并监制。

第十条 准予登记的机动车应当符合机动车国家安全技术标准。申请机动车登记时,应当接受对该机动车的安全技术检验。但是,经国家机动车产品主管部门依据机动车国家安全技术标准认定的企业生产的机动车型,该车型的新车在出厂时经检验符合机动车国家安全技术标准,获得检验合格证的,免予安全技术检验。

第十一条 驾驶机动车上道路行驶,应当悬挂机动车号牌,放置检验合格标志、保险标志,并随车携带机动车行驶证。

机动车号牌应当按照规定悬挂并保持清晰、完整,不得故意遮挡、污损。

任何单位和个人不得收缴、扣留机动车号牌。

第十二条 有下列情形之一的,应当办理相应的登记:

(一)机动车所有权发生转移的;

(二)机动车登记内容变更的;

(三)机动车用作抵押的;

(四)机动车报废的。

第十三条　对登记后上道路行驶的机动车,应当依照法律、行政法规的规定,根据车辆用途、载客载货数量、使用年限等不同情况,定期进行安全技术检验。对提供机动车行驶证和机动车第三者责任强制保险单的,机动车安全技术检验机构应当予以检验,任何单位不得附加其他条件。对符合机动车国家安全技术标准的,公安机关交通管理部门应当发给检验合格标志。

对机动车的安全技术检验实行社会化。具体办法由国务院规定。

机动车安全技术检验实行社会化的地方,任何单位不得要求机动车到指定的场所进行检验。

公安机关交通管理部门、机动车安全技术检验机构不得要求机动车到指定的场所进行维修、保养。

机动车安全技术检验机构对机动车检验收取费用,应当严格执行国务院价格主管部门核定的收费标准。

第十四条　国家实行机动车强制报废制度,根据机动车的安全技术状况和不同用途,规定不同的报废标准。

应当报废的机动车必须及时办理注销登记。

达到报废标准的机动车不得上道路行驶。报废的大型客、货车及其他营运车辆应当在公安机关交通管理部门的监督下解体。

第十五条　警车、消防车、救护车、工程救险车应当按照规定喷涂标志图案,安装警报器、标志灯具。其他机动车不得喷涂、安装、使用上述车辆专用的或者与其相类似的标志图案、警报器或者标志灯具。

警车、消防车、救护车、工程救险车应当严格按照规定的用途和条件使用。

公路监督检查的专用车辆,应当依照公路法的规定,设置统一的标志和示警灯。

第十六条 任何单位或者个人不得有下列行为:

(一)拼装机动车或者擅自改变机动车已登记的结构、构造或者特征;

(二)改变机动车型号、发动机号、车架号或者车辆识别代号;

(三)伪造、变造或者使用伪造、变造的机动车登记证书、号牌、行驶证、检验合格标志、保险标志;

(四)使用其他机动车的登记证书、号牌、行驶证、检验合格标志、保险标志。

第十七条 国家实行机动车第三者责任强制保险制度,设立道路交通事故社会救助基金。具体办法由国务院规定。

第十八条 依法应当登记的非机动车,经公安机关交通管理部门登记后,方可上道路行驶。

依法应当登记的非机动车的种类,由省、自治区、直辖市人民政府根据当地实际情况规定。

非机动车的外形尺寸、质量、制动器、车铃和夜间反光装置,应当符合非机动车安全技术标准。

第二节 机动车驾驶人

第十九条 驾驶机动车,应当依法取得机动车驾驶证。

申请机动车驾驶证,应当符合国务院公安部门规定的驾驶许可条件;经考试合格后,由公安机关交通管理部门发给相应类别的机动车驾驶证。

持有境外机动车驾驶证的人,符合国务院公安部门规定的驾驶许可条件,经公安机关交通管理部门考核合格的,可以发给中国的机动车驾驶证。

驾驶人应当按照驾驶证载明的准驾车型驾驶机动车；驾驶机动车时，应当随身携带机动车驾驶证。

公安机关交通管理部门以外的任何单位或者个人，不得收缴、扣留机动车驾驶证。

第二十条　机动车的驾驶培训实行社会化，由交通主管部门对驾驶培训学校、驾驶培训班实行资格管理，其中专门的拖拉机驾驶培训学校、驾驶培训班由农业（农业机械）主管部门实行资格管理。

驾驶培训学校、驾驶培训班应当严格按照国家有关规定，对学员进行道路交通安全法律、法规、驾驶技能的培训，确保培训质量。

任何国家机关以及驾驶培训和考试主管部门不得举办或者参与举办驾驶培训学校、驾驶培训班。

第二十一条　驾驶人驾驶机动车上道路行驶前，应当对机动车的安全技术性能进行认真检查；不得驾驶安全设施不全或者机件不符合技术标准等具有安全隐患的机动车。

第二十二条　机动车驾驶人应当遵守道路交通安全法律、法规的规定，按照操作规范安全驾驶、文明驾驶。

饮酒、服用国家管制的精神药品或者麻醉药品，或者患有妨碍安全驾驶机动车的疾病，或者过度疲劳影响安全驾驶的，不得驾驶机动车。

任何人不得强迫、指使、纵容驾驶人违反道路交通安全法律、法规和机动车安全驾驶要求驾驶机动车。

第二十三条　公安机关交通管理部门依照法律、行政法规的规定，定期对机动车驾驶证实施审验。

第二十四条　公安机关交通管理部门对机动车驾驶人违反道路交通安全法律、法规的行为，除依法给予行政处罚外，实行累积记分制度。公安机关交通管理部门对累积记分达到规定分值的机动车驾驶人,扣留机动车驾驶证,对其进行道路交通安全法律、法规教育,重新考试;考试合格的,发还其机动车驾驶证。

对遵守道路交通安全法律、法规,在一年内无累积记分的机动车驾驶人,可以延长机动车驾驶证的审验期。具体办法由国务院公安部门规定。

第三章 道路通行条件

第二十五条 全国实行统一的道路交通信号。

交通信号包括交通信号灯、交通标志、交通标线和交通警察的指挥。

交通信号灯、交通标志、交通标线的设置应当符合道路交通安全、畅通的要求和国家标准,并保持清晰、醒目、准确、完好。

根据通行需要,应当及时增设、调换、更新道路交通信号。增设、调换、更新限制性的道路交通信号,应当提前向社会公告,广泛进行宣传。

第二十六条 交通信号灯由红灯、绿灯、黄灯组成。红灯表示禁止通行,绿灯表示准许通行,黄灯表示警示。

第二十七条 铁路与道路平面交叉的道口,应当设置警示灯、警示标志或者安全防护设施。无人看守的铁路道口,应当在距道口一定距离处设置警示标志。

第二十八条 任何单位和个人不得擅自设置、移动、占用、损毁交通信号灯、交通标志、交通标线。

道路两侧及隔离带上种植的树木或者其他植物,设置的广告牌、管线等,应当与交通设施保持必要的距离,不得遮挡路灯、交通信号灯、交通标志,不得妨碍安全视距,不得影响通行。

第二十九条 道路、停车场和道路配套设施的规划、设计、建设，应当符合道路交通安全、畅通的要求，并根据交通需求及时调整。

公安机关交通管理部门发现已经投入使用的道路存在交通事故频发路段，或者停车场、道路配套设施存在交通安全严重隐患的，应当及时向当地人民政府报告，并提出防范交通事故、消除隐患的建议，当地人民政府应当及时作出处理决定。

第三十条　道路出现坍塌、坑槽、水毁、隆起等损毁或者交通信号灯、交通标志、交通标线等交通设施损毁、灭失的，道路、交通设施的养护部门或者管理部门应当设置警示标志并及时修复。

公安机关交通管理部门发现前款情形，危及交通安全，尚未设置警示标志的，应当及时采取安全措施，疏导交通，并通知道路、交通设施的养护部门或者管理部门。

第三十一条　未经许可，任何单位和个人不得占用道路从事非交通活动。

第三十二条　因工程建设需要占用、挖掘道路，或者跨越、穿越道路架设、增设管线设施，应当事先征得道路主管部门的同意；影响交通安全的，还应当征得公安机关交通管理部门的同意。

施工作业单位应当在经批准的路段和时间内施工作业，并在距离施工作业地点来车方向安全距离处设置明显的安全警示标志，采取防护措施；施工作业完毕，应当迅速清除道路上的障碍物，消除安全隐患，经道路主管部门和公安机关交通管理部门验收合格，符合通行要求后，方可恢复通行。

对未中断交通的施工作业道路，公安机关交通管理部门应当加强交通安全监督检查，维护道路交通秩序。

第三十三条　新建、改建、扩建的公共建筑、商业街区、居住区、大(中)型建筑等，应当配建、增建停车场；停车泊位不足的，应当及时改建或者扩建；投入使用的停车场不得擅自停止使用或者改作他用。

在城市道路范围内,在不影响行人、车辆通行的情况下,政府有关部门可以施划停车泊位。

第三十四条 学校、幼儿园、医院、养老院门前的道路没有行人过街设施的,应当施划人行横道线,设置提示标志。

城市主要道路的人行道,应当按照规划设置盲道。盲道的设置应当符合国家标准。

第四章 道路通行规定

第一节 一般规定

第三十五条 机动车、非机动车实行右侧通行。

第三十六条 根据道路条件和通行需要,道路划分为机动车道、非机动车道和人行道的,机动车、非机动车、行人实行分道通行。没有划分机动车道、非机动车道和人行道的,机动车在道路中间通行,非机动车和行人在道路两侧通行。

第三十七条 道路划设专用车道的,在专用车道内,只准许规定的车辆通行,其他车辆不得进入专用车道内行驶。

第三十八条 车辆、行人应当按照交通信号通行;遇有交通警察现场指挥时,应当按照交通警察的指挥通行;在没有交通信号的道路上,应当在确保安全、畅通的原则下通行。

第三十九条 公安机关交通管理部门根据道路和交通流量的具体情况,可以对机动车、非机动车、行人采取疏导、限制通行、禁止通行等措施。遇有大型群众性活动、大范围施工等情况,需要采取限制交通的措施,或者作出与公众的道路交通活动直接有关的决定,应当提前向社会公告。

第四十条 遇有自然灾害、恶劣气象条件或者重大交通事故等严重影响交通安全的情形，采取其他措施难以保证交通安全时，公安机关交通管理部门可以实行交通管制。

第四十一条　有关道路通行的其他具体规定，由国务院规定。

第二节　机动车通行规定

第四十二条　机动车上道路行驶，不得超过限速标志标明的最高时速。在没有限速标志的路段，应当保持安全车速。

夜间行驶或者在容易发生危险的路段行驶，以及遇有沙尘、冰雹、雨、雪、雾、结冰等气象条件时，应当降低行驶速度。

第四十三条　同车道行驶的机动车，后车应当与前车保持足以采取紧急制动措施的安全距离。有下列情形之一的，不得超车：

（一）前车正在左转弯、掉头、超车的；

（二）与对面来车有会车可能的；

（三）前车为执行紧急任务的警车、消防车、救护车、工程救险车的；

（四）行经铁路道口、交叉路口、窄桥、弯道、陡坡、隧道、人行横道、市区交通流量大的路段等没有超车条件的。

第四十四条　机动车通过交叉路口，应当按照交通信号灯、交通标志、交通标线或者交通警察的指挥通过；通过没有交通信号灯、交通标志、交通标线或者交通警察指挥的交叉路口时，应当减速慢行，并让行人和优先通行的车辆先行。

第四十五条　机动车遇有前方车辆停车排队等候或者缓慢行驶时，不得借道超车或者占用对面车道，不得穿插等候的车辆。

在车道减少的路段、路口，或者在没有交通信号灯、交通标志、交通标线或者交通警察指挥的交叉路口遇到停车排队等候或者缓慢行驶时，机动车应当依次交替通行。

第四十六条　机动车通过铁路道口时，应当按照交通信号或者管理人员的指挥通行;没有交通信号或者管理人员的,应当减速或者停车,在确认安全后通过。

第四十七条 机动车行经人行横道时,应当减速行驶;遇行人正在通过人行横道,应当停车让行。

机动车行经没有交通信号的道路时,遇行人横过道路,应当避让。

第四十八条 机动车载物应当符合核定的载质量,严禁超载;载物的长、宽、高不得违反装载要求,不得遗洒、飘散载运物。

机动车运载超限的不可解体的物品,影响交通安全的,应当按照公安机关交通管理部门指定的时间、路线、速度行驶,悬挂明显标志。在公路上运载超限的不可解体的物品,并应当依照公路法的规定执行。

机动车载运爆炸物品、易燃易爆化学物品以及剧毒、放射性等危险物品,应当经公安机关批准后,按指定的时间、路线、速度行驶,悬挂警示标志并采取必要的安全措施。

第四十九条 机动车载人不得超过核定的人数,客运机动车不得违反规定载货。

第五十条 禁止货运机动车载客。

货运机动车需要附载作业人员的,应当设置保护作业人员的安全措施。

第五十一条 机动车行驶时,驾驶人、乘坐人员应当按规定使用安全带,摩托车驾驶人及乘坐人员应当按规定戴安全头盔。

第五十二条 机动车在道路上发生故障,需要停车排除故障时,驾驶人应当立即开启危险报警闪光灯,将机动车移至不妨碍交通的地方停放;难以移动的,应当持续开启危险报警闪光灯,并在来车方向设置警告标志等措施扩大示警距离,必要时迅速报警。

第五十三条　警车、消防车、救护车、工程救险车执行紧急任务时,可以使用警报器、标志灯具;在确保安全的前提下,不受行驶路线、行驶方向、行驶速度和信号灯的限制,其他车辆和行人应当让行。

警车、消防车、救护车、工程救险车非执行紧急任务时,不得使用警报器、标志灯具,不享有前款规定的道路优先通行权。

第五十四条　道路养护车辆、工程作业车进行作业时,在不影响过往车辆通行的前提下,其行驶路线和方向不受交通标志、标线限制,过往车辆和人员应当注意避让。

洒水车、清扫车等机动车应当按照安全作业标准作业;在不影响其他车辆通行的情况下,可以不受车辆分道行驶的限制,但是不得逆向行驶。

第五十五条　高速公路、大中城市中心城区内的道路,禁止拖拉机通行。其他禁止拖拉机通行的道路,由省、自治区、直辖市人民政府根据当地实际情况规定。

在允许拖拉机通行的道路上,拖拉机可以从事货运,但是不得用于载人。

第五十六条　机动车应当在规定地点停放。禁止在人行道上停放机动车;但是,依照本法第三十三条规定施划的停车泊位除外。

在道路上临时停车的,不得妨碍其他车辆和行人通行。

第三节　非机动车通行规定

第五十七条　驾驶非机动车在道路上行驶应当遵守有关交通安全的规定。非机动车应当在非机动车道内行驶;在没有非机动车道的道路上,应当靠车行道的右侧行驶。

第五十八条　残疾人机动轮椅车、电动自行车在非机动车道内行驶时,最高时速不得超过十五公里。

第五十九条 非机动车应当在规定地点停放。未设停放地点的,非机动车停放不得妨碍其他车辆和行人通行。

第六十条 驾驭畜力车,应当使用驯服的牲畜;驾驭畜力车横过道路时,驾驭人应当下车牵引牲畜;驾驭人离开车辆时,应当拴系牲畜。

第四节 行人和乘车人通行规定

第六十一条 行人应当在人行道内行走,没有人行道的靠路边行走。

第六十二条 行人通过路口或者横过道路,应当走人行横道或者过街设施;通过有交通信号灯的人行横道,应当按照交通信号灯指示通行;通过没有交通信号灯、人行横道的路口,或者在没有过街设施的路段横过道路,应当在确认安全后通过。

第六十三条 行人不得跨越、倚坐道路隔离设施,不得扒车、强行拦车或者实施妨碍道路交通安全的其他行为。

第六十四条 学龄前儿童以及不能辨认或者不能控制自己行为的精神疾病患者、智力障碍者在道路上通行,应当由其监护人、监护人委托的人或者对其负有管理、保护职责的人带领。

盲人在道路上通行,应当使用盲杖或者采取其他导盲手段,车辆应当避让盲人。

第六十五条 行人通过铁路道口时,应当按照交通信号或者管理人员的指挥通行;没有交通信号和管理人员的,应当在确认无火车驶临后,迅速通过。

第六十六条 乘车人不得携带易燃易爆等危险物品,不得向车外抛洒物品,不得有影响驾驶人安全驾驶的行为。

第五节　高速公路的特别规定

第六十七条　行人、非机动车、拖拉机、轮式专用机械车、铰接式客车、全挂拖斗车以及其他设计最高时速低于七十公里的机动车，不得进入高速公路。高速公路限速标志标明的最高时速不得超过一百二十公里。

第六十八条　机动车在高速公路上发生故障时，应当依照本法第五十二条的有关规定办理；但是，警告标志应当设置在故障车来车方向一百五十米以外，车上人员应当迅速转移到右侧路肩上或者应急车道内，并且迅速报警。

机动车在高速公路上发生故障或者交通事故，无法正常行驶的，应当由救援车、清障车拖曳、牵引。

第六十九条　任何单位、个人不得在高速公路上拦截检查行驶的车辆，公安机关的人民警察依法执行紧急公务除外。

第五章　交通事故处理

第七十条　在道路上发生交通事故，车辆驾驶人应当立即停车，保护现场；造成人身伤亡的，车辆驾驶人应当立即抢救受伤人员，并迅速报告执勤的交通警察或者公安机关交通管理部门。因抢救受伤人员变动现场的，应当标明位置。乘车人、过往车辆驾驶人、过往行人应当予以协助。

在道路上发生交通事故，未造成人身伤亡，当事人对事实及成因无争议的，可以即行撤离现场，恢复交通，自行协商处理损害赔偿事宜；不即行撤离现场的，应当迅速报告执勤的交通警察或者公安机关交通管理部门。

在道路上发生交通事故，仅造成轻微财产损失，并且基本事实清楚的，当事人应当先撤离现场再进行协商处理。

第七十一条 车辆发生交通事故后逃逸的，事故现场目击人员和其他知情人员应当向公安机关交通管理部门或者交通警察举报。举报属实的，公安机关交通管理部门应当给予奖励。

第七十二条 公安机关交通管理部门接到交通事故报警后，应当立即派交通警察赶赴现场，先组织抢救受伤人员，并采取措施，尽快恢复交通。

交通警察应当对交通事故现场进行勘验、检查，收集证据；因收集证据的需要，可以扣留事故车辆，但是应当妥善保管，以备核查。

对当事人的生理、精神状况等专业性较强的检验，公安机关交通管理部门应当委托专门机构进行鉴定。鉴定结论应当由鉴定人签名。

第七十三条 公安机关交通管理部门应当根据交通事故现场勘验、检查、调查情况和有关的检验、鉴定结论，及时制作交通事故认定书，作为处理交通事故的证据。交通事故认定书应当载明交通事故的基本事实、成因和当事人的责任，并送达当事人。

第七十四条 对交通事故损害赔偿的争议，当事人可以请求公安机关交通管理部门调解，也可以直接向人民法院提起民事诉讼。

经公安机关交通管理部门调解，当事人未达成协议或者调解书生效后不履行的，当事人可以向人民法院提起民事诉讼。

第七十五条 医疗机构对交通事故中的受伤人员应当及时抢救，不得因抢救费用未及时支付而拖延救治。肇事车辆参加机动车第三者责任强制保险的，由保险公司在责任限额范围内支付抢救费用；抢救费用超过责任限额的，未参加机动车第三者责任强制保险或者肇事后逃逸的，由道路交通事故社会救助基金先行垫付部分或者全部抢救费用，道路交通事故社会救助基金管理机构有权向交通事故责任人追偿。

第七十六条 机动车发生交通事故造成人身伤亡、财产损失的，由保险公司在机动车第三者责任强制保险责任限额范围内予以赔偿；不足的部分，按照下列规定承担赔偿责任：

（一）机动车之间发生交通事故的，由有过错的一方承担赔偿责任；双方都有过错的，按照各自过错的比例分担责任。

（二）机动车与非机动车驾驶人、行人之间发生交通事故，非机动车驾驶人、行人没有过错的，由机动车一方承担赔偿责任；有证据证明非机动车驾驶人、行人有过错的，根据过错程度适当减轻机动车一方的赔偿责任；机动车一方没有过错的，承担不超过百分之十的赔偿责任。

交通事故的损失是由非机动车驾驶人、行人故意碰撞机动车造成的，机动车一方不承担赔偿责任。

第七十七条 车辆在道路以外通行时发生的事故，公安机关交通管理部门接到报案的，参照本法有关规定办理。

第六章 执法监督

第七十八条 公安机关交通管理部门应当加强对交通警察的管理，提高交通警察的素质和管理道路交通的水平。

公安机关交通管理部门应当对交通警察进行法制和交通安全管理业务培训、考核。交通警察经考核不合格的，不得上岗执行职务。

第七十九条 公安机关交通管理部门及其交通警察实施道路交通安全管理，应当依据法定的职权和程序，简化办事手续，做到公正、严格、文明、高效。

第八十条 交通警察执行职务时，应当按照规定着装，佩带人民警察标志，持有人民警察证件，保持警容严整，举止端庄，指挥规范。

第八十一条 依照本法发放牌证等收取工本费,应当严格执行国务院价格主管部门核定的收费标准,并全部上缴国库。

第八十二条 公安机关交通管理部门依法实施罚款的行政处罚,应当依照有关法律、行政法规的规定,实施罚款决定与罚款收缴分离;收缴的罚款以及依法没收的违法所得,应当全部上缴国库。

第八十三条 交通警察调查处理道路交通安全违法行为和交通事故,有下列情形之一的,应当回避:

(一)是本案的当事人或者当事人的近亲属;

(二)本人或者其近亲属与本案有利害关系;

(三)与本案当事人有其他关系,可能影响案件的公正处理。

第八十四条 公安机关交通管理部门及其交通警察的行政执法活动,应当接受行政监察机关依法实施的监督。

公安机关督察部门应当对公安机关交通管理部门及其交通警察执行法律、法规和遵守纪律的情况依法进行监督。

上级公安机关交通管理部门应当对下级公安机关交通管理部门的执法活动进行监督。

第八十五条 公安机关交通管理部门及其交通警察执行职务,应当自觉接受社会和公民的监督。

任何单位和个人都有权对公安机关交通管理部门及其交通警察不严格执法以及违法违纪行为进行检举、控告。收到检举、控告的机关,应当依据职责及时查处。

第八十六条 任何单位不得给公安机关交通管理部门下达或者变相下达罚款指标;公安机关交通管理部门不得以罚款数额作为考核交通警察的标准。

公安机关交通管理部门及其交通警察对超越法律、法规规定的指令，有权拒绝执行，并同时向上级机关报告。

第七章　法律责任

第八十七条　公安机关交通管理部门及其交通警察对道路交通安全违法行为，应当及时纠正。

公安机关交通管理部门及其交通警察应当依据事实和本法的有关规定对道路交通安全违法行为予以处罚。对于情节轻微，未影响道路通行的，指出违法行为，给予口头警告后放行。

第八十八条　对道路交通安全违法行为的处罚种类包括：警告、罚款、暂扣或者吊销机动车驾驶证、拘留。

第八十九条　行人、乘车人、非机动车驾驶人违反道路交通安全法律、法规关于道路通行规定的，处警告或者五元以上五十元以下罚款；非机动车驾驶人拒绝接受罚款处罚的，可以扣留其非机动车。

第九十条　机动车驾驶人违反道路交通安全法律、法规关于道路通行规定的，处警告或者二十元以上二百元以下罚款。本法另有规定的，依照规定处罚。

第九十一条　饮酒后驾驶机动车的，处暂扣六个月机动车驾驶证，并处一千元以上二千元以下罚款。因饮酒后驾驶机动车被处罚，再次饮酒后驾驶机动车的，处十日以下拘留，并处一千元以上二千元以下罚款，吊销机动车驾驶证。

醉酒驾驶机动车的，由公安机关交通管理部门约束至酒醒，吊销机动车驾驶证，依法追究刑事责任；五年内不得重新取得机动车驾驶证。

饮酒后驾驶营运机动车的，处十五日拘留，并处五千元罚款，吊销机动车驾驶证，五年内不得重新取得机动车驾驶证。

醉酒驾驶营运机动车的，由公安机关交通管理部门约束至酒醒,吊销机动车驾驶证,依法追究刑事责任;十年内不得重新取得机动车驾驶证,重新取得机动车驾驶证后,不得驾驶营运机动车。

饮酒后或者醉酒驾驶机动车发生重大交通事故,构成犯罪的,依法追究刑事责任,并由公安机关交通管理部门吊销机动车驾驶证,终生不得重新取得机动车驾驶证。

第九十二条 公路客运车辆载客超过额定乘员的,处二百元以上五百元以下罚款;超过额定乘员百分之二十或者违反规定载货的,处五百元以上二千元以下罚款。

货运机动车超过核定载质量的,处二百元以上五百元以下罚款;超过核定载质量百分之三十或者违反规定载客的,处五百元以上二千元以下罚款。

有前两款行为的,由公安机关交通管理部门扣留机动车至违法状态消除。

运输单位的车辆有本条第一款、第二款规定的情形,经处罚不改的,对直接负责的主管人员处二千元以上五千元以下罚款。

第九十三条 对违反道路交通安全法律、法规关于机动车停放、临时停车规定的,可以指出违法行为,并予以口头警告,令其立即驶离。

机动车驾驶人不在现场或者虽在现场但拒绝立即驶离,妨碍其他车辆、行人通行的,处二十元以上二百元以下罚款,并可以将该机动车拖移至不妨碍交通的地点或者公安机关交通管理部门指定的地点停放。公安机关交通管理部门拖车不得向当事人收取费用,并应当及时告知当事人停放地点。

因采取不正确的方法拖车造成机动车损坏的,应当依法承担补偿责任。

第九十四条 机动车安全技术检验机构实施机动车安全技术检验超过国务院价格主管部门核定的收费标准收取费用的,退还多收取的费用,并由价格主管部门依照《中华人民共和国价格法》的有关规定给予处罚。

机动车安全技术检验机构不按照机动车国家安全技术标准进行检验,出具虚假检验结果的,由公安机关交通管理部门处所收检验费用五倍以上十倍以下罚款,并依法撤销其检验资格;构成犯罪的,依法追究刑事责任。

第九十五条　上道路行驶的机动车未悬挂机动车号牌,未放置检验合格标志、保险标志,或者未随车携带行驶证、驾驶证的,公安机关交通管理部门应当扣留机动车,通知当事人提供相应的牌证、标志或者补办相应手续,并可以依照本法第九十条的规定予以处罚。当事人提供相应的牌证、标志或者补办相应手续的,应当及时退还机动车。

故意遮挡、污损或者不按规定安装机动车号牌的,依照本法第九十条的规定予以处罚。

第九十六条　伪造、变造或者使用伪造、变造的机动车登记证书、号牌、行驶证、驾驶证的,由公安机关交通管理部门予以收缴,扣留该机动车,处十五日以下拘留,并处二千元以上五千元以下罚款;构成犯罪的,依法追究刑事责任。

伪造、变造或者使用伪造、变造的检验合格标志、保险标志的,由公安机关交通管理部门予以收缴,扣留该机动车,处十日以下拘留,并处一千元以上三千元以下罚款;构成犯罪的,依法追究刑事责任。

使用其他车辆的机动车登记证书、号牌、行驶证、检验合格标志、保险标志的,由公安机关交通管理部门予以收缴,扣留该机动车,处二千元以上五千元以下罚款。

当事人提供相应的合法证明或者补办相应手续的,应当及时退还机动车。

第九十七条 非法安装警报器、标志灯具的，由公安机关交通管理部门强制拆除，予以收缴，并处二百元以上二千元以下罚款。

第九十八条 机动车所有人、管理人未按照国家规定投保机动车第三者责任强制保险的，由公安机关交通管理部门扣留车辆至依照规定投保后，并处依照规定投保最低责任限额应缴纳的保险费的二倍罚款。

依照前款缴纳的罚款全部纳入道路交通事故社会救助基金。具体办法由国务院规定。

第九十九条 有下列行为之一的，由公安机关交通管理部门处二百元以上二千元以下罚款：

（一）未取得机动车驾驶证、机动车驾驶证被吊销或者机动车驾驶证被暂扣期间驾驶机动车的；

（二）将机动车交由未取得机动车驾驶证或者机动车驾驶证被吊销、暂扣的人驾驶的；

（三）造成交通事故后逃逸，尚不构成犯罪的；

（四）机动车行驶超过规定时速百分之五十的；

（五）强迫机动车驾驶人违反道路交通安全法律、法规和机动车安全驾驶要求驾驶机动车，造成交通事故，尚不构成犯罪的；

（六）违反交通管制的规定强行通行，不听劝阻的；

（七）故意损毁、移动、涂改交通设施，造成危害后果，尚不构成犯罪的；

（八）非法拦截、扣留机动车辆，不听劝阻，造成交通严重阻塞或者较大财产损失的。

行为人有前款第二项、第四项情形之一的，可以并处吊销机动车驾驶证；有第一项、第三项、第五项至第八项情形之一的，可以并处十五日以下拘留。

第一百条 驾驶拼装的机动车或者已达到报废标准的机动车

上道路行驶的，公安机关交通管理部门应当予以收缴，强制报废。

对驾驶前款所列机动车上道路行驶的驾驶人，处二百元以上二千元以下罚款，并吊销机动车驾驶证。

出售已达到报废标准的机动车的，没收违法所得，处销售金额等额的罚款，对该机动车依照本条第一款的规定处理。

第一百零一条　违反道路交通安全法律、法规的规定，发生重大交通事故，构成犯罪的，依法追究刑事责任，并由公安机关交通管理部门吊销机动车驾驶证。

造成交通事故后逃逸的，由公安机关交通管理部门吊销机动车驾驶证，且终生不得重新取得机动车驾驶证。

第一百零二条　对六个月内发生二次以上特大交通事故负有主要责任或者全部责任的专业运输单位，由公安机关交通管理部门责令消除安全隐患，未消除安全隐患的机动车，禁止上道路行驶。

第一百零三条　国家机动车产品主管部门未按照机动车国家安全技术标准严格审查，许可不合格机动车型投入生产的，对负有责任的主管人员和其他直接责任人员给予降级或者撤职的行政处分。

机动车生产企业经国家机动车产品主管部门许可生产的机动车型，不执行机动车国家安全技术标准或者不严格进行机动车成品质量检验，致使质量不合格的机动车出厂销售的，由质量技术监督部门依照《中华人民共和国产品质量法》的有关规定给予处罚。

擅自生产、销售未经国家机动车产品主管部门许可生产的机动车型的，没收非法生产、销售的机动车成品及配件，可以并处非法产品价值三倍以上五倍以下罚款；有营业执照的，由工商行政管理部门吊销营业执照，没有营业执照的，予以查封。

生产、销售拼装的机动车或者生产、销售擅自改装的机动车的,依照本条第三款的规定处罚。

有本条第二款、第三款、第四款所列违法行为,生产或者销售不符合机动车国家安全技术标准的机动车,构成犯罪的,依法追究刑事责任。

第一百零四条 未经批准,擅自挖掘道路、占用道路施工或者从事其他影响道路交通安全活动的,由道路主管部门责令停止违法行为,并恢复原状,可以依法给予罚款;致使通行的人员、车辆及其他财产遭受损失的,依法承担赔偿责任。

有前款行为,影响道路交通安全活动的,公安机关交通管理部门可以责令停止违法行为,迅速恢复交通。

第一百零五条 道路施工作业或者道路出现损毁,未及时设置警示标志、未采取防护措施,或者应当设置交通信号灯、交通标志、交通标线而没有设置或者应当及时变更交通信号灯、交通标志、交通标线而没有及时变更,致使通行的人员、车辆及其他财产遭受损失的,负有相关职责的单位应当依法承担赔偿责任。

第一百零六条 在道路两侧及隔离带上种植树木、其他植物或者设置广告牌、管线等,遮挡路灯、交通信号灯、交通标志,妨碍安全视距的,由公安机关交通管理部门责令行为人排除妨碍;拒不执行的,处二百元以上二千元以下罚款,并强制排除妨碍,所需费用由行为人负担。

第一百零七条 对道路交通违法行为人予以警告、二百元以下罚款,交通警察可以当场作出行政处罚决定,并出具行政处罚决定书。

行政处罚决定书应当载明当事人的违法事实、行政处罚的依据、处罚内容、时间、地点以及处罚机关名称,并由执法人员签名或者盖章。

第一百零八条 当事人应当自收到罚款的行政处罚决定书之

日起十五日内,到指定的银行缴纳罚款。

对行人、乘车人和非机动车驾驶人的罚款,当事人无异议的,可以当场予以收缴罚款。

罚款应当开具省、自治区、直辖市财政部门统一制发的罚款收据;不出具财政部门统一制发的罚款收据的,当事人有权拒绝缴纳罚款。

第一百零九条 当事人逾期不履行行政处罚决定的,作出行政处罚决定的行政机关可以采取下列措施:

(一)到期不缴纳罚款的,每日按罚款数额的百分之三加处罚款;

(二)申请人民法院强制执行。

第一百一十条 执行职务的交通警察认为应当对道路交通违法行为人给予暂扣或者吊销机动车驾驶证处罚的,可以先予扣留机动车驾驶证,并在二十四小时内将案件移交公安机关交通管理部门处理。

道路交通违法行为人应当在十五日内到公安机关交通管理部门接受处理。无正当理由逾期未接受处理的,吊销机动车驾驶证。

公安机关交通管理部门暂扣或者吊销机动车驾驶证的,应当出具行政处罚决定书。

第一百一十一条 对违反本法规定予以拘留的行政处罚,由县、市公安局、公安分局或者相当于县一级的公安机关裁决。

第一百一十二条 公安机关交通管理部门扣留机动车、非机动车,应当当场出具凭证,并告知当事人在规定期限内到公安机关交通管理部门接受处理。

公安机关交通管理部门对被扣留的车辆应当妥善保管,不得使用。

逾期不来接受处理,并且经公告三个月仍不来接受处理的,对扣留的车辆依法处理。

第一百一十三条 暂扣机动车驾驶证的期限从处罚决定生效之日起计算;处罚决定生效前先予扣留机动车驾驶证的,扣留一日折抵暂扣期限一日。

吊销机动车驾驶证后重新申请领取机动车驾驶证的期限,按照机动车驾驶证管理规定办理。

第一百一十四条 公安机关交通管理部门根据交通技术监控记录资料,可以对违法的机动车所有人或者管理人依法予以处罚。对能够确定驾驶人的,可以依照本法的规定依法予以处罚。

第一百一十五条 交通警察有下列行为之一的,依法给予行政处分:

(一)为不符合法定条件的机动车发放机动车登记证书、号牌、行驶证、检验合格标志的;

(二)批准不符合法定条件的机动车安装、使用警车、消防车、救护车、工程救险车的警报器、标志灯具,喷涂标志图案的;

(三)为不符合驾驶许可条件、未经考试或者考试不合格人员发放机动车驾驶证的;

(四)不执行罚款决定与罚款收缴分离制度或者不按规定将依法收取的费用、收缴的罚款及没收的违法所得全部上缴国库的;

(五)举办或者参与举办驾驶学校或者驾驶培训班、机动车修理厂或者收费停车场等经营活动的;

(六)利用职务上的便利收受他人财物或者谋取其他利益的;

(七)违法扣留车辆、机动车行驶证、驾驶证、车辆号牌的;

(八)使用依法扣留的车辆的;

(九)当场收取罚款不开具罚款收据或者不如实填写罚款额的;

(十)徇私舞弊,不公正处理交通事故的;

(十一)故意刁难,拖延办理机动车牌证的;

(十二)非执行紧急任务时使用警报器、标志灯具的;

(十三)违反规定拦截、检查正常行驶的车辆的;

(十四)非执行紧急公务时拦截搭乘机动车的;

(十五)不履行法定职责的。

公安机关交通管理部门有前款所列行为之一的,对直接负责的主管人员和其他直接责任人员给予相应的行政处分。

第一百一十六条　依照本法第一百一十五条的规定,给予交通警察行政处分的,在作出行政处分决定前,可以停止其执行职务;必要时,可以予以禁闭。

依照本法第一百一十五条的规定,交通警察受到降级或者撤职行政处分的,可以予以辞退。

交通警察受到开除处分或者被辞退的,应当取消警衔;受到撤职以下行政处分的交通警察,应当降低警衔。

第一百一十七条　交通警察利用职权非法占有公共财物,索取、收受贿赂,或者滥用职权、玩忽职守,构成犯罪的,依法追究刑事责任。

第一百一十八条　公安机关交通管理部门及其交通警察有本法第一百一十五条所列行为之一,给当事人造成损失的,应当依法承担赔偿责任。

第八章　附　　则

第一百一十九条　本法中下列用语的含义:

(一)“道路”,是指公路、城市道路和虽在单位管辖范围但允许社会机动车通行的地方,包括广场、公共停车场等用于公众通行的场所。

(二)“车辆”,是指机动车和非机动车。

（三）“机动车”，是指以动力装置驱动或者牵引，上道路行驶的供人员乘用或者用于运送物品以及进行工程专项作业的轮式车辆。

（四）“非机动车”，是指以人力或者畜力驱动，上道路行驶的交通工具，以及虽有动力装置驱动但设计最高时速、空车质量、外形尺寸符合有关国家标准的残疾人机动轮椅车、电动自行车等交通工具。

（五）“交通事故”，是指车辆在道路上因过错或者意外造成的人身伤亡或者财产损失的事件。

第一百二十条 中国人民解放军和中国人民武装警察部队在编机动车牌证、在编机动车检验以及机动车驾驶人考核工作，由中国人民解放军、中国人民武装警察部队有关部门负责。

第一百二十一条 对上道路行驶的拖拉机，由农业（农业机械）主管部门行使本法第八条、第九条、第十三条、第十九条、第二十三条规定的公安机关交通管理部门的管理职权。

农业（农业机械）主管部门依照前款规定行使职权，应当遵守本法有关规定，并接受公安机关交通管理部门的监督；对违反规定的，依照本法有关规定追究法律责任。

本法施行前由农业（农业机械）主管部门发放的机动车牌证，在本法施行后继续有效。

第一百二十二条 国家对入境的境外机动车的道路交通安全实施统一管理。

第一百二十三条 省、自治区、直辖市人民代表大会常务委员会可以根据本地区的实际情况，在本法规定的罚款幅度内，规定具体的执行标准。

第一百二十四条 本法自 2004 年 5 月 1 日起施行。

参考文献

[1] 公安部教育局. 道路交通法规理论基础[M]. 北京:群众出版社.

[2] 刘宇豪. 交通执法与交通肇事查处务实全书[M]. 北京:中国物价出版社.

[3] 公安部交通管理局. 中华人民共和国道路交通安全法适用指南[M]. 北京:中国人民公安大学出版社.

[4] 交通事故处理基本知识与操作规范[M]. 吉林:吉林人民出版社.

[5] 孙晓阳. 道路交通安全与机动车驾驶人普法教育必备[M]. 北京:中国社会出版社.